Voyage à Cayenne, dans les deux Amériques et chez les anthropophages (Volume 2)

Louis Ange Pitou

Alpha Editions

This edition published in 2024

ISBN : 9789362510914

Design and Setting By
Alpha Editions
www.alphaedis.com
Email - info@alphaedis.com

Contents

UN MOT D'ANALYSE SUR CET OUVRAGE, ET SUR MON ÉPISODE DES ANTROPOPHAGES.

Jusqu'ici le lecteur n'a pas eu de peine à nous suivre. Nous avons donné, jour par jour, notre itinéraire de Paris à Rochefort; notre embarquement, notre combat, notre naufrage, notre second départ et notre traversée se suivent de même. Notre arrivée, notre séjour à Cayenne, où nous avons décrit le sol, le climat, les noirs, les blancs, et les agents du directoire, ont été suivis de notre dispersion dans les déserts: on nous a plongés graduellement dans le malheur, pour qu'il comprimât mille fois nos cœurs avant de peser sur nos têtes. Si pendant notre séjour à Cayenne nous gémissons dans les fers, au moins nous ne sommes point inquiets pour vivre; mais de combien de larmes arrosons-nous le pain qu'on nous distribue encore pour quelques jours! Nous attendons chaque matin le signal du départ pour le désert.....; chaque matin nous annonce une nouvelle plus sinistre que celle de la veille. Cayenne nous offrait l'image d'une ville ou d'un bourg; nous y voyons encore quelques visages européens; mais au moment que nous n'y penserons pas, l'ordre du transfèrement au désert arrivera tout à coup. C'est dans ce désert que périront misérablement et infailliblement ceux qui n'auront pas obtenu la commisération des créoles de la capitale. Quelle perspective, grand Dieu! voilà la mort et toutes ses horreurs......; la cruelle s'approche et s'éloigne pour devenir encore plus hideuse; et nous n'avons ni la puissance ni la force de l'éviter ou de l'invoquer. Graces au ciel, nous échappons à la mesure générale; nous voilà à Kourou; nous n'avons rien: le sol est un sable, et le ciel est d'airain. Un vieux Philémon nous console et nous peint le désert..... Quelle solitude, grand Dieu! nos maux finiront-ils?.... Dans ce moment chérir la vie, et compter sur elle, ce serait embrasser une ombre. Cet état violent me donna pour ma conservation cette indifférence, suite naturelle des maux toujours croissants dont on n'ose calculer la fin. Pour m'étourdir sur mon état, je formai le dessein de voir ces Caraïbes, aussi extraordinaires par leur équité que par leur barbarie. Que risquais-je, puisque mon retour et ma conservation étaient un prodige? Si ce prodige, que je ne perdais pas de vue, m'arrivait un jour, je m'étais instruit, et je gagnais beaucoup sans avoir rien hasardé. Cette entreprise périlleuse, que je ne ferais peut-être plus aujourd'hui que ma conservation dépend de moi, en montrant au lecteur le degré de misère où le sort nous avait plongés, le tient sans cesse attaché à nos pas, et donne a l'ouvrage ces nuances, ces transitions et cette unité de sujet requises par nos censeurs comme par les écrivains méthodiques. Il est vrai que je n'ai pas pris de compas pour mesurer les passages de la douleur au plaisir. Je n'avais ni repos, ni fortune, ni cabinet pour méditer à loisir, et mes transitions étaient encore plus rapides que je ne les ai exprimées. C'est ce qui a fait dire à mes censeurs que la certitude d'intéresser par mon récit m'a fait quelquefois négliger l'unité du sujet; au reste, si leur analyse est aussi fidèle qu'elle est précise, mon plan est correct, et mon ouvrage leur doit son mérite et son débit.

Comme il faut des transitions à tout, et que la vérité nue blesse autant les yeux que le grand jour, j'emploierai quelques tours de langage pour demander au rédacteur du Journal de l'Empire, qui croit que j'ai donné un conte au lieu d'un voyage chez les Antropophages. S'il était à Paris au commencement de 1802, il y aurait vu ce fameux sauvage du nord, expatrié en France, accourir tous les matins dans les marchés et dans les échaudoirs de la capitale, s'y gorger de sang, et dévorer avidement les chairs et les entrailles encore palpitantes des animaux à moitié assommés. Ses yeux étincelaient comme ceux d'un lion rugissant à la vue d'un tendre agneau; ses lèvres tremblotantes à l'approche d'un enfant indiquaient si bien son appétit, que le gouvernement, qui paraissait n'avoir montré cet être aux Parisiens que pour leur prouver que les Antropophages ne sont pas encore entièrement relégués hors de l'Europe, prit la précaution de faire enfermer celui-ci pour qu'il ne dévorât personne. S'il n'a tenu qu'au rédacteur de voir un Antropophage à Paris, comment n'en aurai-je pas rencontré dans les déserts qu'ils habitent? J'ai marqué assez clairement les nuances qui différencient les créoles, les noirs, les Caraïbes des côtes et ceux de l'intérieur, pour que chacun me suive et reconnaisse la vérité de mon récit. Si notre éloignement prétendu des Antropophages a motivé l'incrédulité du censeur, qu'il prenne la carte de la Guiane, il verra qu'à deux lieues de la côte commencent les solitudes impénétrables de sept cents lieues de profondeur sur quinze ou dix-huit cents de long; que tout ce pays est couvert de bois, arrosé de rivières, et peuplé de toute espèce d'animaux, dont quelques-uns ont la figure humaine, et quelque chose de plus ou moins rapproché de nous. Dans mon avant-propos sur les Caraïbes j'ai remonté à la source de leur férocité, pour que le lecteur ne crie pas à l'invraisemblance. Si j'eusse été chercher ces Caraïbes antropophages qui nous surprirent avec les Indiens des côtes, mon excursion pourrait paraître fabuleuse; mais une rencontre imprévue n'est pas arrivée qu'à moi seul: plusieurs missionnaires ont couru les mêmes dangers en portant le flambeau de l'Évangile et de l'instruction de Cayenne dans la Guiane, chez les Galibis. Les Indiens du grand désert poursuivent ceux des côtes que les missionnaires ont un peu apprivoisés avec les Européens, comme les animaux sauvages ou libres accablent ceux qui s'échappent de chez nous. C'est une guerre à mort entre ces peuples: le vaincu devient la proie du vainqueur, qui le déchire et le dévore autant par férocité que par goût et par appétit. Cette fureur, dont j'ai failli être victime, n'est incroyable qu'à Paris, où Cayenne et la Guiane étaient un pays perdu avant notre exil; tant les hommes ne jugent le monde et leurs semblables que par ce qu'ils voient dans le petit coin de terre qu'ils habitent. J'aurais voulu que mes incrédules eussent motivé leur scepticisme sur notre éloignement des Caraïbes, ou sur l'impossibilité de retrouver des hommes aussi barbares que nos Indiens. Le premier motif de leur doute eût disparu en ouvrant la topographie de la Guiane. Le second se fut éclairci en France, où l'on a adopté la méthode anglaise de se gorger de viandes encore saignantes. Nos gourmets, qui savourent sans effroi un rostbif sanguinolant, se souviendraient peut-être de cette apostrophe de Plutarque:

«Homme policé, tu doutes qu'un autre homme ose te manger! ne lui en as-tu pas inspiré la pensée? N'as-tu pas eu sous ses yeux le courage d'approcher de ta bouche une chair meurtrie et sanglante? N'as-tu pas brisé sous ta dent les os d'une bête expirante? N'a-t-on pas servi devant toi des corps morts, des cadavres? Ton estomac n'a-t-il pas englouti des membres qui, le moment d'auparavant, bêlaient, mugissaient, marchaient et voyaient? Tu n'as faim que de bêtes innocentes et douces qui ne font de mal à personne, qui s'attachent à toi, et que tu égorges tranquillement, parce qu'elles ne peuvent se défendre, tandis que tu épargnes les animaux carnassiers, parce qu'ils te font peur ou que tu les imites. Ton ménagement pour ton espèce est donc une vertu d'égoïsme ou de faiblesse, que le plus fort et le moins civilisé méconnaît en te confondant comme lui dans la classe commune de tous les autres animaux, dont chacun n'écoute que son instinct et son appétit. Homme policé, tu pourrais nier cette vérité trop palpable pour toi, si tes lèvres et tes mains n'avaient jamais touché un être vivant immolé à tes goûts, à tes besoins ou à ton appétit.»

Des incrédules d'une autre espèce s'y sont pris différemment pour me démentir. Ils ont déplacé toutes les vertus du sein de la société policée pour en gratifier nos Indiens; ils ont prêché d'exemple, comme ce législateur qui se laissa mourir en secret loin de son pays pour obtenir l'observance du code qu'il venait de donner à ses concitoyens.

En 1799 nous vîmes arriver à Cayenne des hommes marquants, imbus des principes de Rousseau sur la prétendue perfection des sauvages dans l'état de nature. Ces hommes, en mettant pied à terre, évitent les créoles et les blancs, comme des hommes pervers ou pestiférés, s'enfoncent de suite dans le désert pour respirer au sein des Caraïbes le charme de la nature, de l'innocence et de la vertu. Ces solitaires boudeurs contre la société qui ne s'était pas mise à leurs genoux pour implorer leurs lumières, en venant les donner à des êtres qu'ils élevaient pour s'exhausser, s'étaient réellement persuadés, à force de chimères, que la perfectibilité n'était que chez nos Indiens. Ces visionnaires, réduits volontairement à la plus affreuse détresse, poussèrent la misantropie jusqu'à refuser avec une humilité orgueilleuse les offres du gouverneur de Cayenne, dont la visite fut accueillie par eux comme celle d'Alexandre par Diogène. Le chef de cette singulière académie avait inspiré à ses disciples une égale aversion pour les habitants des côtes; quelques uns de ses néophites ayant communiqué avec nous, furent presque soumis à un second noviciat.

Ils ne devaient trouver rien de beau et de naturel que la nudité, l'isolement et la rusticité des Caraïbes, ces hommes si parfaits dans les romans des voyageurs systématiques. L'ivrognerie dégoûtante et l'abrutissement de ces barbares devaient être honorés du saint nom de liberté et d'indépendance.

Nos philosophes se mirent donc à singer les Indiens; leur pantomime était si outrée, que ces sauvages s'en moquèrent, et s'éloignèrent d'eux sans daigner leur accorder un signe de pitié. Alors nos réformateurs, dupes de leur système, et jouets des Indiens, pour ne rien perdre du stoïcisme de ce philosophe qui s'écriait dans un accès de goutte qui lui retournait les membres, qu'il doutait de son mal, se laissèrent mourir de misère et de consomption plutôt que de revenir à la côte au milieu des créoles qui leur tendaient les bras. Voilà des vérités incroyables, pour la confirmation desquelles j'en appelle en Amérique au témoignage de tous les Cayennais, et en Europe à celui d'un célèbre professeur de physique de l'École polytechnique, néophite de ces illuminés; il s'applaudit de les avoir seulement encouragés du geste et de la voix en restant sur le rivage de France, pour attendre à leur retour les effets de la propagande.

Puisque l'incrédulité a eu ses héros et ses martyrs jusque dans la Guiane, les critiques de Paris ont eu plus raisonnablement le droit de douter de ce qu'ils n'ont pas vu. Mais ces émigrations prouvent au moins que notre voyage et les prodiges du pays où nous fûmes exilés ont piqué la curiosité des hommes les plus marquants. Sans notre déportation, Cayenne n'aurait peut-être jamais eu l'honneur d'être visitée par Jérôme Napoléon, qui vogua sur cette plage l'année dernière, conduit par l'étoile de bonheur qui précède le chef de cette auguste famille: et j'entends répéter aujourd'hui à mes amis et à mes censeurs, que pour un tiers de sa fortune chacun d'eux voudrait avoir fait mon voyage et mon retour. Mais on ne désire pas voir un pays fabuleux; il fallait donc examiner ma narration avant de la nier. Ma peinture des usages, des mœurs et du caractère des Caraïbes n'est point un tableau de fantaisie fait en Europe; la copie indique l'original. J'aurais mieux observé les transitions en écrivant une nouvelle historique. Mon Voyage est un journal où les évènements se classent dans l'ordre qu'ils se présentent. Je l'ai rédigé dans les déserts, au milieu des privations, de la misère, et d'une nuée d'insectes dont les aiguillons me faisaient souvent jaillir le sang des yeux et des mains. Si je l'eusse trop retouché à mon retour, mes censeurs m'auraient reproché de civiliser les Indiens. Continuons donc de peindre le sol, les animaux et les habitants de la Guiane.

Suite de la troisième partie.

Nous fûmes agréablement distraits de la peinture de la Guyane par les *holà* d'une négritte qui venoit de prendre un *caméléon* à qui elle avoit crevé les yeux.

Le caméléon, nommé ici *agaman* ou *trompe-couleur*, est un lézard d'un pouce de diamètre, long d'un pied et demi, qui a la gueule fournie de deux rangs de dents incisives. Il marche lentement sur quatre pattes armées de cinq griffes musculeuses. Ce phénomène n'a réellement aucune couleur, il prend et dépose successivement celles des corps sur lesquels il s'attache. Le hasard nous donna l'idée de faire sur celui-ci une expérience singulière. Il avoit les deux yeux crevés: si sa peau n'est qu'un miroir, quand nous l'aurons arraché de dessus un corps rouge ou vert, que nous couvrirons de blanc, il doit être blanc à l'instant où nous le mettrons sur cette dernière couleur; mais s'il s'écoule un tems entre la première et la seconde métamorphose, alors il ne réfléchit pas la couleur, mais il la dépose, puis il la pompe: en effet, nous le mettons sur une calebasse verte, il s'y cramponne, ses pattes allongées s'y fixent; il entr'ouvre sa gueule, et sa gorge nuancée d'une écharpe brillante; il aspire l'air, laisse évaporer la couleur grise de la terre où nous l'avions mis d'abord: à mesure que ses poumons s'enflent, il élargit ses pattes, le gris de la terre est chassé par le vert de la calebasse, et passe peu-à-peu, comme un nuage qu'un autre pousse: il s'imprègne des esprits vitaux qui l'entourent, il n'en saisit que l'âme ou la couleur. Nous répétons l'expérience sur différens objets, toujours même résultat; la vérité me reste, la cause m'échappe: que les naturalistes en rendent compte, il est tems de dîner.

Le portrait que le maire nous avoit fait des fléaux de la colonie, me revenoit sans cesse à l'idée, et me paroissoit exagéré relativement aux vers et à la putréfaction; je ne pus m'en taire. Alors chaque habitant confirma le récit par des faits plus ou moins frappans.

Un nommé *Lahaye*, qui vit encore, venu ici avec la colonie de 1763, s'étoit relégué sur les roches voisines,[1] où il couchoit en plein air dans un canot, ne voulant pas, disoit-il, dépendre de personne. Il avoit un cancer au nez, qui resta un jour découvert pendant son sommeil. Des mouches y firent leur ponte, des vers suivirent, la putréfaction étoit si grande, que personne ne pouvoit approcher du malade. On le fit porter à Cayenne, dans la croyance qu'il mourroit en route. Le médecin Noyer fit mourir les vers. La plaie se cicatrisa, et cet accident fit guérir le cancer que les vers avoient rongé. (Je puis attester ce fait, tant sur le témoignage du particulier que j'ai vu et qui a repassé en France en 1800, que sur celui du chirurgien.)

Ce même homme, dans son canot, comme Diogène, dit M. Colin, trouva un jour à ses côtés un serpent qui venoit se réchauffer sur son cou. Lahaye se réveille à moitié, sent quelque chose de froid, le jette hors du canot, se rendort, l'animal revient, Lahaye le retrouve le matin enlacé autour de ses jambes, sans en avoir été piqué.

«Nous ne nous effrayons pas, ajouta M. Colin, d'en trouver quelquefois dans nos lits. Cet animal, froid comme glace, cherche la chaleur et ne fait de mal que quand il a peur, il est aussi prudent que craintif; mais quand il vit éloigné des cases, l'aspect de l'homme l'effarouche, il fuit ou il entre en fureur, et se jette sur lui.»—C'est sûrement pour apprivoiser ces rossignols-là, que le directoire m'a fait quitter Paris, dit Margarita;» Mais comment nos premiers devanciers Collot et Billaud-Varennes s'y sont-ils pris?[2] MM. Molly, Laugois et Langlet, qui ont été à portée de les voir de près, satisfont à sa question.

Ces deux déportés, membres du formidable comité de salut public de 1793, arrivèrent ici en juillet 1795. Après avoir essuyé à leur bord le même traitement que vous sur la Décade, ils comptoient si bien sur un prompt rappel, qu'ils demandoient en route au capitaine, si un bâtiment parti après eux pour venir les chercher, pourroit les devancer à Cayenne.

Cointet avoit succédé provisoirement à Jeannet. La colonie étoit en combustion; ils s'attendrirent d'abord sur le sort des nègres que le gouverneur protégeoit d'un côté et punissoit de l'autre. Chaque jour voyoit éclore des nouvelles conspirations; Cointet ouvrit les yeux, sonda les deux déportés l'un après l'autre; comme ils s'étoient divisés sur le bâtiment, il les avoit séparés à Cayenne; Collot fut mis d'abord au collège, et Billaud au fort. Celui-ci refusa de faire la cour au gouverneur; l'autre plus insinuant, lui communiqua quelques projets de correction fraternelle pour les noirs. Les voies de douceur n'ayant fait qu'empirer le mal, Collot proposa l'établissement des maisons de correction où les nègres rebelles ou conspirateurs reçoivent des centaines de coups de nerf de bœuf.

Il tomba malade et son collègue aussi, et ils furent mis à l'hospice. Les sœurs frissonnoient à leur aspect, comme un voyageur sans armes à la vue d'un lion ou d'un gros serpent qui passent fièrement à sa rencontre en levant leur tête écaillée ou leur crinière à demi-hérissée; les curieux les visitoient comme des bêtes fauves dans une cage de fer; les observateurs les approchoient pour les approfondir et les juger. Un soir Billaud vint se joindre à des colons qui faisoient l'office de garde-malades auprès d'un habitant qui avoit été tourmenté pendant la journée de crises très-violentes; un léger sommeil l'ayant surpris avec la nuit, ses gardiens s'étoient retirés à l'embrasure d'une croisée voisine; la conversation étoit peu animée, et Billaud, à chaque minute, alloit sur la pointe du pied entr'ouvrir doucement les rideaux du malade.... revenoit sans bruit, la main sur ses lèvres, en disant: *Taisons-nous, il dort.* Un des colons le prend par la main, fait signe aux autres.... Tous se réunissent au bout de la salle.....

«Citoyen Billaud, comment montrez-vous tant de sensibilité pour un vieillard qui vous est inconnu, après avoir fait égorger, de sang-froid, tant de milliers de victimes, parmi lesquelles vous deviez avoir quelques amis?»—Il le falloit d'après le système établi; si vous en connoissiez les ressorts, vous ne verriez aucune contradiction dans ma conduite.—Ne nous parlez pas d'un système qui ne peut être cimenté que par le sang; un gouvernement de cette sorte, le crime à part, ne pose que sur des bases ruineuses, ou, pour mieux dire, sur des échasses, et vous ne pourrez disconvenir que les architectes d'un pareil édifice ne soient responsables même de son succès momentané; à plus forte raison de sa chute, et enfin de son entreprise.—Faites le procès à la république, si vous voulez faire le mien.—Quelle identité, s'il vous plaît?—Quand la moitié de l'état dispute ses droits à l'autre moitié, quand la guerre intestine communique ses flammèches à celle de l'extérieur, quand l'airain de toutes les nations vomit la mort sur nos têtes, quand le bronze retentit jusque dans l'enceinte des loix, quel parti faut-il prendre?—Il n'est plus tems de choisir en ce moment, mais il falloit prévoir ces crises.—Nous ne l'avons pas fait, et la rage dans le cœur, nous nous sommes battus comme des lions; des mesures énergiques ont étouffé les séditieux de l'intérieur, tandis que nous portions nos regards au-dehors.—Bien raisonné: mais qui vous a confié cette autorité suprême?—Le peuple.—Mais le peuple qui vous l'a refusée a été emprisonné, égorgé, en proie à la guerre civile; la majorité de vos collègues a été chassée et suppliciée par vous; vous vous trompez donc en mettant le peuple de votre côté?—S'il n'y étoit pas, pourquoi avons-nous été les plus forts pour décréter la république, fixer le sort de Capet et de sa famille, pour organiser le gouvernement révolutionnaire; enfin pour pousser nos opérations, sinon à leur fin, du moins à un terme qui empêche tout le monde de rétrograder?—Ce *pourquoi* fut votre droit tant que personne ne put vous faire rendre compte. Le *pourquoi* du vainqueur est la loi du plus foible. La mort de Lucrèce servit de prétexte à Brutus pour s'élever contre Tarquin. La mort d'Isménie assura le triomphe de Léonide. L'autorité des trente tyrans fut légitime à Athènes, tant qu'ils purent la maintenir. L'origine des différentes formes de gouvernement est presque toujours l'effet de la témérité, du hasard et quelquefois de la nécessité. À Rome, une femme violée renverse le trône; à Carthage, la guerre civile et la mauvaise foi changent le siège des suffètes en dais royal. En Égypte, un oracle mal interprété ou mal entendu, donne à Psammenit seul les douze palais de ses collègues, au moment où ceux-ci alloient l'égorger. À Syracuse, l'inconstance et l'esprit remuant de la populace forcent Gelon de forger un sceptre et de porter le diadème. De nos jours, les cantons helvétiques, à la voix d'un personnage obscur, se révoltent, se coalisent, et se délivrent de l'autorité impériale; partout le succès légitime l'entreprise. Le vainqueur ayant essuyé un revers, dit ensuite comme vous: Vous me punissez: *Pourquoi ai-je été maître?* C'est que le peuple étoit de mon côté, s'il n'y est plus aujourd'hui, dois-je en être victime?»

»Non; mais quand j'ai reconquis mes droits, dit le souverain, j'examine quel usage vous avez fait de votre victoire. Le *pourquoi* devient un chef d'accusation quand vous avez abusé du droit de vie et de mort que vous aviez usurpé. L'arbitraire de votre conduite illégitime vos succès. De l'acte je remonte à la cause, quand l'un et l'autre sont également injustes, vous avez volé le pouvoir au parti même qui succombe avec vous, et l'abus qui a suivi votre triomphe est une accusation générale contre vous (ici suivit le tableau du régime de la terreur avec des apostrophes vives et injurieuses à cet exilé.) Vous avez donc visiblement abusé d'un pouvoir que vous pouviez mériter par un bon usage. Nous ne concevons rien à votre flegme! Si vous avez puisé dans la philosophie moderne le secret d'anéantir les remords, cette philosophie est le plus grand fléau de l'univers. Mais comment concilier votre logique et votre innocence avec le trouble de votre collègue; peut-il être coupable d'avoir exécuté vos ordres?—À ces mots Billaud tournant fièrement la tête sur Collot qui dormoit sur un lit voisin, s'écria: C'est un lâche, il a fait son devoir comme moi, j'ai voulu être républicain et si j'étois à recommencer je ne dis pas ce que je ferois, je n'aurois plus la folie de prodiguer la liberté à des hommes qui n'en connoissent pas le prix. Pour nos intérêts et pour le bonheur des deux mondes, je voudrois modifier à l'infini le *décret du 16 pluviose an II*. Ce fatal décret qui met la bride sur le col aux nègres, est l'ouvrage de Pitt et de Robespierre.» La conversation reprit avec plus de chaleur sans que Billaud refusât son estime à ceux qui lui parloient si durement.

Jeannet, retourné en France auprès du directoire installé à la fin de 1795, fut renvoyé à Cayenne avec le titre d'agent. Son retour fut un coup de foudre pour ces deux exilés.—Hélas! s'écria Collot, nous sommes perdus, Jeannet croit que nous avons trempé dans la mort de Danton; pour moi, j'en suis innocent. Cointet part; Jeannet les consigne chez eux; au bout de cinq jours ils doivent quitter l'île..... Ils ne sortoient jamais sans escorte. C'étoit une garde d'honneur sous Cointet, qui se changea en janissaires, sous son successeur; leurs guides leur chantoient *le Réveil du peuple*, et les jeunes gens qui les entouroient faisoient *chorus*.

Victor Hugues, agent de la Guadeloupe, qui devoit sa promotion à ces exilés apprit en frémissant la manière dont Jeannet se conduisoit à leur égard. Une goëlette de Cayenne arrive à la Guadeloupe. «Il ne tient à rien que je ne vous traite en ennemi, dit Hugues au capitaine. Votre Jeannet est un royaliste que j'aurois du plaisir à faire fusiller, il se venge sur les plus purs patriotes.» Il remit des malles, des fonds et des lettres pour ces deux exilés, avec une grande semonce à Jeannet qui ne fit qu'en rire et leur intima l'ordre de sortir de Cayenne sur-le-champ.

Leur système avoit donné une si odieuse célébrité à leurs personnes, qu'au moment de leur départ, toute la ville accourut au rivage en élevant les mains au ciel avec des transports de joie. Collot couvroit sa figure de sa longue redingote liserée de rouge.

Billaud tranquille marchoit à pas comptés, la tête haute, un perroquet sur son doigt qu'il agaçoit d'une main nonchalante, se tournant par degrés vers les flots de la multitude à qui il donnoit un rire sardonique, ne répondant aux malédictions dont on le couvroit que par ces mots à qui l'accent donne beaucoup d'expression dans la bouche d'un homme de son caractère: *Pauvre peuple!... Jacquot!.... Jacquot!... Viens-nous en, Jacquot!....* Quelques partisans les suivoient de loin la larme à l'œil, plaignant l'un et admirant l'autre. Dans ce moment Billaud avoit tant d'expression dans ses traits, que d'un même regard il disoit au peuple: Vous brisez mon idole, parce qu'on vous l'ordonne, et à ses affidés: Ne vous découragez pas, notre parti triomphera et ces malédictions se changeront en hommages. Il marchoit à quelque distance de Collot, le fixant toujours d'un air de pitié et d'indignation.

Jeannet les relégua d'abord sur la sucrerie de Dallemand, séquestrée alors au profit de qui de droit, parce que la propriétaire étoit restée en France où elle avoit fait un long séminaire en prison durant le régime de la terreur. Billaud voyoit son collègue avec indifférence; ils étoient souvent en rixe au milieu de l'abondance, car le gouvernement leur donnoit douze cents livres de pension, le logement et les vivres.

Malgré ces prérogatives ils ont toujours été exécrés des blancs et des noirs, qui ont constamment refusé tout ce qu'ils leur offroient. Ils écrivoient souvent, ils savoient toutes les nouvelles malgré la surveillance de Jeannet. Collot[3] avoit commencé l'histoire de la révolution; il la suspendoit souvent pour envisager son sort....—*Je suis puni*, s'écrioit-il, *cet abandon est un enfer.* Il attendoit son épouse ou son retour, son impatience lui occasionna une fièvre inflammatoire. M. Gauron, chirurgien du poste de Kourou, fut mandé; il ordonna des calmans et d'heure en heure, une potion de vin mouillé de trois quarts d'eau; le nègre qui le gardoit pendant la nuit, s'éloigna ou s'endormit. Collot dans le délire, dévoré de soif et de mal se leva brusquement et but d'un seul trait une bouteille de vin liqueureux, son corps devint un brasier, le chirurgien donna ordre de le porter à Cayenne, qui est éloigné de six lieues. Les nègres chargés de cette commission, le jettèrent au milieu de la route, la face tournée sur un soleil brûlant. Le poste qui étoit sur l'habitation, fut obligé d'y mettre ordre; les nègres disoient:—*Yé pas vlé poté monde-là qui tué bon Dieu que hom.* (Nous ne voulons pas porter ce bourreau de la religion et des hommes).—Qu'avez-vous? lui dit en arrivant le chirurgien Guisouf.—*J'ai la fièvre et une sueur brûlante.—Je le crois bien, vous suez le crime.* Collot se retourna et fondit en larmes; il appeloit Dieu et la Vierge à son secours. Un soldat à qui il avoit prêché en arrivant le système des athées, s'approche et lui demande pourquoi il invoque ce Dieu et cette Vierge dont il se moquoit quelques mois auparavant?

»*Ah mon ami, ma bouche en imposoit à mon cœur.* Puis il reprenoit: *Mon Dieu, mon Dieu, puis-je encore espérer un pardon? Envoyez-moi un consolateur, envoyez-moi quelqu'un qui détourne mes yeux du brasier qui me consume.... Mon Dieu, donnez-moi la paix.*» L'approche de ce dernier moment étoit si affreux qu'on fut obligé de le mettre à l'écart: pendant qu'on cherchoit un prêtre, il expira le 7 Juin 1796, les yeux entrouverts, les membres retournés en vomissant des flots de sang et d'écume. *Discite justitiam moniti et non temnere divos.*

Jeannet faisoit une partie de billard, quand on vint lui annoncer cette mort...—«Qu'on l'enterre, il aura plus d'honneur qu'un chien» dit-il sans déranger son coup de queue. Son enterrement se fit un jour de fête. Les nègres fossoyeurs, pressés d'aller danser, l'inhumèrent à moitié, son cadavre devint la pâture des cochons et des corbeaux.

Il avoit quarante-trois ans, étoit d'une taille avantageuse, d'une figure commune, mais spirituelle; il avoit d'excellentes qualités du côté du cœur, beaucoup de clinquant du côté de l'esprit; un caractère foible et irascible à l'excès, généreux sans bornes, peu attaché à la fortune, bon ami, et ennemi implacable. La révolution a fait sa perte; il se proposoit d'expier ses torts dans l'histoire de sa vie qu'il avoit commencée; il travailloit aussi à la rédaction des annales de la révolution; ses notes ont disparu à sa mort; Billaud s'en est emparé suivant quelques-uns, d'autres disent qu'il les a brûlées.

Pendant la maladie de Collot, Billaud fut envoyé à Synnamari, à 24 lieues au N. E. de Cayenne, tous les Synnamaritains se donnèrent le mot pour le traiter comme une bête fauve. Bosquet seul, pour lui donner asile, brava l'animadversion publique; sa maison fut redoutée comme celle d'un lépreux; peu après, Billaud loua une case avec les deniers de l'état, travailla sans relâche à l'histoire de la révolution et se consola de sa solitude par une correspondance active avec Hugues.

En 1796 et 1798, au moment où nous arrivions, ses amis publièrent secrètement, pour relever son crédit, qu'il étoit rappelé au corps législatif. Quelques jeunes gens indignés d'un pareil choix, l'attendirent un jour à l'écart, au milieu du bois qui conduit au bord de la mer, au moment où il passoit d'un air triomphant. Il fut interdit par ces mots... *Arrête, scélérat!* Il se jetta à genoux, demanda très-humblement la vie à quatre chasseurs qui le mettoient en joue avec une carabine qui n'avoit pas de chien. Il regagna le village à pas de géant. De ce moment, il ne sortit plus de sa case que pour prendre son dîner, et se barricada avec soin.

À la fin de 1797, les seize déportés de *la Vaillante* le rejoignirent, il étoit sur la galerie de la case de Bosquet, quand ils traversèrent la rue; il en salua quelques-uns, qui lui rendirent sans le reconnoître. Pichegru le fit rentrer par une apostrophe énergique. Les seize se logèrent comme ils purent.

Au bout d'un mois, l'un d'eux (l'abbé Brottier) se trouva chez Bosquet au moment du dîner de Billaud. Il s'ouvrit, Brottier en fit autant, et Billaud retrouva un antagoniste, plutôt qu'un compagnon, les autres n'ont eu avec lui aucune relation ni directe, ni indirecte.

À la mort de Brottier, le 12 septembre 1798, il rentra dans sa case. À la fin de novembre de la même année, lorsque les déportés de Konanama furent transférés à Synnamari, il obtint la permission d'aller à Cayenne. L'agent Burnel, qui ne faisoit alors que d'arriver, le garda trois jours caché chez lui, pour prendre secrètement ses conseils, et ne pas s'aliéner l'esprit des habitans. Il lui loua l'habitation de Lambert au mont Sinery où toute la suite de l'agent se rendoit souvent en grande pompe.

N. B. L'arrivée de Hugues en 1800 a mis Billaud sur le pinacle. Ce dernier agent a commencé par lui faire visite, lui donner tous les moyens de venir à Cayenne, lui allouer dans l'île l'habitation d'Orvilliers, afin de le voir à son aise.

Quoique nous soyons déportés pour des causes différentes, et que nous fassions deux corps, je dois dire que Billaud n'a jamais profité de son crédit auprès de Burnel et de Hugues pour influencer en rien notre existence; qu'il soit innocent, qu'il soit coupable, il a droit à la vérité.

Ces dîners et ces fêtes ne dureront pas long-tems. La maladie nous a déjà entamés. Nos vivres sont à moitié consommés; nous ne vendons plus rien; nous n'avons point de plantage, point de canot pour aller à la pêche, point de nègres chasseurs, point de cultivateurs. Givri et Noiron, qui sont très-malades, ont trouvé à se placer chez le maire du canton, celui de Makouria se charge de Pavy, qui ne se porte pas mieux. Cardine, moribond, est porté chez M. Colin. Nous ne restons plus que trois à la case, et déjà nous pesons nos vivres.... 70 livres de riz pour tout le tems que nous resterons dans la Guyane française.... Quelle perspective!.. Nous ne pouvons rien demander au gouvernement: nous sommes sous la surveillance du maire et du poste. Nous obtenons des permis comme les nègres, pour aller d'un canton dans l'autre; mais nous ne pouvons même plus faire le sacrifice de ce dernier reste de liberté pour aller aux déserts de Konanama et de Synnamari partager les vivres avec nos compagnons d'infortune; il faut que nous devenions la pâture des bêtes féroces, ou que les habitans se chargent gratuitement de notre nourriture et de notre entretien. *Pourquoi, dira-t-on, avez-vous formé un établissement, sans avoir les facultés suffisantes? Il falloit suivre vos camarades dans le désert, ou vous enfoncer dans les terres, y bâtir des cases et faire des abatis.*

Quand nous étions encore à Cayenne, le respectable Chapel, officier ingénieur, envoyé pour visiter le désert, avoit dit à Jeannet: *Konanama sera le tombeau du plus grand nombre de ces malheureux; il seroit moins inhumain de les tuer sur-le-champ à coup de fusils; on leur épargneroit ainsi les souffrances d'une longue agonie...* Tous les habitans et Jeannet lui-même nous engageoient à ne pas aller au désert... *Sauvez-vous du désert à quelque prix que ce soit*, nous crioit-on de toutes parts en versant des larmes. Jeannet, en nous donnant ce conseil, auroit pu ajouter: Sauvez-vous du désert, pour me dispenser du soin de m'occuper de vous davantage; achetez de moi ce que je ne devrois pas vous vendre, achetez un peu plus de liberté pour vos vivres, vous mourrez peut-être aussi bien chez les colons qu'à Konanama; mais une fois le marché passé, je ne m'occuperai que de faire recueillir vos successions, quand vous aurez vécu à vos frais ou à ceux des habitans. Avec des bras et des vivres, nous aurions peut-être formé des établissemens dans les terres incultes qui étoient notre seul patrimoine, car les colons ont choisi les concessions les plus favorables et les plus près des bords de la mer; nous n'avons point de noirs, les habitans n'en peuvent pas avoir assez; quand le gouvernement nous en céderoit, qu'en pourrions-nous faire depuis qu'ils sont libres et que Jeannet nous peint à leurs yeux comme des tyrans? Il faudroit donc travailler nous-mêmes, et nous sommes moribonds; nous n'avons point de vivres pour atteindre la récolte; viendra-t-elle dans vingt-quatre heures? Enfin, nous ne sommes que trois; donnez-nous donc à manger. «*Travaillez*, dites-vous;» la chose est impossible, vous en convenez vous-même dans votre lettre au ministre des colonies, en date du 3 messidor an 6.

La culture ne peut être faite dans ces climats par les Européens; le blanc qui travaille le moins et qui se soigne le plus, dégénère sensiblement sous la zone torride. Celui qui y brave le soleil, qui ose y travailler comme en Europe, paie de sa vie son ignorance et son courage.

Nous n'avons plus d'espoir que dans nos voisins... Par quelles étamines faudra-t-il passer pour nous acclimater au sol et aux hommes? Ceux qui nous donnent à dîner aujourd'hui ne sont pas changeans, mais ils ont des déportés chez eux. Continuons le journal de nos peines.

10 Septembre. Avant de partir de Cayenne, nous sommes convenus avec M. Trabaud, qui nous loue sa case, d'en payer le loyer par l'éducation de son jeune garçon, âgé de douze ans. Il arrive ce matin, il sera nourri chez Bourg et ne fera que prendre des leçons à notre case. Ce jeune enfant est doué des plus heureuses dispositions; la nature donne aux créoles de l'aptitude à tout, une intelligence précoce, une suavité physique, qui contribuent à émousser les épines de l'apprentissage. Par une fatalité attachée au climat, dont l'air est imprégné d'une rosée de paresse, ils sont tous au-dessous des plus maladroits ouvriers de France, qui forcent par la nature l'industrie de se rompre au travail. Ce n'est pas sans raison que les Européens les appellent des enfans gâtés. Leur plus mortel ennemi est le maître qui exige d'eux un travail raisonnable. Les pères et mères, idolâtres de leur progéniture, prétendent que l'application les tue; ils regardent la désobéissance de leurs bambins comme une charmante espièglerie. Quand les enfans comptent quatre ou cinq lustres, ils se cachent à l'approche des Européens, comme des sauvages qui rougissent de leur ignorance. C'est un de ces terrains qu'on nous donne à défricher; comment nous y prendrons-nous? La méthode de France n'est pas de mise ici. Je passerois les anecdotes suivantes, si chacune d'elles n'étoit pas une pierre du tombeau de désespoir où nous allons être ensevelis.

Aujourd'hui le vieux Raymond de Guatimala nous amène son petit-fils, et nous prie de le corriger.—«Il est allé consulter le diable, nous dit-il, vous savez ce que c'est, *mon père* (les nègres ne désignent les prêtres que sous ce nom); un certain Jérôme enseigne l'art de faire mourir le monde qui touche à ses oranges ou qui lui déplaît. À l'aide d'herbes entrelacées de certaine manière, et cachées aux yeux de son ennemi, ou de paroles qu'il prononce, vous tombez en langueur, ou vous êtes couvert de lèpre... ce misérable montre son secret au *petit monde*, et j'ai surpris ce matin mon enfant à qui il donnoit de ses poisons, pour en faire l'essai sur ses camarades, et peut-être sur nous.» Le passager Bourg nous amenoit en même temps le petit Trabaud. Étant près de la galerie, ils reculent et font un grand cri.—Qu'est-ce?—*Au pyaye, au pyaye!* (Un sort, un sort!) Ce mot est emprunté des Indiens. Messieurs, vous êtes perdus, dirent nos quatre quidams, à la vue d'une liane qui barroit tout le vestibule. Notre case étoit cernée d'un cordon de racines, d'où pendoient çà et là de petits paquets de cheveux, et des cailloux marqués de signes que nous ne connoissions pas. Bourg et notre élève, toujours à l'écart, nous dirent de prendre une torche, pour brûler le sortilège. Le père Raymond jetta son juste-au-corps dans un seau d'eau, et se joignit à Bourg pour courir au puits, afin de laver tous les lieux que l'ombre de la corde avoit touchés. Ils passèrent ensuite une traînée de feu sur la terre, d'où on voyoit sortir quelques branches de simples. Le vieux Raymond insista dans son opinion, et Bourg nous prédit qu'il nous arriveroit quelque chose de fâcheux. Les oisifs ignorans des habitations croient fermement aux sorciers; quiconque les contredit sur ce point, perd leur confiance. Quelques-uns mêlent le sortilège à la religion.—«Les vieux nègres, nous dit Bourg, sont extrêmement dangereux; ils font des pactes avec le diable, et leur crédit s'étend jusqu'au fond de la mer: l'autre jour j'ai vu une croix de paille sur mon canot, c'étoit un *pyaye*. Je ne voulus pas m'en rapporter au nègre qui me l'avoit dit avant que d'aller à la pêche; il en revint trois jours de suite, sans avoir rien pris; le poisson dansoit à son approche. Enfin nous lavâmes le canot, et le soir du quatrième jour, nous le remplîmes de poisson. Le *pyaye* que nous venons de brûler est mortel; si vous l'avez touché, quelques-uns de votre société périront sous peu.» Trabaud, enchanté de cette occasion pour avoir congé, nous dit qu'il avoit la fièvre. La leçon fut remise au lendemain. Nous fîmes sentinelle une partie de la nuit, mais les semeurs de sortilège ne vinrent pas.

25 septembre (4 vendémiaire). Sur le minuit, nous entendons du monde rôder autour de la case. Ils se disent tout bas: *Ils dorment...* Ils se moquent des sortilèges, voyons s'ils échapperont à celui-ci. Ils vont au cimetière exhumer le malheureux *Leroux*, déporté qui venoit de mourir de chagrin, depuis quelques jours. Son cadavre, noir comme du charbon, exhaloit une odeur pestilentielle qui ne les dégoûtoit pas; nous descendons à pas de grue pour les surprendre. J'ai déjà dit que notre haie de citronniers servoit de bornes au cimetière. La lune qui, dans son plein, versoit l'ombre des branches sur nous, les éclairoit à loisir. Ils lui arrachent la peau du crâne, les dents, les ongles, les cheveux, la plante des pieds et toutes les extrémités, les coupent en petits morceaux, et en font différens paquets. Nous étions hors de nous; l'un d'eux va en avant pour marquer les postes; nous nous relevons pour les envelopper. Ils nous entendent et s'enfoncent dans les palétuviers. Nous courons dénoncer cette profanation à nos voisins; on fait la visite, tous se trouvent dans leur case. L'uniformité de leur couleur, et la crainte de faire tomber la plainte sur des innocens, nous continrent dans les bornes d'une juste discrétion. Ils nous avoient voué une haine éternelle, depuis que j'avois dit que leur inertie faisoit dégénérer la liberté en licence. Heureusement que nous étions peu affectés de cette *nécromancie*. Quoi qu'il en soit, ils pouvoient nous empoisonner s'ils ne parvenoient pas à nous ensorceler, car le mystère des magiciens d'Europe et d'Afrique, ressemble à celui des Indiens.

L'intention de nos faiseurs de pyaye étoit criminelle si nous eussions été aussi crédules qu'eux; la crainte lui auroit peut-être donné quelqu'effet: ainsi nos pas sont semés de pièges dans les deux mondes, et nos persécuteurs disent:

Flectere si nequeo superos, Acheronta movebo.

Si Dieu les protège, nous armerons l'enfer contr'eux!

Nous sommes assaillis au-dehors par les Africains, dans l'intérieur par les serpens, les insectes, la famine, la maladie et le chagrin: Tronçon-du-Coudray avoit bien nommé la déportation *guillotine sèche*; la mort seroit préférable à une pareille existence! L'espoir nous reste encore; il en est de plus malheureux que nous! Mais nous n'avons cueilli que des roses, dans peu de jours il ne nous restera que des épines.

Décours de Septembre, Octobre, mi-Novembre 1798.

Nous tombons malades tous trois, sans pain, sans garde, sans voisin, ou plutôt sans autres amis que notre bon Bélisaire, M. Colin.....

Je ne me souviens de rien depuis le premier octobre jusqu'au dix novembre; une fièvre putride m'a absorbé, et j'ai perdu connoissance presque jusqu'à cette époque.

Le six octobre, nos croisées ont été fermées pour nous cacher le convoi de mon ami Pradal, déporté, qui demeuroit à Koroni, à deux lieues, où il est mort de la même maladie qui nous dévore dans ce moment; il a été inhumé au bord de notre jardin.

Le 10 octobre 1798, Jean-Baptiste Cardine, membre de notre société, meurt chez monsieur Colin, où il avoit resté un mois malade; on met le scellé chez ce brave militaire, à qui il n'a laissé que des haillons. On en fait autant à la case Saint-Jean; on reprend même jusqu'aux fonds que Cardine avoit mis dans la société à l'époque de notre établissement. Le mort étoit grevé de deux cents livres de dettes; on ne les paie point, et on défend de réclamer; on s'empare d'un dépôt d'effets que nous avions laissés en nantissement à Cayenne à notre départ.

Le moment de notre maladie fut celui de notre plus cruel abandon. Le jeune Trabaud, que nous avions mené trop sévèrement pour un créole, dit au passager que nous avions tué des vaches et des poules, et que nous ne vivions que de vols: la misère où nous étions plongés rendoit ce compte vraisemblable. Bourg, homme simple, s'en rapporta au témoignage de l'enfant, le fit partir pour Cayenne comme il le demandoit, nous abandonna, et répandit cette calomnie dans le canton. Tout le monde nous fuit; M. Gourgue étoit alors à Cayenne; il ne nous restoit plus que M. Colin, qui ne fit que nous plaindre sans ajouter foi à cette fable. Les vaches et les poules revinrent, et nous ne fûmes informés de ces détails dégoûtans qu'au moment où nous commençâmes à nous traîner.

À qui faire entendre nos cris? À qui compter nos peines? À notre orient, une mer immense nous sépare de deux mille lieues de nos parens: même obstacle à notre nord, à notre midi: un désert de sept cents lieues commence à un mille de la côte!... Si cette malheureuse plage est couverte de quelques huttes, elles sont éloignées de neuf ou dix milles les unes des autres; elles enserrent des indigens qui partagent leur nécessaire avec d'autres infortunés jetés sur le même bord, pour les mêmes causes que nous....

Il ne nous reste plus de ressource que celle d'aller avec un bâton, de case en case, dire aux propriétaires qui n'ont plus rien: *De grâce, nourrissez-nous gratuitement ou tuez-nous*. Comme nous nous éloignions du poste, sans avoir la force d'y revenir quelquefois coucher, le sergent nous donna connoissance de l'ordre suivant:

«Vous surveillerez les déportés de très-près, vous épierez leurs démarches et leur conduite; s'ils bronchent, mandez-le moi; et faites-les partir sur-le-champ bien escortés, ils seront très-sévèrement punis, ils sont sous votre surveillance et responsabilité.»

Cayenne, 9 Thermidor an 6.

Signé DESVIEUX,
commandant de place, chargé de la police générale.

Depuis quinze jours, nous errons comme des spectres: nous n'avons qu'un ami sur la terre; il est pauvre, aveugle, sexagénaire, cul-de-jatte; il a sacrifié une partie de sa fortune pour Cardine; il a desservi sa table pour nous nourrir pendant notre maladie; il a tiré des bras de la mort un autre déporté qui demeure chez lui. Il a une demoiselle de 17 ans; Givry lui plaît, obtient sa main; nous en sommes instruits douze heures avant la noce; notre confrère Noiron, curé de Crécy, leur donne, en présence de témoins, la bénédiction nuptiale dans la maison paternelle.

Le surlendemain, Noiron est conduit en prison à Cayenne pour avoir fait ce mariage. Dans la suite on l'a relégué à Approuague (où il est mort). Comme il avoit des fonds dans la société, il remit ses intérêts au maire, et le peu qui nous restoit fut vendu. Nouvelles douleurs, nouvelles recherches.

St.-Aubert trouva le premier à se placer chez une veuve, à quatre lieues au N. O. dans le fond du désert.

Le 23 décembre, il revient à notre case pour chercher ses effets, la joie le suffoque au point qu'il est près d'étouffer. Avant son départ, il avoit les jambes enflées; à son retour, elles étoient sèches comme des lattes. Nous étions en hiver; les pluies avoient formé de vastes prispris ou étangs, où il faut s'enfoncer jusqu'à la ceinture; quand on quitte les bords de la mer, et ces bords sont percés çà et là de criques ou petits torrens. Les fruits, les sucs des herbes vénéneuses et la fraîcheur de ces eaux croupies et empoisonnées, lui avoient fait remonter l'humeur dans l'estomac. Il dînoit avec nous chez M. Colin. Il s'endort subitement; au bout de quelques heures de léthargie, il se réveille en sursaut, s'agite comme s'il eût avalé du plomb fondu; il écume et vomit des flots de sang caillé, mêlé de pus. Il retombe ensuite dans son premier sommeil, sans voix, sans connoissance, les yeux hagards, enfin dans un état mixte entre la mort et la vie. Plus il est robuste, plus la nature faisoit d'efforts pour l'acclimater. Nous crûmes que le lendemain il n'existeroit plus; mais il vivoit, ou pour mieux dire, il végétoit; il ne se plaignoit point, il avoit les yeux ouverts et il ne voyoit rien, n'entendoit rien, ne demandoit rien, ne pouvoit rien, ne sentoit rien. Son corps exhaloit une odeur cadavéreuse; sa langue et ses lèvres étoient noires et gonflées. Au moment où sa crise l'avoit pris, deux nègres de chez sa future hôtesse étoient venus pour prendre ses effets, et s'en étoient retournés à vide, donner la nouvelle de sa mort.

Le surlendemain, il desserre les dents, prend quelque nourriture, et retombe dans sa léthargie. Le 24, il se met sur son séant, comme un homme dans le transport; il boit, il mange comme s'il n'étoit point malade; il parle, il se promène comme un somnambule. M. Colin nous avoit donné une garde qui ne le quittoit pas. Le jour de Noël, nous montâmes dîner à Pariacabo; le soir, à notre retour, il avoit recouvré ses organes et son bon sens. Il s'étonnoit d'être au lit, il nous demandoit quelle heure il étoit, depuis quand il dormoit, si la marée étoit bonne pour qu'il partît. Il vouloit se lever, et s'étonnoit de se trouver si foible. Nous lui fîmes cent questions, pour voir s'il n'étoit pas encore dans le délire. Après nous en être convaincus, nous restâmes aussi stupéfaits que lui, quand il nous assura qu'il ne se souvenoit de rien, qu'il n'avoit rien souffert, et qu'il ne se croyoit de retour que depuis douze heures. Ses jambes enflèrent de nouveau; au bout de cinq jours, il fut rétabli.

Le premier de l'an 1799, il se mit en route, pour aller chez sa propriétaire la veuve Simmer; il avoit pour trois heures de chemin. Il se charge à notre insu d'une partie de son linge, s'égare, s'étourdit, s'endort dans un sentier de traverse; ne se réveille qu'au coucher du soleil, chemine à la hâte, s'enfonce dans un bois effrayant, et se trouve à la nuit au milieu d'un de ces étangs formés tout-à-coup par les eaux que les nuées d'orage ont déchargées dans le haut des déserts. Durant l'été un chasseur vient par hasard une fois par mois dans ces lieux bien desséchés; mais pendant l'hiver, des reptiles de toute espèce, gros comme des troncs d'arbres, y font sentinelle au fond de l'eau, et s'y suspendent au bout des branches, pour saisir et dévorer l'homme ou l'animal sans défense.

Le malheureux crie en vain; la nuit est close, il monte en tremblant sur les branches tortueuses d'un acajou frugifer; c'est-là qu'il attend le retour de la lumière, au milieu des animaux dont les hurlemens affreux redoublent ses malheurs et son effroi... Quelle solitude... Quelle nuit... L'enfer est-il plus redoutable?... Le jour vient, il respire encore, il se traîne au milieu des eaux, du côté de l'Est.... Le soir, il arrive à la côte, il apperçoit une case d'Indien; il lui conte ses malheurs, lui montre ses jambes ensanglantées. Le sauvage l'accueille, lui prête son lit, lui donne à manger..... Il n'avoit rien pris depuis trente-six heures. Au bout de deux jours, il se rend chez son hôtesse. Elle le croyoit mort; au récit de ses traverses, elle s'attendrit par caprices, car cette vieille fait tout par caprices. Le 20 janvier, elle le renvoie et il revient à Kourou, à nos charges.

Ses habits étoient déchirés, ses jambes sanglantes, son visage maigre et allongé, ses yeux creux. Givry nous l'amena: nous l'avions fait chercher pendant huit jours; nous le croyions noyé ou dévoré par le tigre. Nous nous assîmes tous trois pour pleurer jusqu'à satiété au milieu de notre malheureuse cabane.

Il avoit perdu, dans le désert, ce qu'il avoit pu emporter avec lui. Nous nous décidâmes enfin à demander pour nous trois les vivres à l'agent Burnel, qui en arrivant paroissoit vouloir adoucir le sort des déportés. Après un exposé succinct de nos pertes et des causes de notre établissement et de notre misère, nous terminons ainsi notre pétition:

«Nous avons marchandé avec la misère pour conserver nos jours; nous ne pouvions rien vendre au milieu d'un désert où nous n'avions rien. Quatre cents livres de marchandises en denrées et en toile étoient tout notre avoir entre sept compagnons de malheur, dont un est mort de chagrin et de détresse. Trois, à moitié vivans, ont été arrachés au trépas par des colons généreux; les trois qui implorent votre justice ne savent plus à qui s'adresser pour vivre. Leurs malheurs ne seront qu'un songe, si vous faites luire pour eux un rayon de justice....» Le maire de Makouria lui présenta cette pièce, Burnel mit au bas: *Néant à la requête*. Avec quelle ferveur nous prions Dieu dans cette crise terrible!... Lui seul pouvoit la faire cesser. «Providence éternelle! je te remercie de m'avoir rendu malheureux, tu m'as rendu plus attentif et plus sensible à tes bienfaits, tu as ouvert ta main, et dans un clin-d'œil nous sommes sortis de l'abîme.» Une négresse libre nommée Dauphine a recueilli St.-Aubert, l'a soigné comme son enfant, il ne pouvoit se remuer; elle a pansé pendant trois ans ses larges plaies qui ne se sont jamais fermées. (Aujourd'hui il est en France.) Ici le lecteur tressaille comme nous de reconnoissance. Margarita a été placé en même tems chez M. Molli, alors régisseur de Pariacabo. Que j'ai de plaisir à placer ici le nom de Molli! Il m'inspire des sentimens de peine et d'effusion; je lui dois la vie, cela suffit au lecteur.

J'eus le meilleur lot, celui de rester chez M. Colin, où je fus placé par Givry son gendre. Je n'ai jamais été plus heureux de ma vie; quoique ce vieillard fût dans la détresse, il répétoit sans cesse à ceux qui venoient le voir: *Si ma table est frugale, je m'honore de la voir entourée de trois déportés*. Tant qu'il a vécu, j'ai partagé mon tems à la rédaction de cet ouvrage et à la lecture; il m'a donné de grandes lumières, il avoit trente-cinq ans de colonie.

MM. Gauron, chirurgien, ami de M. de Préfontaine, et Gourgue, notre voisin, dont je vous ai déjà parlé, sont propriétaires de manuscrits précieux sur les indiens. Leur bibliothèque bien fournie a toujours été à ma disposition; j'en ai fait bon usage par goût, et pour désennuyer M. Colin qui étoit aveugle. Son gendre Beccard, garde-magasin à Konanama, étant mort le 2 février 1799, j'ai fait un voyage à Synnamari, pour viser la reddition des comptes de la veuve. Cet heureux hasard m'a fourni les pièces authentiques que je rapporterai plus bas. Désirant m'instruire sur les lieux, j'ai été moi-même à Konanama au milieu de l'hiver et des torrens. J'ai pris le plan du désert et celui du village à moitié embrasé; enfin j'ai visité la partie de l'ouest de la colonie, accompagné du maire de Synnamari, qui m'a donné un permis pour aller jusqu'aux Karbets indiens; ainsi, j'ai vu par mes yeux une grande partie de ce que je dirai des naturels du pays. Les manuscrits de Préfontaine, ceux des jésuites et des missionnaires du Saint-Esprit ont fait les trois quarts de cet article.

Dans cette nouvelle passe, où je n'avois tout juste que le stricte nécessaire, je me trouvois plus heureux qu'un millionnaire à qui la crainte d'un revers de fortune ôte ou diminue la jouissance du présent, sans espoir pour l'avenir; l'amour du travail, le désir, la faculté et la nécessité de m'instruire pour me distraire, m'ont fait bénir de bon cœur ce prince qui sur son trône, dans le sein du luxe et des plaisirs, écrivoit au livre de la sagesse, *qu'une honnête médiocrité vaut mieux que l'opulence*; le plus grand bonheur de ma vie est d'en avoir fait, avec réflexion, la délicieuse épreuve. Que de fois, me promenant seul le soir sur les rochers, ou m'égarant par plaisir dans le désert, occupé ou de ma lecture, ou de mon ouvrage, après avoir arrangé mon retour en France, j'ai fait redire aux échos des bois: *Mon cœur est libre, je ne me reproche rien!* Quand la mer venoit lécher mes pieds nus et hâlés par le soleil, je me sauvois en riant, et perché sur un cèdre brisé par les torrens et jeté sur le rivage, je contemplois sans effroi le silence de la nature et la fureur des vagues, que je défiois d'approcher jusqu'à moi. Mon cœur suppléoit à la monotonie du spectacle, par la présence de mes amis de France qui, dans un clin-d'œil, venoient de deux mille lieues se ranger à côté de moi, pour voir le désert. Comme je profitois de leur surprise! Une heure après, j'allois les rejoindre à Paris, je les surprenois; mon exil étoit mon triomphe; je ne pouvois suffire à leurs questions. Quand le sommeil ou le repas me distrayoient de ces heureux songes qui étoient toujours nouveaux pour moi, je me disois avec ivresse: *Je n'ai donc plus d'inquiétude pour vivre; que je suis heureux!*

Un autre jour, je fouillois le terrier d'un cabaçou, ou d'un tatou, cochons de terre, dont le dos est couvert d'écailles qui ne redoutent point la balle: cet animal plus habile que nos mineurs, creuse en un clin-d'œil, à plusieurs pieds sous terre, et, au bout de deux heures, sort à sept et huit toises d'un second soupirail qu'il ouvre avec son grouin; son manteau, qui ressemble à celui de nos cloportes, lui sert à envelopper sa tête et ses pattes très-courtes et armées de griffes; les cabaçous sont gros comme nos tonkins: c'est une excellente nourriture; les chiens ne peuvent les atteindre dans le terrier, parce qu'ils en referment l'ouverture à mesure qu'ils s'y enfoncent quand ils se sentent poursuivis; on les prend pourtant quelquefois à l'improviste, mais alors les chasseurs frottent les chiens avec du hallier, et cette recette qui paroît risible, est un enchantement pour le gibier, que le chien n'effraie plus; j'ai remarqué que certaines herbes ont tant de force sur ces animaux, que le chien ne manque pas sa proie. On prétend que ces frictions rendent les chiennes stériles, et font mourir leurs petits. Un autre jour je rencontrois un *mangeur de fourmis*, un *mouton paresseux*, ou un *tapir*. En voici la description:

Mangeur de fourmis. Petit ours qui a le poil gris, long, les pattes de devant courtes, très-grosses et très-fortes; la queue longue et fournie comme celle d'un renard; les yeux horisontalement placés comme l'ours; le museau pointu de même, et la bouche si petite que l'on ne peut y enfoncer que le bout du petit doigt; il n'a point de dents; sa langue pointue et très-longue est un peu grainée et gluante; il la plonge dans une fourmilière pour servir d'amorce aux fourmis; quand elle en est couverte il la retire. Sa défense est un croc gros comme le doigt, qu'il a au bout de chaque patte; il s'en sert pour éventrer les chiens; s'il est pris à l'improviste, il se couche sur le dos et saisit le chasseur ou l'animal qui le cherche. Le *mouton paresseux* et le *tapir* ont les mêmes défenses et en font le même usage, mais celui-ci est beaucoup plus utile que les autres. Les fourmis créées, dit l'Esprit Saint, pour donner l'exemple aux paresseux, sont en si grande quantité dans certains plantages, que souvent elles trompent entièrement l'espérance du colon. La Providence les multiplie d'un côté, pour faire gagner le pain à l'homme, à la sueur de son front; de l'autre, elle crée un destructeur de ces insectes pour qu'il ne perde pas le fruit de ses travaux.... *O Providentia! o altitudo sapientiæ!...*

Mouton paresseux, quadrupède gros comme un bon chat, a le front d'un singe, le museau rond et un peu cave, les yeux petits d'un gris mort, les dents petites et peu aiguës; le poil rude, brun et blanc sous le ventre, aux pattes et à l'oréole de l'orbite de l'œil. Les pattes longues et musculeuses armées de cinq crocs d'une corne dure et extrêmement aiguë. On l'appelle mouton, parce qu'il ne fait de mal à personne. L'existence est un supplice pour lui: quand on le touche, il pousse un cri aigu, entr'ouvre à peine sa gueule et ses yeux comme un être attaqué d'une violente crispation de nerfs. Il a si peu de cénovie dans les jointures et de mobilité dans les vertèbres, qu'il ne remue de place que pour manger; il se nourrit de feuilles de mont-bin, arbre très-commun, dont le fruit ressemble, pour la forme, à nos prunelles de mirabelle.

On l'appelle mouton paresseux, parce qu'il reste sur l'arbre jusqu'à ce qu'il l'ait dépouillé de toutes ses feuilles. Si l'ambitieux alloit à son école, il borneroit ses désirs, et ne mouilleroit pas la terre et de sang et de larmes.

Tapir ou mahy-pouri, quadrupède, a le poil noir et rude, et les yeux d'un cochon; le museau pointu et mobile en trompe comme un éléphant; le pied trifourchu et extrêmement musculeux, est gros comme une vache trapue; il a le dos en arc..... Sa chair est aussi bonne que celle du bœuf. Il se nourrit d'herbes au défaut de poisson; sa fiente semblable à celle du cheval, est un enivrant pour le poisson, dont il est très-friand. Il habite la terre et les eaux. Quand il trouve des étangs bien peuplés, il y dépose ses excrémens, s'y plonge, les bat avec ses pieds; le poisson, alléché, vient à l'odeur, mange, s'enivre, flotte sur l'eau, et devient la pâture du tapir. Les créoles au fait de sa ruse, l'attendent au bord des étangs, et emportent les restes de sa table. Il court avec tant d'agilité et de force, qu'il rompt les trappes que les grosses couleuvres tendent au milieu des *pripris*. On mange tous les animaux dont je viens de parler. La superstition est si grande ici que la plupart a horreur du tigre martelé, et mange le tigre rouge avec délices. La chair de l'un et de l'autre est plus succulente que celle de toutes nos grosses pièces de France.

À la fin de l'hivernage, nous allions à la pêche aux flambeaux, où nous faisions le quart pour surprendre la tortue de mer, et la retourner pendant sa ponte; car cet animal, comme l'autruche, dépose ses œufs dans le sable, où elle vient pendant les ténèbres, à marée montante. Les habitans en faisoient autrefois un grand commerce; le titre de propriété est l'adresse de la retourner sur le dos. Les anses où les tortues montent sont couvertes de sable et ordinairement peu poissonneuses. Les habitans de Kourou m'ont assuré que la pêche qui étoit très-peu de chose quand j'y étois, étoit si abondante avant que la mer eût emporté, dans l'espace de cinq ans, plus de dix lieues de vase qui couvroit le rivage jusqu'à Synnamari, que le soir les voyageurs prenoient des flambeaux pour ne pas se heurter aux os et aux arêtes des poissons jetés et pourris sur le rivage.

On prend encore quelques grands poissons, tels que la vache marine.

Vache marine. Poisson ainsi appelé, parce qu'il a sur le front deux petites excroissances musculeuses et blanches, en forme de cornes, longues de trois ou quatre pouces. Il imite aussi le meuglement de la vache. Il est vivipare comme le lamentin, vorace comme le requin; sa peau est la même. Chez tous ces grands poissons les mâles ont deux lames, et les femelles deux fourreaux également propres à la génération; de-là vient que quelques-uns multiplient sans cesse. Les lézards sont pourvus de même: de-là cette quantité d'œufs qu'ils cachent dans la terre. Ces deux voies de la génération ne seroient-elles pas faites pour classer les deux sexes?..... C'est ce que j'ignore.

Espadon, grand poisson de mer, ennemi juré de la baleine, ainsi nommé parce qu'il porte à l'extrémité de son nez une épée ou peigne à deux rangs de dents, l'un à droite, l'autre à gauche. Au milieu de cette arme est un muscle qui répond à son sensorium. Les pêcheurs qui le savent le frappent à cet endroit, pour se soustraire à sa fureur, au moment où il est pris, et c'est presque toujours à la ligne, car il est vorace, mais il ne s'attache qu'aux poissons. La double scie, dont je viens de parler, lui sert de défense contre les autres poissons, et sur-tout contre le requin qu'il éventre souvent.

Peu de jours après notre arrivée, une baleine et un espadon se battirent près des îlets du Salut. La baleine fut la plus foible et mourut: elle infectoit le rivage au loin.

Au commencement de septembre 1798, le pêcheur de l'habitation attira sur le rivage un gros espadon vivant qu'il avoit attaché à une forte ligne. Il fut forcé d'attendre le pendant pour l'assommer: c'étoit une femelle; nous l'ouvrîmes, et trouvâmes dans son estomac plusieurs poissons entiers et à moitié délayés par le suc gastrique. (Les poissons en sont plus pourvus que nous pour digérer, car ils avalent leurs alimens sans les mâcher.) Nous trouvâmes au dépôt du chyle un gros cordon auquel aboutissoient plusieurs fils qui se rendoient à une grosse enveloppe, que nous brisâmes: elle contenoit deux autres sacs où étoient d'un côté des œufs, ou plutôt des embryons, et de l'autre des petits armés de leurs peignes, et pourvus au nombril d'une grosse vessie adhérente, dont un lacet communiquoit à l'estomac du petit, et l'autre beaucoup plus fin, au cou de l'enveloppe, et de-là au dépôt du chyle, qui se divisoit en rameaux comme un arbre. Plus le petit étoit foible, plus le cordon communiquant au chyle étoit fort: il diminuoit à mesure que le petit étoit près de naître. Ainsi, la vessie où repose la nourriture se détache sans peine, et le lacet qui la suspend au nombril du petit, lui fait prendre nourriture à chaque fois que la mère s'agite. Comme elle ne peut l'allaiter, il sort de sa prison, sevré, armé et en état de chercher sa vie. La couleur du chyle qu'il a pris est d'un blanc de lait un peu tourné, et plus ou moins liquide suivant son terme.

Pendant le jour, quand nous étions à la chasse au milieu des forêts ou dans les déserts arides, nous trouvions, à chaque moment, des pauses à faire pour remercier la Providence. Dans la plaine, le soleil à pic sur nos têtes, nous faisoit suer jusqu'au sang, et nos poumons embrasés soupiroient après une goutte d'eau; nous gagnions un taillis, deux lianes nous entrelaçoient, l'une lisse et couverte d'une double pellicule de gris cendré, l'autre canelée ou plutôt ridée; nous coupions la première, nous tendions la main, elle nous versoit une eau plus délicieuse, plus fraîche et plus limpide que la liqueur la mieux distillée; elle nous la versoit en assez grande abondance pour que nous fussions pleinement désaltérés sans être incommodés; l'autre nous donnoit un jus laiteux, nous en imbibions de la farine de racine que nous jettions aux poissons, qui s'en trouvoient enivrés, et que nous prenions sans peine.

À notre retour, nous nous félicitions d'avoir évité un gros scorpion, ou d'avoir tué un serpent *grelot*, *amida* ou *à deux têtes*; quelquefois nous anatomisions ces mauvais voisins quand ils venoient dans nos cases.

Un jour, Givri en tua un de sept pieds, c'étoit un petit amida. Il étoit à Koroni, dans la case d'une négresse, si occupé à avaler les œufs d'une poule qui commençoit à couver, que la négresse le toucha sans qu'il se dérangeât. Il avoit charmé la poule, qui ne remuoit pas de son nid. Il l'auroit avalée si la couvée ne lui eût pas suffi. Comme nous l'avions frappé sur le milieu de l'épine du dos, nous eûmes tout le loisir de faire l'opération. Je fis sortir de son corps les œufs qu'il venoit d'avaler; ils étoient intacts; nous en fîmes une omelette qui étoit très-bonne. Nous le dépouillâmes; il nous infecta de musc. Les parties de la génération de cet animal sont si odoriférantes, que certaines personnes le devinent au flair. En général, le musc des animaux des pays chauds est une graisse jaune qui se trouve aux jointures, et sur-tout aux parties de la génération; on l'extirpe, et on lave ces parties avec du jus de citron. Le serpent en est plus pourvu que les autres animaux; sa chair est d'un blanc de poulet.

L'amida a l'écaille du dos ronde, d'un gris brun; celle de dessous jaune et brillante comme la nacre de perle; sa mâchoire est armée de deux rangs de dents très-incisives, longues et fortes comme des camions. L'orifice de sa trachée-artère est couronné de deux petites poches d'où sortent deux dards noirs, longs et pointus comme des épées. Au moment où il serre un corps dans sa gueule, ses deux poches pressées et par son souffle et par le solide qui remplit ses mâchoires, font sortir ses deux lances qui sont les alambics éjaculateurs de son venin.

Voilà le précis d'une partie de la destinée particulière qui nous attendoit à Rochefort sur les deux frégates, à Cayenne, et dans la Guyane, depuis le 18 fructidor (6 septembre 1797), jusqu'à la fin de mars 1799.

Le 30 août (13 fructidor an 6.) Les soldats et les matelots se sont révoltés contre Jeannet, Desvieux et Lerch, colonel du bataillon noir. Depuis huit mois, ils ne recevoient point de prêt; on disoit que cet argent servoit à agioter. Desvieux et Jeannet ont rejeté la faute sur le colonel; l'agent a montré beaucoup de fermeté; Desvieux s'est enfui sur son habitation retrouver son épouse avec qui il avoit divorcé. La révolte a duré trois jours; tout Cayenne étoit en rumeur; enfin, le colonel a été dégradé; *Jeannet* l'a arraché des mains des soldats qui vouloient l'égorger. Il a été envoyé aux îlets du Malingre, et la troupe s'est apaisée par argent; les riches marchands ont fait des sacrifices; au bout de cinq jours, tout est rentré dans l'ordre. Le bruit du rappel de *Jeannet* avoit augmenté le mécontentement de la troupe. Il ne restoit que quelques déportés à l'hôpital; les autres étoient placés ou partis pour Konanama; une goëlette en avoit emporté 87 qui étoient restés trois jours en route sans eau, confondus avec leurs effets, et plus entassés que sur *la Décade.*

Le 6 octobre (15 vendémiaire an 7), à cinq heures du soir, la corvette *la Bayonnaise* apporte 120 déportés, dont 9 sont morts en route.

Le 9 octobre (18 vendémiaire), une chaloupe va à bord de *la Bayonnaise.* Vingt-quatre déportés sont conduits à l'hospice, dont la moitié est expirante, et l'autre a acheté du chirurgien du bord la permission de mettre pied à terre. Le reste est expédié à Konanama. *Jeannet* est pourtant bien informé que la moitié de ceux qui y sont, est déjà moissonnée par la peste; il a même nommé une commission pour visiter Konanama. Il sait, en outre, que ceux qu'il vient d'y envoyer n'avoient point de médicamens à leur bord; que le scorbut en rongeoit les trois quarts; il les y a donc envoyés pour mourir: voilà *Jeannet*, il fait le bien et le mal avec la même indifférence.

Nous avions apporté le directoire avec nous; *la Bayonnaise* a amené ses commissaires; et c'est l'agent lui-même qui leur donne en riant cette qualification. Le commandant de *la Bayonnaise*, Richer, annonce un nouvel agent qui est en route pour remplacer Jeannet. Beaucoup plus de terreur en France que quand nous en sommes partis, scission dans le directoire; la loi de conscription, et 100 liv. pour chaque dénonciateur qui prendra un émigré ou un déporté qui s'étant sauvé du lieu de son exil, sera traité comme ceux qui ont porté les armes contre la république.

Le 13 octobre (22 vendémiaire), les États-Unis déclarent la guerre à la colonie; Jeannet en prévient les habitans, annonce la famine, et ordonne de planter des bananes et le double de maniok. Cette déclaration de guerre est la suite de la rapacité de l'agent et des armateurs en course. Notre capitaine Villeneau en a allumé la première torche. Le lendemain que nous eûmes mouillé, un brick anglo-américain, chargé de farine et de bœuf, fut arrêté par Villeneau, et confisqué par Jeannet, qui l'avoit renvoyé, à vide, porter cette nouvelle aux États-Unis. Voilà la cause de cette rupture à laquelle la France n'a peut-être aucune part. Dans tous les cas, la famine annoncée vient de la dilapidation de l'agent; à peine les corsaires ont-ils fait quelques prises que Cayenne regorge de marchandises; l'agiotage commence; on porte tout à Surinam pour avoir des piastres; le magasin reste vide; et quand il n'arrive pas de nouvelles prises, on met les habitans et leurs vivres en réquisition, ou bien on expédie des goëlettes à Surinam, pour racheter au quadruple les comestibles qu'on y a portés pour rien. Les cayennais, comme les filles de joie, vivent, au jour le jour, des rapines que les corsaires partagent avec l'agent, qui les revend aux gros marchands, qui les échangent à Surinam, quand le petit peuple ne veut pas les payer au centuple: ce trafic n'auroit rien que de louable, si le magasin se trouvoit approvisionné pour quelques mois. Au reste, la colonie n'a rien reçu de France depuis le commencement de la guerre; et, dans quinze mois, trois bâtimens lui ont apporté 329 exilés, qui n'ont pour toutes munitions que les ordres des commissaires du directoire et de Rochefort.

21 Octobre. (*30 vendémiaire.*) Un envoyé de Cayenne à la poursuite de M. Barthélemy et de ses sept compagnons d'évasion, nous dit en dînant chez le maire que ces messieurs n'ont fait que passer à Surinam; qu'ils étoient sous des noms empruntés, munis de très-bons passe-ports signés de Jeannet; que de suite ils ont fait voile pour Démérary, d'où ils sont tous partis à l'exception de M. Aubri qui est mort.

22 Octobre. (1er. brumaire.) M. Martin, chirurgien, qui a été pris par les Anglais en passant à Cayenne, nous donne des nouvelles de *la Décade.* Cette frégate a été prise en même tems, sans coup férir; l'officier qui a remis Villeneau sur le ponton, a dit aux Français prisonniers qui se trouvoient sur son passage: «Il n'y a point d'homme en France aussi lâche que celui-là. Nous serions bientôt à Paris, si tous lui ressembloient.» Villeneau avoit à son bord l'Anglo-Américain qui étoit arrivé trop tard, pour donner les papiers aux huit évadés de la première déportation. Son bâtiment ayant mouillé trop près de Synnamary, il fut pris par un croiseur cayennais et amené à la capitale où il avoit la ville pour prison. Son bâtiment fut confisqué, l'agent lui rendit sa liberté et un baril de farine pour se rendre à Surinam: il va au magasin, demande un baril estampé d'un numéro qu'il indique. Il prend fantaisie au garde-magasin de le visiter; il se trouve des passe-ports au fond du tonneau; Jeannet fait resserrer le capitaine et l'embarque sur *la Décade* avec les pièces à sa charge. Ce brave homme, nommé Tilly, en laissant son geôlier prisonnier dans la rade de Plymouth, alla à Londres, et retrouva chez M. Wickam, l'adjudant *Ramel*, *Pichegru*, *Dossonville* et *de La Rue*. Villeneau l'avoit si maltraité, qu'ils le prirent pour un phantôme. Quelle reconnoissance! Quelle heureuse rencontre!

Villeneau rentré en France a passé à une commission de marine, qui lui a donné trois voix pour la mort, l'a destitué et classé comme Lalier.

5 Novembre 1798. (15 brumaire.) Deux frégates amènent chacune un agent, l'un, nommé Desfourneaux, remplace Hugues à la Guadeloupe; il connoît Parisot et le recommande à Burnel qui est le nouvel agent de Cayenne.

Jeannet part au bout de trois jours, une nombreuse députation l'accompagne jusqu'au Dégras; des femmes de toutes les couleurs pleurent amèrement. Leurs époux rient sous-cape et tous lui font des adieux différens.

Burnel, comme tous les nouveaux arrivans, débute par de grandes promesses, fait un pompeux éloge de son prédécesseur, qu'il doit, dit-il, surpasser. Nous verrons s'il tiendra parole.

Fin de la troisième partie.

VOYAGE À CAYENNE.

Forsan et hæc olim meminisse juvabit.

Virg. Æneid. lib. I.

L'innocent dans les fers, sème un doux avenir.

QUATRIÈME PARTIE.

Déserts de Konanama et de Synnamari.—Traitemens et morts des déportés: leur liste; leurs successions.—Agence de Burnel.—Voyage jusques chez les Antropophages (ou mangeurs d'hommes); *leurs guerres; origine, vie et mœurs des Indiens caraïbes.*

Cette quatrième partie commence avec la septième année républicaine, qui répond au 22 septembre 1798. Elle contiendra une année, durant laquelle nous verrons d'abord le traitement des déportés à Konanama et à Synnamari. Le lecteur sait déjà comment je me suis procuré les pièces authentiques des agens et des ordonnateurs. Je lui ai annoncé aussi que je m'étois transporté sur les lieux, afin de n'être ni au-dessus ni au-dessous de ce que j'ai à dire. Ce qui suit est si terrible et paroît si incroyable, que je n'ai pas voulu m'en rapporter au seul témoignage de mes confrères, me défiant plus de moi contre mes ennemis, que je ne me préviens pour mes amis. Passons donc à Konanama.

Occupons-nous du lieu de la scène avant de parler des acteurs. J'ai vu ces déserts, j'ai passé des torrens pour visiter les ruines des Karbets. J'ai frémi de la destinée de mes malheureux compagnons dont les tristes restes flottoient dans un étang. J'ai mêlé mes larmes aux eaux des torrens qui rouloient sur leur dernière demeure. Mais supposons qu'il n'y ait eu personne, que les exilés n'y viendront pas; supposons que je fais la découverte de cette terre: où est-elle? est-elle habitable? que peut-elle produire? quel est son site, et quel est son sol?....

Partons de Cayenne: embarquez et côtoyez le rivage à neuf milles en mer, à 30 lieues au N. O. se présente un grand bassin où les vents engouffrent les flots et font remonter à deux et à quatre lieues vers sa source une rivière rapide dont les bords étroits et escarpés sont plantés de grands arbres si bien enlacés et si touffus que le soleil n'éclaire jamais l'onde. Remontez cette rivière environ à six milles, vous trouverez une chaîne de rochers au milieu de son lit, qui vous forcera de mettre pied à terre pour tirer votre canot et le porter au-delà de la cataracte ou du premier saut, à moins que vous ne profitiez *du grand montant.* Gravissez la rive droite du fleuve et décrivez votre horison.

Au levant, une langue de bois aqueux s'élève jusqu'aux nues, se prolonge depuis le rivage jusqu'à une demi-lieue du nord au sud, et intercepte la brise qui vient de la mer; au couchant, une épaisse forêt ferme cette immense grotte; au sud-couchant, des bouquets de bois çà et là, croisent le vent de terre; au midi plein une vaste prairie couverte d'herbes coupantes, est traversée par des rigoles et des étangs qui aboutissent à une forêt circonscrite en demi-cercle; du côte du sud, ces bois conservent une éternelle fraîcheur, leur pied pose sur des vases noires, sur des gouffres, sur des terres tremblantes; l'été ne les dessèche jamais assez, pour qu'un voyageur puisse s'y engager sans guide; outre les remous, il s'y trouve une grande quantité de couleuvres plus grosses que le corps d'un homme. Tous ces arbres sont stériles, quelques-uns portent des fruits mortels, d'autres des serpens-lianes qui s'entrelacent et font sentinelle au haut des branches; leur couleur verte comme les feuilles ou grise comme le tronc de l'arbre, jointe à l'obscurité et aux précipices, mettent la prévoyance en défaut; au couchant-sud à l'angle du bois, est un chemin impratiqué, connu par les Indiens *Arouas*, qui conduit dans d'autres précipices à perte de vue; l'horison est borné par des forêts, des montagnes et des lacs; à l'est et N. E. par des déserts et des palétuviers, comment échapper à la misère, au désespoir et à la mort?

Attachons-nous à la topographie de la plaine, c'est peut-être une terre de promission.

Les vastes forêts dont je viens de parler, ne me donnent point d'ombrage; depuis huit heures du matin jusqu'à cinq heures du soir, je suis rôti par un soleil brûlant qui ne se cache qu'à regret dans le bois qui m'entoure; le bord des baches est un étang vaseux, et ces arbres ne me couvriroient que de leurs troncs, car la couronne de leurs cimes à cent pieds en l'air, n'est formée que d'un rang de feuilles découpées en lance en forme d'éventail de la longueur de deux pieds..... La Savanne ou vaste perspective où je suis, est inculte, sillonnée en dos d'âne; les arbustes y viennent à regret. La terre est rougeâtre, couverte d'un mauvais friche à trois tranchans, qui se dessèche aux premières chaleurs de l'été; elle est encore peuplée de serpens de toutes espèces.

Quand je tourne le dos au nord, ma vue s'étend à trois lieues à travers les clairières que les *islets de bois* laissent çà et là; à mon orient et occident, le terrain boisé prend une forme sphéroïde. Là, le sol trop fertile est couvert d'arbres qui ne redoutent ni la hache ni la cognée: ici, où le sort me fixe, il a horreur de produire quelque chose. De misérables acajous sauvages et des ronces se cherchent pour s'entre-étouffer. Voilà pourtant le local qu'on leur destine, voilà *Konanama*! La goëlette doit mouiller aujourd'hui, ils sont en route depuis trois jours, ils meurent de soif et je ne vois point de puits... Où vont-ils loger? Sur ces bords couverts d'une terre rouge comme du sang? J'apperçois le bâtiment, des nègres sont débarqués d'avance: les Indiens et les travailleurs se pressent sur le rivage, ils mettent pied à terre......—quel aspect!...—Nous y voilà donc! s'écrient-ils..... Ah! Konanama! Funèbre séjour, tu seras notre tombeau!.... Ils se couchent sur les bords du fleuve pour se désaltérer, la marée monte et l'eau est saumâtre, ils cherchent une source... un ruisseau, un puits, l'inspecteur *Prévost* n'en a pas creusé; tout est aride: ils sont consignés, on va les compter, les loger, leur lire les ordres; le soleil est à pic, ils sont épuisés, la marée a trois heures de montant: ils n'auront d'eau douce qu'à neuf heures du soir.....

Ils sont quatre-vingt-treize..... Prévost les harangue en peu de mots....

«Songez bien que vous êtes ici sous ma surveillance et responsabilité, nul ne s'écartera du poste à plus d'une journée, vous aurez l'appel matin et soir comme à Cayenne, je vous invite à n'y pas manquer sous peine de punition corporelle. Je défends à aucun de vous d'approcher de ma case. Si on a des réclamations à m'adresser, on me fera appeler par le sergent ou par un militaire..... Le gouvernement m'ordonne de n'avoir aucune liaison avec vous, et *je ferai fusiller le premier qui osera remuer*. Vous ne dépasserez point les baches qui sont à votre orient... Je vais vous donner lecture des intentions du gouvernement à votre égard.»

République française, liberté, égalité, Cayenne, le 20 thermidor an six.

L'agent du directoire au citoyen Prévost[4], directeur et commandant du poste de Konanama:

«Vous ferez part aux déportés de nos intentions philantropiques à leur égard, qui sont dictées par la mère-patrie.

»L'agent particulier du directoire exécutif, considérant que la mère-patrie ne lui a point remis de fonds disponibles pour la nourriture et l'entretien du grand nombre d'individus qu'elle a envoyés et de ceux qui doivent encore arriver; considérant que la Guyane française manque de nègres ou de cultivateurs, que la terre de ce vaste pays offre des trésors à ceux qui veulent ouvrir son sein, a arrêté et arrête ce qui suit:

»1°. Les déportés seront nourris pendant un an, à compter du jour de leur départ de la rade.

»2°. Ceux qui ne se trouveront pas placés à cette époque, seront tenus de se faire un abattis. Le gouvernement se charge de leur fournir les outils nécessaires.

»3°. Ceux qui s'adonneront à ce travail avant le terme prescrit, auront les vivres pendant dix-huit mois et sont autorisés dès ce moment à s'adresser à l'administration qui leur fera délivrer sur-le-champ un permis pour s'établir dans quelque canton de la Savanne que ce puisse être.»

La lettre du ministre des colonies à Jeannet, en date du 25 ventose an 6, avoit donné lieu à cet arrêté. La voici:

«En vous chargeant, par ma lettre du 20 fructidor, de donner vingt arpens de terrain à chaque déporté, je ne vous ai pas dit d'établir ces terrains à la charge de la république, le directoire étant seulement autorisé par la loi du 19 fructidor, à procurer provisoirement à ces déportés, *sur leurs biens, les moyens de pourvoir à leurs besoins* les plus urgens. En vous marquant de fixer l'emplacement d'un bourg ou d'un hameau pour y bâtir leurs logemens, je n'ai pas entendu que ces vingt arpens de concessions fussent dans ce hameau, mais extérieurement, le bourg ne devant avoir que des lots pour logement, cour, poulailler et petit jardin. Quant à l'établissement d'habitation, ce doit être à leurs frais, s'ils y prennent goût, et vous leur procurerez toutes les facilités que l'humanité commande. Je crois donc que Konanama et le terrain de six cents toises de face sont propres à former ce bourg où se retireront les déportés déjà arrivés, et ceux qui vous seront encore envoyés, que leurs facultés et leurs goûts ne porteroient pas à la culture ou au commerce. En donnant par exemple à chacun une largeur de dix toises et une profondeur de vingt, à-peu-près, on peut placer beaucoup de logemens et sur un plan régulier. Ce local vaut mieux que celui désigné par les ingénieurs, parce qu'il est plus près des endroits déjà habités, et que, par cette raison, les déportés qui deviendront habitans trouveront plus de moyens de commerce et de débouchés pour leurs denrées.

»*Le directoire vous autorise à prendre, sur les réclamations des déportés telles mesures que vous jugerez convenables, en conservant cependant les moyens d'exercer la surveillance nécessaire pour qu'ils ne puissent ni nuire, ni s'échapper.* Vous pouvez donc leur permettre de former des établissemens de culture et de commerce dans toutes les parties de la colonie, autres que le chef-lieu et l'île de Cayenne, que le directoire a formellement exceptés.»

Cette lettre prouve que le ministre n'avoit pas grande connoissance de la colonie de Cayenne. Il auroit été très-tranquillisé sur les concessions de terrain à faire aux déportés, il ne les auroit pas si étroitement resserrés dans leurs dix et vingt toises, s'il eût su que tout le canton de Konanama, avec ces six cents toises de face, et plus de soixante mille toises de profondeur, ne se vendroit pas un petit écu. Le terrain n'a aucune valeur dans les lieux inhabités de la colonie, tels que Konanama; et il en a fort peu, même dans les cantons habités. Avant la révolution on n'estimoit le terrain que relativement à la valeur des noirs qui le cultivoient, et à celle des établissemens déjà formés; mais à Konanama, il n'y avoit que deux établissemens abandonnés et aucuns noirs.

Jeannet lui-même avoit reconnu l'impossibilité de l'exécution de son arrêté dans sa lettre au ministre des colonies en date du 11 nivôse an 6.

«Si l'on s'en tient, citoyen ministre, à votre dépêche du 20 fructidor an 5, les avances se borneroient à quelques *souches de bétail*, à quelques outils aratoires, et à des instrumens de chasse et de pêche; alors les déportés demeureroient chargés de se loger, de se procurer des travailleurs, en les louant de gré à gré, et de les solder; mais en leur admettant quelques moyens pécuniaires, quel nègre voudra quitter un canton habité pour aller s'isoler avec eux à Konanama?»

Les déportés qui étoient instruits et des dispositions de l'agent, et du peu de moyens qu'il leur donneroit pour s'établir, s'écrièrent tous après avoir entendu Prévost: «Il vaut mieux nous égorger... Nous n'avons point été envoyés ici pour avoir le sort des nègres et nous attendrons tout du tems...— *Baissez le ton, chiens de déportés, ou je vous ferai taire à coups de fusil*, reprit l'inspecteur. Desvieux lui avoit envoyé des instructions précises et sévères, comme celles du sergent de Kourou. Le tout mitigé par quelques mots de consolation. Prévost passa sous silence les paroles de justice, qui pouvoient modérer son despotisme. Les malheureux se regardent comme des victimes entre les mains des barbares. Les horreurs de la solitude, l'abandon qui donne plus d'empire à l'arbitraire, la rapacité des soldats, par-dessus tout, cette pensée effrayante qui seule est un enfer....—Quand sortirons-nous d'ici? nous y périrons, et peut-être encore que dans dix ou vingt ans, les jette dans une consternation qu'on ne peut peindre qu'en soi-même...

Les soldats leur montrent leurs demeures: je vais en tracer le plan tel que je l'ai copié en pleurant sur ces ruines malheureuses.

À trois portées de pistolet de la rive droite de la rivière, s'élève une butte qui se prolonge de l'Orient à l'Occident; cet endroit, à l'abri de tous les côtés, reçoit, pendant l'été, les exhalaisons de la terre et les feux d'un soleil brûlant qui resserre ses rayons comme dans le foyer d'un verre concave. Le pied de la montagne est inculte. Le sol est une terre de sang qui éblouit et reflète la lumière et la chaleur d'une force insupportable. Le plan incliné et raboteux à l'extrémité du rayon qui reçoit les torrens de feu ou de pluie d'une plaine de trois lieues de diamètre... est précisément l'endroit que Prévost a choisi pour bâtir le village; il le nomme la Décade, parce qu'il fera regretter ce bâtiment à ceux qui vont l'occuper.

Depuis un mois, il a mis soixante Indiens et quarante nègres en réquisition pour activer les travaux. Le plan et la bâtisse sont plus irréguliers que l'emplacement.

Le village est bâti du Midi au Nord, depuis le haut jusqu'au bas du ravin. C'est dans cette gorge que sont les principales huttes.

Un sentier, large de vingt pieds, forme une rue en pente jusqu'à la rivière dont les bords sont exhaussés.

Au haut de la montagne, un peu à gauche, à trente pas des autres karbets, est une loge assez propre, c'est celle du directeur; à droite, une autre hutte, est le corps-de-garde des soldats blancs; à gauche, celui des noirs...

À quarante pas, sur le penchant du ravin, deux rangs parallèles de couvertures de feuilles de balalou posent sur des piquets, on peut se les figurer dans l'ordre suivant:

Du haut de la montagne, descendez à la rivière, la première case qui barre le point d'alignement, est celle de Prévost; elle est bousillée, lattée, blanchie, ornée de fenêtres, et distribuée en deux petits appartemens fort propres.

Celles des noirs et des blancs sont seulement lattées, les autres le sont à demi; l'architecte a fait consister son savoir à ficher en terre quatre mauvais piquets qui soutiennent une frêle charpente montée à la hâte.

«Vitruve dit que, de son tems, on montroit encore à Athènes, comme une chose curieuse pour son antiquité et son ignorance, les toits de l'Aréopage, faits de terre grasse, et à Rome, dans le temple du Capitole, la cabane de Romulus, couverte de chaume.» Ces vieux édifices seroient des palais magnifiques en comparaison des karbets de Konanama. Prévost se croit pourtant le premier Vitruve du dix-neuvième siècle; il en remontreroit, dit-il, à M. Mentelle, dont il portoit les chaînes. Cette ignorance est d'une antiquité reculée, et cette suffisance, d'un comique original.

Le magasin est à gauche dans le fond du vallon; le four du boulanger, construit à grands frais, est derrière; l'hôpital est sur la même ligne; un peu plus haut, la prison: en hiver, les torrens s'y précipitent; les malades et les vivres nageront dans leur asile. Il est tems de loger nos arrivans.

La nuit étoit close avant qu'ils eussent marqué leur place, ils allument de grands feux pour chasser les nuées d'insectes qui se reposent de préférence dans cet endroit où ils trouvent à s'abriter et à se repaître de sang.

Les patiens sont distribués sous six halles, la moitié est debout pour entretenir la fumée, tandis que l'autre, ou se suspend dans un mauvais morceau de toile, ou s'étend en cercle sur des feuilles autour d'un feu ardent. La moindre disgrâce causée au sommeil, est la bouffissure des yeux crispés, rôtis et rouges, par la fumée comme par le chagrin et la douleur. La piqûre des moustiques, comme la goutte d'huile bouillante, forme des bouteilles sur ce qu'elle touche; nul ne peut parer à l'une et l'autre incommodité.

Les sauvages du fond des bois verseroient des larmes au spectacle que l'aurore éclaire ce matin. Les uns ont le teint hâve, les lèvres sèches comme du parchemin; d'autres s'éveillent avec effroi, toute l'horreur de leur sort est empreinte sur leur front; ils errent comme des phantômes, un livre à la main, sans savoir où ils vont, ce qu'ils veulent, s'ils existent encore; ils se touchent et ne s'apperçoivent pas. Telles on peint les ombres au bord du sombre manoir, se pressant avec effroi pour entendre ou subir leurs destinées. Un seul habitant nommé Henri William s'est relégué dans ces contrées. Il les reçoit avec bonté, les console; mais il n'a rien à leur donner que des paroles de paix. Il leur permet de tirer de l'eau à son puits, et c'est le plus grand bienfait pour eux. Prévost n'avoit pas six pieds à creuser pour trouver une source vive: il ne l'a pas voulu. Si la maladie, le désespoir, la peste, n'étoient pas déjà parmi eux, ils en creuseroient eux-mêmes. Au bout de quelques jours, Jean Sourzac, né à Colonge, invite ses amis à dîner avec lui, distribue de l'argent aux moins fortunés, va se baigner sur le premier saut, court de toutes ses forces, et se précipite dans le torrent. Le même jour, Brunégat, vicaire de Bazoches, s'enfonce dans le désert; on le fait chercher, il étoit étendu sans vie aux pieds d'une bache. Ces morts violentes font une si vive impression sur la majorité, que les uns tombent en démence, les autres sont agités d'une fièvre chaude ou putride; ceux-ci meurent de peste, ceux-là de défaillance, de dégoût, de consomption, de mal-propreté.

Il n'y a pas quinze jours qu'ils sont arrivés, l'hôpital et les karbets sont pleins de malades; les ongles leur tombent, leurs jambes et leur corps sont enflés, gluans, pleins de pustules. Ils infectent l'air, et ne prennent que des alimens salés, cuits dans l'eau de mer. Le boulanger se sert de cette eau pour faire le pain. Leurs tisanes sont également salées. Le gouvernement paie cinq pêcheurs pour les malades, et le poisson frais, qui vaut quatre sous la livre, leur est vendu quarante. Gernerd et Beccard en partagent le profit; le poisson salé que le gouvernement leur envoie se paie le même prix; un couple de poulets coûte douze francs, et c'est une protection d'en avoir à ce prix. Ils ne peuvent se procurer un seul fruit pour se désaltérer. Les nègres et les fripons dont je vous donnerai la liste, se coalisent pour leur arracher leurs effets. Prévost tolère ce brigandage; il s'absente du poste pour aller à la case Boudreau, où il passe sa vie dans la débauche avec les négresses. Dans un mois, la peste fit de si grands ravages, qu'aucun d'eux ne put se traîner jusqu'à la rivière. Jeannet en fut instruit, il enjoignit provisoirement au citoyen Rougier, chirurgien d'Yracoubo, à trois lieues du désert, de s'y transporter au moins une fois par décade. Cet honnête homme s'en est acquitté avec zèle. Tous les fléaux de la colonie les assaillirent en même tems: les nègres exigeoient vingt-quatre sous pour leur extirper ces terribles insectes connus sous le nom de *chiques* ou piquans de cendre; les indigens, à qui on avoit tout volé, en eurent une si grande quantité, que leur cadavre, encore vivant, tomboit en lambeaux, rongé par les vers; d'autres, attaqués de la dyssenterie, ne pouvant se remuer dessus leur cadre, exhaloient une odeur si infecte, que personne n'osoit en approcher. Ils périssoient dans ce déplorable état, les vers s'attachant aux parties internes déjà ulcérées et sanglantes. La liste suivra cette troisième partie. Vous êtes équitable, mon Dieu, nous pardonnons à nos ennemis, jugez-les.....

Je crois devoir à la vérité la publicité de la correspondance suivante, afin que les coupables seuls soient au moins flétris dans le souvenir des hommes probes qui mettent l'opinion de côté. Cet extrait fidèle est tiré des papiers du garde-magasin Beccard, dont j'ai fait le dépouillement:

Extrait de la correspondance de l'ordonnateur Roustagneng à Beccard, garde-magasin à Konanama.

27 thermidor an 6 (14 août 1798.)

«Vous savez, citoyen, qu'il entre dans la composition des rations des déportés $^{3}/_{32}$emes de taffia; cette quantité me paroît un peu forte, au moins susceptible de réduction d'un tiers, ce qui la porteroit encore à deux coups par jour. Je vous prie de consulter le citoyen Prévost, et de m'envoyer votre avis, motivé tant sur vos observations communes, *que sur les conversations que vous pourriez avoir indirectement avec les déportés.*»

Signé ROUSTAGNENG.

Tous les mots soulignés sont rayés dans l'original, preuve des ordres secrets donnés pour que les déportés ne communiquassent point avec les autorités du poste.

5 fructidor, 22 août. Le même, au même.

«Voici, citoyen, la marche que vous avez à suivre; la ration des déportés, en taffia, sera réduite à deux trente-deuxièmes; celle en huile de six onces, sera portée à quinze par mois. D'après les avaries survenues au biscuit de la traversée, je vous invite à en constater toute l'étendue, par un procès-verbal que vous dresserez en présence du directeur de l'établissement, Prévost. Vous tiendrez la même marche toutes les fois que les circonstances se présenteront. Afin de prévenir les embarras, vous aurez soin de me prévenir d'avance des besoins, sur-tout des subsistances.

»Le magasin expédie 150 livres de clous, six serrures et 200 livres de morue; cet envoi est déposé à Synnamary. J'écris au citoyen Prévost de le réclamer auprès du citoyen Morgenstern.»

Signé ROUSTAGNENG.

N. B. Le taffia a été retranché sans compensation d'huile.

28 fructidor, 14 septembre. Le même, au même.

«Le citoyen Germain m'a remis votre lettre, du 18 courant. Je conçois facilement qu'au milieu de l'insubordination, des vols et gaspillages, joints à l'imperfection du bâtiment qui vous sert de magasin, vous avez été hors d'état de répondre.» (C'étoit une mauvaise goëlette attachée à deux palétuviers, sur les bords de la rivière, et abandonnée aux flots. Je l'ai vue au même endroit en mai 1799: les torrens avoient presque rompu les cables qui la retenoient.)

«Vous me dites que la réduction en taffia occasionne des murmures, je le crois; mais il faut bien s'entendre sur la valeur, mon intention étant, pour me servir de l'expression vulgaire, qu'elle soit composée de deux *boujearons*, ou deux coups par jour. Si le seizième que vous donnez forme cette mesure, vous y tiendrez, et toute réclamation cessera.....»

Roustagneng.

Sur les successions.

24 thermidor, 11 août. Le même à Prévost.

«Je vous envoie un cahier de quarante-huit feuilles, pour constater le décès des déportés, employés civils et autres personnes attachées à votre poste, vous en ferez usage suivant l'exigence des cas, et vous m'adresserez chaque feuille par duplicata.»

Signé ROUSTAGNENG.

N. B. Cette lettre étoit pour Beccard; mais il se trouva malade au moment du départ; on le força d'accepter cette place lucrative par les spéculations des sous-agens. Beccard étoit moribond au moment où la goëlette sortoit du port; on la fit mouiller pour le reporter à l'hôpital; il y demeura trois jours sans connoissance par l'attaque d'un asthme qui l'a conduit au tombeau. Il étoit encore moribond quand il s'embarqua avec sa femme et ses deux enfans en bas âge... La liste de décès fut commencée par Prévost, qui mit un faux en-tête, annonçant que *Soursac* étoit mort à l'hôpital, tandis qu'il s'étoit noyé. Il fit saisir les bijoux et les effets de ce malheureux, sans s'inquiéter où les flots avoient jeté son cadavre, qui ne venoit de disparoître que depuis un quart-d'heure. Il fit fouiller tous ceux qui approchoient Soursac, et dressa un procès-verbal peu exact.

Le lendemain 28 thermidor, deux pêcheurs trouvèrent un cadavre qui fut reconnu pour être celui de Soursac.

Les déportés se réunirent pour bénir un champ de mort où cette première victime en attendit tant d'autres. C'étoit une enceinte ronde, sur le bord du rivage, entourée de baches et de palmiers, qui inclinoient majestueusement leurs couronnes et leurs branches sur les cendres de ces martyrs.

10 fructidor, 27 août. Le même au citoyen Beccard.

Voici la marche que vous avez à suivre lors du décès des déportés:

Lorsqu'un de ces individus se rendra à l'hôpital, vous ferez la reconnoissance des effets à son usage, qu'il introduira pour lui. S'il vient à décéder, vous constaterez de suite par inventaire, en présence de deux témoins, tout ce qui appartiendra à la succession. Vous fixerez un jour pour la vente des effets au comptant. La totalité de la recette à laquelle vous joindrez le numéraire, s'il s'en trouve, me sera adressée avec une note par une occasion sûre, pour être versée dans la caisse du trésor.

Si le cas arrivoit que vous ne trouvassiez pas la défaite entière des effets, vous les enverriez à Cayenne; et dans ce cas, vous en feriez des factures par triplicata, en présence de deux témoins qui signeroient avec vous.

Tel est, en substance, l'arrêté de l'agent, du 6 nivôse, relatif au cas présent. Observez que le concours des autorités civiles du canton est absolument inutile, parce que le poste de Konanama est sous l'autorité immédiate du gouvernement, que tout doit s'y faire par l'organe de ses préposés: ainsi, tout ce qui a rapport dans ledit arrêté aux fonctionnaires de l'intérieur, n'est point exécutoire.

Vous observerez encore qu'étant la partie agissante, vous devez constater vos opérations par des pièces bien en règle, signées des personnes que vous y faites concourir; le tout visé par le directeur de l'établissement avec lequel vous vous concerterez toujours, soit pour l'envoi des objets, soit pour la meilleure harmonie de choses possibles.

Vous communiquerez la présente à Prévost, directeur et chef du poste. *Signé* Roustagneng.

N. B. Beccard a mis le plus grand désordre dans son travail; Prévost s'est payé par ses mains de la bâtisse des karbets. Gerner, aide-garde-magasin, a fini aussi misérablement que son chef, qui lui avoit donné une aveugle confiance. Ces trois individus ont fait éprouver toute sorte de mauvais traitemens aux déportés.

26 fructidor, 12 septembre. Le même au même.

«Quoique je vous aie tracé dans ma lettre du 6 de ce mois, la marche que vous aviez à suivre lors du décès de quelque déporté, il en reste encore une à faire à l'égard de l'autorité civile du canton, prescrite par les lois, et dont l'exécution est réclamée aujourd'hui par l'officier public de cette commune; elle est consignée dans la loi du 20 septembre 1792, et rappelée par l'article IX, titre V, de la section IV du réglement du directoire exécutif, du 25 messidor an 4. C'est l'avis que toute personne privée ou chargée de quelque détail au service, est tenue de donner à l'officier public de la commune, du décès de tout individu, afin qu'il constate ledit décès, pour en dresser acte.

»À prendre cette formalité à la lettre, ce fonctionnaire seroit obligé de se transporter chaque fois sur les lieux, et de le rédiger d'après ce qu'il auroit vu par lui-même. Comme cette démarche est, vu la distance de six lieues, sujette à plus d'un inconvénient, il a paru à l'administration départementale et à moi, qu'il suffisoit de lui adresser, le jour du décès, un avis motivé, dont la transcription sur ses registres remplira suffisamment le vœu de la loi.

(Beccard s'est conformé à cet ordre, comme je m'en suis convaincu.) Vous trouverez ci-joint le modèle de l'avis que vous adresserez à l'officier public du canton de Synnamary.

»Voilà vos seules relations avec cet officier, lesquelles ne dérogent point à ce qui vous a été prescrit à l'égard des successions qui restent toujours dévolues à la connoissance du commandant en chef et de moi.» *Signé* Roustagneng.

N. B. Tous ceux qui mouroient sans succession étoient dépouillés, leurs cadavres jettés nus dans les karbets, les nègres refusoient de les inhumer, à moins que les autres ne se cotisassent pour la somme de 12 ou de 18 fr. Beccard et Prévost gardoient le silence sur cet odieux trafic. Le dernier voulut les contraindre à s'inhumer eux-mêmes; quelques-uns faillirent être fusillés pour avoir répondu *que c'étoit aux bourreaux à enterrer leurs victimes.*

Pendant ces scènes d'horreur, Prévost bâtissoit fort à-propos de nouveaux karbets.

15 vendémiaire an 7, *7 octobre 1798*. Le même au même.

Huybrek avoit donné ses effets à Bertrand Malachie, en présence de témoins, Beccard se les fit rendre, consulta l'ordonnateur, qui répondit que de semblables donations ou legs seroient dévolus à la république, à moins que le légataire n'eût appelé le commandant en chef, et le garde-magasin, pour leur dicter ses dernières volontés; il termine cette longue lettre par ce paragraphe:

«Pour prévenir les contestations qui pourroient naître à ce sujet, et donner aux déportés la faculté de tester, vous leur communiquerez le mode ci-joint.» *Signé* Roustagneng.

Dans une autre du 19 fructidor an 6, Roustagneng avertit Beccard que le nommé Kercof, déporté belge, est mort à l'hôpital de Cayenne; il l'invite à chercher sa malle, qui est remplie de bons effets, et embarquée pour Konanama. Les réponses de Beccard trouveront place à la fin de cet article.

19 vendémiaire. L'ordonnateur, à Beccard.

«Le bateau *la Dépêche* vous porte soixante-quatorze nouveaux déportés arrivés sur la corvette *la Bayonnaise*; j'ignore ce que le commandant en chef écrit à ce sujet; il est indispensable que vous en dressiez une liste signée par le commandant du poste, pour être adressée au directoire.

»Pour prévenir les difficultés du service, que cette augmentation de monde doit vous occasionner, je vous ai procuré un supplément de journaliers et de femmes blanchisseuses..... La liste que je vous en adresse ci-jointe, vous fera connoître leur nombre, et le salaire attribué à chacun d'eux.»

Signé ROUSTAGNENG.

N. B. Cette liste manquant, j'ai eu recours au registre-journal de Beccard, où j'ai trouvé quatre pêcheurs, deux chasseurs, trois blanchisseuses, trois cuisinières pour l'hôpital, un pharmacien, six infirmiers, un aide-boulanger, neuf hommes de journée, un menuisier, un tonnelier, qui forment trente-un servans.

Ces noirs, tous plus voleurs et plus paresseux les uns que les autres, ne faisoient pas l'ouvrage de deux européens dans un hôpital de trois cents malades. Les déportés payoient leur blanchissage, faisoient leur cuisine; souvent les malades n'avoient pas eu une goutte d'eau douce à cinq heures du soir. Ces servans profitoient de l'absence de Prévost, pour voler et le garde-magasin et les déportés; ils étoient ivres ou à la danse depuis huit heures du matin jusqu'à minuit. Les nouveaux venus offrirent un vaste champ à leurs spéculations. Au bout de quelques jours ils gagnèrent la peste, et peuplèrent les sombres bords de la rivière.

20 vendémiaire. Le même au même:

«Le rapport du citoyen Kerkove, le vôtre en date du 9 vendémiaire, et celui du cit. Dardet donnent lieu au départ du commandant en chef Desvieux, accompagné des citoyens Boucher et Chapel. Je m'en réfère pour les détails particuliers à ce que ces citoyens feront sur les lieux.»

Signé ROUSTAGNENG.

N. B. Desvieux frémit d'indignation du spectacle des malades et des moribonds. Il appela *Prévost*, le réprimanda en présence des déportés. Il se mit à pleurer, se jetta aux genoux du commandant; celui-ci le congédia brusquement, le destitua, le chassa de sa présence, l'envoya à Cayenne en lui défendant de l'accompagner, et produisit la lettre suivante, pour justifier la cause du gouvernement et la sienne:

Au citoyen Desvieux, commandant en chef de la force armée de la Guiane française, le 12 thermidor an six.

«Mes ennemis ne triompheront pas encore cette fois; grâce à vos lumières et à mes soins, le village de Konanama est achevé; les karbets attendent les déportés; tout est préparé pour les y recevoir. J'ai nommé ce poste *la Décade*; ils y seront commodément; je les attends tous les jours. Je vous prie de me continuer vos bontés.... J'ai l'honneur d'être, avec un très-profond respect...., PREVOST, *ingénieur-géographe, commandant et directeur du poste* de la Décade, dit *Konanama*.»

Si l'on en croit *Desvieux*, *Prévost* avoit fait tout de son chef. Chaque déporté puisa une nouvelle vie dans les paroles de consolation du commandant; le sort des malades fut amélioré, les nègres rentrèrent dans l'ordre pour quelques jours, et les exilés eurent des vivres frais, pour la première fois, depuis trois mois. Ils eurent de l'eau en abondance; enfin ils respirèrent durant le séjour du commandant. Une nuée d'orage ayant arrosé la plaine au bout de trois mois de sécheresse, le magasin, la boulangerie et l'hôpital furent, pendant une heure, à un pied sous l'eau; cet accident parla très-efficacement contre Prévost.

Desvieux les visita de nouveau, leur promit de demander le changement du poste; et, se tournant avec effroi et attendrissement vers ces vastes solitudes, il dit d'un ton prophétique: *Vous êtes déportés aujourd'hui, mon tour viendra peut-être bientôt.* Il ne se trompoit pas.

29 vendémiaire an 7. Le sous-chef d'administration, au citoyen Beccard:

«Je vous préviens que le citoyen agent, par son arrêté du 27 de ce mois, vient de déterminer qu'à compter du 20 brumaire prochain, la ration de pain sera réduite à douze onces, et que les douze onces supprimées seront remplacées par douze onces de cassave; le peu de farine qui nous reste nécessite cette mesure.

(On publioit, à cette époque, que la Guadeloupe étoit prise, et que les anglais menaçoient Cayenne et *Surinam* ou Mapébo.)

»L'administration chargée des vivres du pays a écrit à tous les inspecteurs des cantons pour faire planter des bananes et du maniok; vous vous adresserez à celui de votre endroit, pour vous procurer la cassave, ou le coaq nécessaires.»

Signé ESTIBAUDOIS.

24 vendémiaire an 7. Roustagneng à Beccard:

«J'attends, pour vous faire une réponse plus étendue, que, d'après le rapport ci-joint du commandant et autres officiers du détachement, il soit pris un parti sur Konanama. En attendant, je pense que leur présence y aura produit un bon effet, et rétabli un peu la police.»

Signé ROUSTAGNENG.

Précis du rapport sur Konanama.

«Nous, commandant en chef, accompagné du citoyen Chapel, capitaine du génie, et Boucher, sous-chef d'administration, nous sommes transportés à Konanama, où étant, nous sommes rendus à l'hospice, et avons vérifié que sur quatre-vingt-deux déportés déposés au poste, à la fin de thermidor (il y avoit deux mois), il y en a vingt-six morts de maladies putrides, cinquante à l'hospice, dont plusieurs en danger, et aucuns des autres parfaitement bien portans.

»Cette mortalité est occasionnée, 1°. par l'eau qui est très-bourbeuse, et même vitriolique; 2°. par les miasmes putrides qu'exhalent les marécages qui environnent le poste à plus d'une demi-lieue; et 3°. par les vidanges de l'hospice, qui séjournent dans les marais qui ne peuvent être desséchés. Ces causes ne peuvent être détruites; et ce poste, dans l'hiver, deviendra un marais. Le niveau des karbets est plus bas que les *terres-pleins* du poste. Ils sont mal faits, et les faîtages prêts à tomber. La communication est très-difficile dans toutes les saisons. Dans l'été, il y a trop peu d'eau pour les bâtimens à l'entrée de la rivière; dans l'hiver, la côte est impraticable par la grosse mer et les fréquens raz de marée. La communication par terre ne peut se faire que par des piétons sans bagage. Le poste court donc risque de manquer souvent de vivres, dont le canton inhabité est dépourvu. Les Indiens même l'ont évacué à cause du mauvais air. L'officier, les soldats, les délégués de l'administration sont dans le plus triste état. Il n'y a que de la viande salée, aucun fruit, et pas même un citron pour corriger la mauvaise qualité de l'eau. Ces raisons impérieuses nous font penser que ce poste doit être transféré à Synnamary, éloigné de quatre à cinq lieues.»

Cayenne, le premier brumaire an 7.

Signé DESVIEUX, BOUCHER, CHAPEL.

N. B. La correspondance de brumaire n'offre rien d'intéressant. Les réponses de Beccard, quoique bien antérieures à cette époque, méritent de trouver ici leur place, pour préparer le lecteur à la décision qui sera prise sur Konanama. Je les transcris sur l'original, me permettant seulement d'y mettre quelque ordre, car ces phrases paroissent crayonnées, au hasard, par une tête aliénée.

Beccard, au citoyen L. Estibaudois, sous-chef des approvisionnemens.

Konanama, 9 vendémiaire an 7
(30 septembre 1798).

«J'ai eu tort de garder un silence aussi long à votre égard; je suis obsédé de tous les côtés; figurez-vous un magasin où il n'y a ni portes ni fenêtres, en plein air, au milieu de quatre piquets, sous un mauvais toit, que le moindre coup de vent peut emporter à cent pas dans la Savanne, où les débarquemens se font presque toujours de nuit. Les déportés m'importunent par des réclamations les plus impertinentes, ainsi que les Indiens qui bâtissent les karbets: il faut leur trouver du coaq et du poisson salé qui sont très-rares. Pour prévenir le désordre, j'ai pris le parti de délivrer le taffia tous les jours. Heureusement que j'ai trouvé ici le citoyen Germain; sans lui, je n'aurois jamais pu me reconnoître; je n'ai personne à qui je puisse accorder ma confiance, car je suis entouré d'une bande de voleurs. Je vous avois demandé un déporté pour m'aider dans mes opérations, vous ne m'avez pas répondu: cet homme m'auroit bien servi, et j'aurois été exempt des reproches qu'on fait aux personnes qui occupent un poste aussi critique que le mien.» Cette adjonction mettoit le gouvernement et son agent à l'abri des reproches.

Beccard entre ensuite dans de très-longs détails sur la nature des vivres qui ont été avariés, sur les pertes que le magasin a éprouvées par les vols journaliers des noirs. Il termine par demander du vin, de l'huile, du savon, de la poudre à feu, des lignes de pêche, des serrures, des gonds, des contre-vents, etc., etc., etc.

Le même, au citoyen Roustagneng.

5 vendémiaire an 7 (27 septembre 1798.)

Beccard, après lui avoir accusé la réception de toutes ses lettres jusqu'à ce jour, et les avoir analysées, dit qu'il n'a pas pu lui répondre à cause du grand désordre qui régnoit dans le magasin, il lui adresse le procès-verbal de la vente des effets du déporté Sourzac. (La copie de cet extrait de vente ne s'est pas trouvée dans ses papiers. Sourzac a laissé trente-cinq louis en or, quelques écus de six livres, une montre d'or, et pour près de 150 livres de linge; le tout, versé dans la caisse du trésor, se monte à 1,500 francs monnaie de Cayenne, et à 1,125 livres monnaie de France. Bouchard avoit une ceinture qui renfermoit 900 livres argent de France; plus, une montre de dix louis, et pour 150 livres d'effets; la copie de cette seconde succession, ne s'est trouvée de même dans les papiers; je me suis pourtant convaincu que lesdites sommes ont été versées au trésor; je ne saurois dire si les pièces ont été soustraites ou perdues, mais Beccard n'en reste pas responsable; c'est tout ce que je puis assurer en revenant à sa lettre.) Conformément à la lettre de l'ordonnateur, du 27 thermidor, il a réduit les 3—32e de taffia à 2, le 3 fructidor; ce qui a occasionné beaucoup de murmures. Il ne m'a pas été possible, continue-t-il, de faire la compensation que vous exigez, parce que je n'ai point d'huile. Je suis sur *le qui vive*. Le magasin n'est pas goëlété, il n'y a ni portes ni fenêtres; les vivres sont sous un toit couvert de feuilles de balalou et de quelques lattes. (Comment les déportés étoient-ils logés, puisque le magasin étoit à peine abrité?) Ma responsabilité ne me laissoit de repos ni jour ni nuit; je couchois dans un mauvais hamac, rongé des insectes, au milieu des barils entassés sans ordre les uns sur les autres.

Vos vues sur la réduction du taffia, nous paroissent fort justes; ceux qui ne font point usage de cette liqueur, la vendent aux autres, c'est-à-dire à quelques mauvais sujets qui s'enivrent et troublent l'ordre. (Beccard parle ici des cinq voleurs, et d'un nommé Marolle, chartreux, qui, dans un excès de boisson, ont parlé de mettre le feu aux karbets. Cette conduite les a fait conduire à Cayenne, où ils ont été mis en liberté.) Quant à l'inventaire que vous m'ordonnez de faire, lorsqu'un de ces individus entre à l'hôpital, j'ai craint de l'exécuter, de peur d'exciter quelque tumulte. Il y a des malades qui ne veulent pas absolument aller à l'hospice; ils prétendent se faire servir dans leurs karbets. Quand le nègre leur porte quelque nourriture, un autre bien portant la lui arrache des mains, en lui disant qu'il est infirmier de ses confrères. Je leur en ai fait quelquefois des reproches très-amers; mais cela ne sert de rien. Ils font désespérer le pauvre Souleine (nègre), qui vous prie instamment de le faire relever. Il est seul pour tout; car nous ne pouvons tirer aucun parti d'Albert (autre nègre). Ce dernier refuse de coucher au poste et d'aider son camarade en quoique ce soit: Souleine, d'ailleurs, y voit très-peu clair, et le service des malades se fait très-mal. Notre médecin Rougier, qui ne peut venir ici que tous les cinq jours, vous prie de faire une augmentation de cadres. Il y a aujourd'hui soixante malades tant à l'hospice que dans les karbets. (Ils n'étoient alors que quatre-vingt-treize.)

Je suis chagrin des reproches que vous me faites de ma négligence: si vous aviez été témoin de nos peines et de nos embarras, vous nous auriez excusés, ou plutôt vous nous auriez plaints. Je vous écris à la veillée, ainsi qu'au citoyen Estibaudois, à qui j'envoie l'état des comestibles et effets reçus à Konanama, sans vous parler du pillage que les nègres ont fait des effets des déportés et des miens; j'ai eu deux malles forcées, mon linge pris ou déchiré, le vin, le taffia bu, le lard, le bœuf volés et enfouis.

Depuis la liberté, nous ne pouvons pas mettre ce monde noir à la raison; ils rient entr'eux à notre nez de ce désordre, et nous disent dans leur jargon: *Yé ben fait volé bequet ca yé permi pa loi qui bail-yé liberté.* (Ils font bien de voler les blancs, la liberté leur en donne le pouvoir.)

Je n'ai pas pu velter le taffia faute de vases: nous avons scié une pipe qui devoit être pleine de cette liqueur; nous avons trouvé, en présence du cit. Prévost, une espèce de *sarbacanne*, ou gros roseau, cassé dans la pipe qui a servi de pompe aux nègres pour tirer l'eau-de-vie. Ils ont volé jusqu'aux lignes de pêche; je leur en ai prêté, mais de beaucoup plus petites; cependant ils ne font rien, ils ne veulent rien faire, et ils ne craignent personne.

D'un autre côté les malades me cassent la tête la plupart du tems: je n'ai rien à leur donner à souper. Ce désert sera notre tombeau à tous. On n'a point creusé de puits; nous mourons de soif et de chagrin. Il faut remonter bien haut vers la source de la rivière pour trouver de l'eau douce, et souvent nous n'en avons pas une goutte à cinq heures du soir. Quant aux pêcheurs, je vous prie de m'en procurer d'autres; ceux du citoyen Boudreau sont beaucoup plus actifs.

Le 18 fructidor, nous avons reçu par le lougre *le Brillant* cinq déportés: tous me harcellent continuellement pour une augmentation de vinaigre, pour corrompre la crudité de l'eau qui est saumâtre et scorbutique.

Vous avez sans doute connoissance d'une pétition que les malades adressent au citoyen agent; ils prétendent que la viande salée est contraire à leur santé; qu'on doit les nourrir, une partie de la semaine, du poisson et de la chasse des nègres attachés au service du poste. Ils prétendent aussi qu'on doit les blanchir pour rien, leur donner du vin et du sirop pour faire de la limonade; enfin ils font les réclamations les plus absurdes. Je vous prie de me continuer vos bontés. J'ai l'honneur d'être votre très-humble et très-obéissant serviteur,

Beccard.

N. B. Les notes suivantes sont prises sur les lieux, sur les registres du commandant du poste, sur les procès-verbaux, sur les actes de décès; enfin, sur les pièces les plus authentiques.

Extrait de la correspondance de l'officier de poste, M. Freytag.

«Les déportés, disoit cet officier à l'agent Burnel, le détachement, les employés sont dans un état épouvantable; tout le monde est malade, et plusieurs sont près d'expirer; ils sont dépourvus de tout, et même de médicamens: les déportés ont des hamacs fort étroits, qui n'ont que quatre pieds de long. Les malades tombent et meurent sans secours. Il est des jours où il en est mort trois et quatre, etc.» (Cette lettre est du Ier. nivôse an 7.)

Le même à l'agent Burnel, 2 nivôse an 7.

L'hôpital est dans l'état le plus déplorable; la mal-propreté, le peu de surveillance ont causé la mort à plusieurs déportés. Quelques malades sont tombés de leurs hamacs pendant la nuit, sans qu'aucun infirmier les relevât: on en a trouvé de morts ainsi par terre. Un d'eux a été étouffé, les cordes de son hamac ayant cassé du côté de la tête, et les pieds étant restés suspendus.

Les effets des morts ont été enlevés de la manière la plus scandaleuse. *On a vu ceux qui enterroient les morts, leur casser les jambes, leur marcher et peser sur le ventre, pour faire entrer bien vîte leur cadavre dans une fosse trop étroite et trop courte; ils commettoient promptement ces horreurs, pour aussi-tôt courir à la dépouille des expirans.* Les infirmiers insultoient les malades, et les accabloient d'expressions infâmes, ignominieuses, cruelles, au moment même de leur agonie.

Le garde-magasin, dépositaire des effets des déportés, ne consentoit à leur rendre qu'une partie de ce qu'ils réclamoient, il leur disoit: *Vous êtes morts; ceci doit vous suffire.*

Les malades refusoient d'aller à l'hospice pour plusieurs raisons; il n'y avoit ni table, ni chaise, ni aucun meuble; ils y étoient plus mal que dans leurs karbets: les nègres les insultoient en leur montrant le bâton; d'autres les rudoyoient, disant à ceux qui pouvoient encore se soutenir: *Vous n'êtes pas malades, puisque vous êtes debout, et que vous marchez*. Les malheureux se traînoient chez Henry, ou au magasin, pour prendre leur ration, que Beccard et Gerner leur délivroient très-chichement, en les maudissant. Les nègres laissoient pourrir les malades dans leurs lits, leur demandoient vingt-quatre sols pour leur extirper les chiques. *Garnesson*, *Vandersloten*, *Bailly*, *Mathieu*, *Vanhessvic*, et trente autres, avoient les jambes si enflées par la négligence des infirmiers, que quelques-uns n'ont point été déchaussés, et tous avant de mourir voyoient sauter les vers qui sortoient de leurs cadavres. (Extrait du journal du chirurgien.) La plupart de ces malheureux attaqués de peste et scorbut, n'ont cessé de vivre, que quand les vers ont eu gagné leurs intestins. Ce fléau provenoit des chiques qu'ils ne pouvoient pas faire extirper faute d'argent, tandis que les nègres étoient engagés pour les servir.

Les déportés restoient dans leurs karbets pour être soignés par leurs camarades plus attentifs que les nègres qui les laissoient mourir de soif ou de consomption.

Bourdois à l'hospice, tourmenté d'une fièvre convulsive, tombe le 27 vendémiaire à moitié renversé de son hamac, les jambes prises dans les rabans et le front sur le pavé; il y reste jusqu'au lendemain, et on le trouve étouffé. (Voyez ci dessus la lettre du commandant.)

Le 21 du même mois, le Divelec expire sur les onze heures du soir, l'infirmier court éveiller le garde-magasin.—*Levez-vous, voilà un déporté mort!—À-t-il quelque chose?—Non, répond celui-ci.—Ce sera pour demain.*

Roux de *la Bayonnaise* avoit mis ses effets dans la malle de son confrère Pradier; ce dernier meurt, Roux demande le linge marqué à son nom. Beccard le renvoie en l'outrageant. Il revient à la charge avec témoins, Beccard lui dit en lui rendant quelques mauvais effets: «En voilà assez *pour vous, vous êtes mort.*» J'omets les juremens et les paroles indécentes. Roux à la vérité étoit sur le bord de sa tombe. Ses jambes enflées ne lui permettoient pas de se soutenir, il a pourtant survécu à Beccard; c'est lui qui m'a confirmé cette note avec plusieurs autres témoins durant mon premier voyage à Synnamary en février 1799 (pluviose et ventose an VIIe.)

Le 28 brumaire an 7 une hécatombe étoit ouverte pour recevoir les restes de cinq déportés morts les 26 et 27; les infirmiers qui les portoient au cimetière apprennent en route que quatre autres viennent d'expirer à l'hospice; ils jettent les cadavres dans la fosse qui se trouvoit déjà étroite; l'appât du gain les fait redoubler de vîtesse; ils trépignent sur les morts, leur jettent quelques pellées de sable, s'encourent au milieu des prières que leurs confrères récitoient sur la tombe, et reviennent combler la fosse après avoir tellement spolié les nouveaux décédés, que les survivans furent obligés de leur fournir du linge pour les inhumer. (Voyez plus haut le rapport du commandant du poste contre Prévost et Beccard.)

Le 22 fructidor an 6, Brunégat s'enfonce dans le bois; on le trouve mort au pied d'une bache; il n'avoit absolument rien qu'un drap sale qui lui servoit de lit et de garde-robe; Beccard indigné de ne trouver aucune succession, lui fait retirer ce drap. Les nègres refusent de l'inhumer; il reste trois jours nu; pendant ce tems, on le porte de karbets en karbets; ils le jettent dehors avec moins de respect qu'un morceau de bœuf fraîchement dépouillé; enfin ses confrères, faute d'avoir douze francs à donner aux nègres, l'ensevelirent, creusèrent sa fosse et l'inhumèrent; tous les morts sans succession ont éprouvé le même traitement. J'ai visé le mémoire des fossoyeurs de Konanama, en deux mois et demi, il montoit à onze cent cinquante deux livres.

Le 14 brumaire an 7, Pierre Brétault dont la succession se monte à trois francs, moribond et tourmenté depuis trois jours d'une soif brûlante, demandoit depuis douze heures une goutte d'eau; personne n'avoit fait attention à ce saint vieillard dont les lèvres noires étoient le siège de la mort; il étoit d'un tempérament robuste; la voix lui manquant faute de salive, il faisoit signe de la main, tantôt les yeux fixés vers le ciel, tantôt vers l'infirmier où le soldat que l'appât du gain engageoit à faire la visite. Le hasard y conduit un militaire blanc qui poursuivoit un noir accusé *d'avoir fait un coup*; Brétault l'arrête, lui fait signe qu'il a soif, le presse de lui apporter une goutte d'eau, le soldat court dans les karbets, n'en trouve point, va chez le garde-magasin, saisit un sapyra[5] plein d'eau de vaisselle, l'apporte à ce moribond qui le saisit à deux mains, boit deux ou trois gorgées et s'écrie: «Ah! mon Dieu, que c'est bon, vous me faites revivre!» Il reprend le vase, le tarit avidement, et se sentant étouffer, aspire et dit: «Au moins j'ai encore vécu... mais... Ah! mon Dieu....» À ces mots il retombe dans son hamac et expire...

Au commencement de vendémiaire an 7 (1er octobre 1798), les nègres voyant que Prévost étoit à s'amuser chez Boudreau à une lieue au levant, se mirent à la débandade pendant trois jours. Un soir, qu'ils étoient enluminés de tafia, ils courent au pillage dans l'hospice, retournent les malades dans leurs hamacs. Ces malheureux crient au secours, mais tout le poste garde le silence. Le sergent Gerner si actif à inventorier les effets des morts, se tapit chez le garde-magasin; les nègres peu contens de leur expédition, se précipitent dans les autres karbets sous prétexte de voir s'il y a des morts; les déportés ne viennent à bout de les chasser qu'en se mettant en défense avec la hache que la nation leur avoit donnée pour couper des choux palmistes. Les malades refusoient souvent leurs soins de peur qu'ils ne les empoisonnassent pour les dépouiller.

Ces noirs, après avoir fait marché à six livres par tête (ils étoient quatre), pour faire une fosse et enterrer un mort, reportoient jusqu'à cinq et six fois le cadavre nu et infect au karbet où ils l'avoient pris; de six francs dont ils étoient convenus, ils parvenoient à en tirer dix-huit et vingt-quatre. Sourzac, Bouchard, Mathieu, et tant d'autres, ont été les objets de semblables spéculations.

Si quelque déporté, si Beccard même s'en plaignoit à Prévost, il parloit de *mitrailler*; il écumoit de rage et s'écrioit comme un forcené: «*Rien n'est trop chèrement vendu à ces monstres, ils ne sont pas au bout de leur pelotons, ils danseront bien une autre carmagnole, quand il faudra fouiller la terre. Au bout de six mois, ils n'auront plus de vivres; ils connoissent l'arrêté de l'agent, qu'ils aient à se rétablir, à se placer ou à crever au plus vîte.*»

Les nègres, en l'absence de Prévost, qui ne paroissoit jamais que pour molester les malheureux, se sont permis de mettre aux fers un nommé Lachenal injustement accusé de s'être approprié les haillons d'un jeune prêtre savoyard qui venoit d'expirer; ce malheureux devoit même à monsieur Missonier jusqu'à la chemise qui devoit l'ensevelir; mais il fut jetté tout nu dans la fosse, parce que les perquisiteurs n'avoient trouvé dans son gousset que six piastres qui font 42 liv. de Cayenne et 31 liv. 10 s. de France.

Ici le lecteur ne peut contenir son indignation. Des sous-agens, il remonte aux chefs; plus les faits sont graves, plus nous serons réservés dans les inculpations. Nous n'étions pas des personnages assez importans, pour que le directoire et les ministres s'occupassent des détails de notre emplacement, ils vouloient nous rendre malheureux; mais je crois qu'ils n'auroient pas souscrit aux mesures atroces secondaires qui ont été employées; j'ajouterai même avec connoissance de cause, que le mauvais traitement des seize premiers à Synnamary a été autant l'effet du préposé Boucher, que de Jeannet.

Ce Boucher, qui nous a plus tourmentés que les agens, enveloppe de flatterie sa complaisance et son dévoûment aux ordres les plus durs et les plus foiblement intimés. De semblables pestes dans les administrations, sont les plus grands fléaux des gouvernemens, des gouverneurs et des opprimés.

En partant, nous avons eu contre nous les chances les plus funestes, d'abord la présence du nommé Po.... au comité des colonies. Cet homme avoit donné le plan de nos établissemens dans le canton de Vincent Pinçon; s'il connoît bien ce local où il a gardé les vaches, il connoît encore mieux l'abandon et les précipices de ce séjour tant dévasté par les Portugais; c'est ce qui lui faisoit dire que *nous n'y pourrions pas remuer*, ou plutôt qu'on pourroit nous y faire mourir, sans que nous fussions entendus de personne. Ce plan révolta le ministre de la marine, comme on le voit dans sa lettre du 25 ventose an 6: «Le local de Konanama, dit-il, vaut mieux que *Vasa*, désigné par les ingénieurs; il est plus près des endroits habités et les déportés qui voudroient devenir habitans, y trouveroient plus de débouchés pour le commerce.» Monsieur Lescalier, chef du bureau des colonies, qui, avec les meilleures intentions du monde a souvent vu par les yeux des autres, a publié en même tems un ouvrage sur la Guyane, où il fait le plus grand éloge de ce pays. S'il avoit vu Konanama comme moi, il n'en auroit pas dit tant de bien; je sais qu'il n'a rien négligé pour rendre la colonie florissante; il auroit dû se souvenir qu'il a été dupé bien des fois, et ne pas hasarder notre destinée par des assertions souvent téméraires; nous sommes tentés de croire que son ouvrage a beaucoup influencé les vues du gouvernement, car le directoire n'avoit pas plus de connoissance du sol de la Guyane que le ministre de la marine à cette époque. S'ils vouloient utiliser notre exil, sans qu'il leur en coûtât rien, ils ne vouloient peut-être pas que nous pussions leur reprocher de nous avoir envoyés à quinze cents lieues pour nous empoisonner.

Un des directeurs à cette époque, François de Neuchâteau, doit être exempt même de soupçon; le peu de bienfaits que nous avons reçus sont dus à son foible crédit.

Passons aux sous-agens du second rang.

Dans la traversée, Villeneau avoit les ordres les plus sévères contre nous; il s'en est chargé avec plaisir et les a exécutés de même.

À Cayenne, Jeannet en a reçu de particuliers à notre égard. Le directoire vu le nombre et l'affermissement que prenoit la journée du dix-huit fructidor, n'a plus gardé de ménagemens, il nous a jettés dans une île déserte, en ne nous accordant que des ombres de justice, afin de se mettre au-dessus du châtiment. Il a paru se reposer sur la bonne foi de Jeannet, qui nous a montré peut-être malgré lui une verge de fer; il a changé notre séjour de Vasa en celui de Konanama. Desvieux a été chargé du détail avec le département, il ne vouloit pas faire le mal et n'a pas osé faire le bien.

La bonne volonté et la sage administration de Roustagneng, le mettent à l'abri des reproches; grâces à ses soins, Konanama a toujours été très-bien approvisionné de vivres. *Beccard*, *Prévost*, *Gerner*, seront moins coupables, si on veut scruter le cœur humain. Leur férocité est un crime local dont ils ne se fussent point entachés, si les déportés eussent été moins nombreux, si la mauvaise humeur n'eût pas jetté des deux côtés une pomme de discorde, si l'insalubrité, la misère, l'abandon, la nature du sol et du climat n'eussent pas influé sur leur tempérament et sur leur caractère; il auroit fallu être plus qu'homme, pour parer à tous ces accidens; l'hypocondrie ou la consomption sont les fléaux de la zone torride; si le lecteur se transportoit sur les lieux, il apprécieroit la force de mes raisons.

Les nègres ne sont nullement impliqués dans tous ces crimes, ce sont des êtres semblables à l'homme que la liberté rend méchans comme des tigres.

Ils ont tourmenté ceux-ci comme il ont tourmenté Billaud et Collot, comme ils auroient tourmenté Robespierre, enfin ils gaspillent la liberté. Les derniers sous-agens ont tous été malades de la peste. Beccard et Gerner ont péri misérablement. Prévost est destitué quoiqu'il dise:—J'avois des ordres; ceux qui me les ont donnés, rejetteront sur moi l'animadversion publique, je m'y attends. Mais ils sont si justes, qu'il ne m'ont pas encore payé l'ouvrage des Larbets; ce plan qu'on improuve tant aujourd'hui a paru superbe à l'agent et à.....» (Jeannet a fait monter cet ouvrage à dix mille francs, le tout n'a pas coûté vingt-cinq louis[6]). «J'ai pu être trop sévère, mais si j'ai mal fait je ne suis pas seul coupable». Ces messieurs voudroient tout rejetter sur lui; tel fut le sort de l'amiral Thorinkton[7] et du fameux Lally. Louis quinze, après lui avoir donné par sous seing-privé, signé de lui et de la marquise de Pompadour, l'ordre de vendre Pondichéry pour huit millions, le laissa entre les mains du parlement qui, méconnoissant la signature du roi par une politique respectueuse pour le trône, condamna Lally à être décapité, et lui fit mettre un bâillon dans la bouche de peur que la vérité ne perçât[8]. Revenons aux déportés.

J'ai déjà dit qu'ils ne manquoient pas de vivres, je voudrois que leurs persécuteurs n'innovassent rien à leur ration dans le nouveau désert qu'ils vont habiter. Voici cette ration:

8 onces de pain, 12 onces de cassave ou coaq, 8 onces de viande, 2 onces de riz, $^{4}/_{32}$me de tafia, 15 onces d'huile (qu'ils n'ont jamais eues cependant), et une livre de savon par mois. Cette ration étoit la même pour les 16 premiers. Billaud et Collot avoient cent francs par mois, les vivres, du vin au lieu d'eau-de-vie, et une case aux frais de la république. Au bout de trois semaines, on leur annonce qu'ils vont aller à Synnamari. Des architectes un peu plus habiles que Prévost y bâtissent de nouveaux karbets. L'épidémie fait trop de progrès pour retarder plus long-tems leur départ; il aura lieu dans cinq jours. À cette nouvelle ils élèvent les mains au ciel, ils s'embrassent et se trouvent à moitié guéris, ils soupirent après ce cinquième jour comme le cerf après une source d'eau vive.—Nous ne périrons donc pas tous, s'écrient-ils...!

Maintenant que le trépas et la vie ont posé les armes, voyons ceux qui restent sur le champ de bataille, depuis le 24 thermidor an 6 jusqu'au 5 frimaire an 7, (11 août, jusqu'au 25 novembre 1798.)

Liste des morts à Konanama, copiée sur les registres du garde-magasin et de l'inspecteur Prévost, rédigée par ordre alphabétique. Je marquerai les deux bâtimens de *la Bayonnaise* et de *la Décade*, qui les ont apportés, par les lettres initiales B...D.

LISTE ALPHABÉTIQUE

Des morts à Konanama, depuis le 28 thermidor an 6, jusqu'au 5 frimaire an 7; (15 août jusqu'au 25 novembre 1798.)

B.—AZAERT, dit AZOR (Pierre-Jaques), prêtre âgé de 51 ans, né à Haringhe, département de la Lys, mort de peste à l'hospice, le 29 brumaire an 7 (18 novembre 1798).

Sa succession monte à 14 livres 16 sols.

D.—BAILLY (J. B.), âgé de 37 ans, bénédictin de Strasbourg, département du bas-Rhin, né à Saal, mort dans des convulsions effrayantes, le deuxième jour complémentaire de l'an six (18 septembre 1798).

D.—BOTERF (dit BODU MARC); 40 ans, vicaire de la Roche-Bernard, Nantes, dép. de la Loire-Inférieure. Il étoit rentré en vertu de la loi du 7 fructidor an 5 (24 août 1797). Mort le 25 fructidor an 6 (11 septembre 1798), de peste et de dyssenterie.

D.—BOUGEARD (J. B.); 34 ans, vicaire de Rennes en Bretagne, natif d'Iffendik, département d'Ille-et-Vilaine. Ce malheureux fut affligé dans la traversée, de la gale et du scorbut. Il n'en est jamais guéri. Mort d'une fièvre putride, le 1 vendémiaire an 7 (22 septembre 1798).

D.—BOUCHARD (Pierre André); 46 ans, prêtre du diocèse de Tournay, natif de Rumigny, département du Nord. Celui-ci avoit une montre et neuf cents livres d'argent qui lui ont été volées par les nègres. (Voyez son article, dans la lettre de Beccard à Roustagneng). Mort de peste, le 21 brumaire an 7 (11 novembre 1798.)

B.—BERGER (Charles-Henry); 32 ans, prêtre, commune d'Azerailles, dép. de la Meurthe, mort de peste le 20 brumaire (10 novembre 1798). Il a laissé 50 livres 12 sols de succession.

B.—BOURGEOIS (J. Fr.), prêtre, 46 ans, commune de Villeneuve, département de la Haute-Saône; mort de peste, le 18 brumaire an 7 (8 novembre 1798).

Sa succession monte à 49 livres 14 sols.

D.—BRETAULT (P^rre^) 56 ans, pasteur digne des premiers siècles de l'église. Il étoit curé de Poesme, près d'Angers, département de Maine et Loire, né à Alençon, même département, mort de soif et de fièvre putride, le 14 brumaire an 7 (4 novembre 1798).

Sa succession monte à 3 livres.

D.—BRUNEGAT (Pierre); 52 ans, vicaire de Bazoches, Luçon, Vendée; né à Soni, département de la Loire-Inférieure. On le taxoit de folie, mais, plus brave que les autres, il refusa l'exemption qu'on lui offrit en rade, de le soustraire à la déportation, s'enfonça dans le désert, et fut trouvé mort au pied d'une bâche, le 22 fructidor an 6 (8 septembre 1798).

Sans succession.

D.—BOURDOIS (Marie-Edme); 45 ans, vicaire de Fleury, de Seure, département d'Yonne, né à Joigny, même département, mort le 28 vendémiaire an 7 (19 oct. 1798). Il étoit érudit et avoit une tête de St.-Pierre.

Sans succession.

B.—BOLLERET (Louis); 48 ans, prêtre de la commune de la Rivière, département de la Haute-Marne, mort de scorbut, rongé par les vers et les chiques, le 2 frimaire an 7 (22 novembre 1798).

Sa succession monte à 60 livres 4 sols.

B.—CABEC (J. Nicolas), âgé de 55 ans, commune de Boulay, département de la Moselle, mort de fièvre putride, de dyssenterie et de vers, le 15 brumaire an 7 (15 novembre 1798).

Sa succession monte à 13 livres 12 sols.

B.—CAMPFORT (Paul), prêtre âgé de 55 ans, commune de Paul-Mignac, département du Cantal; mort de chagrin et de consomption, le 19 brumaire an 7 (9 novembre 1798).

Sa succession monte à 47 livres 2 sols.

B.—CHAPUIS (Joseph), prêtre, âgé de 46 ans, commune de Serre, département de la Drôme; mort de peste, le 28 brumaire an 7 (18 novembre). Il étoit un de ceux sur lesquels les nègres trépignèrent, pour le faire entrer dans la fosse.

Sa succession monte à 53 livres 12 sols.

B.—COLARD (Jean), prêtre, âgé de 59 ans, commune Dorenand, département du Doubs. Il avoit soixante ans quand il arriva. La loi l'exemptoit de la déportation. Il étoit rentré en vertu de la loi du 7 fructidor an 5 (1797). Ses persécutions passées et son attachement à la France, méritoient un meilleur sort.

Mort d'épidémie le 30 vendémiaire an 7 (21 octobre 1798).

Sa succession monte à 19 livres 10 sols. Il avoit des papiers précieux et quelques pièces de monnaie, qui ont disparu.

D.—COMBAUT (Jean), âgé de 44 ans, vicaire de St.-Pol-de-Léon, né au même lieu, département du Finistère, mort d'hydropisie et de scorbut, le 18 vendémiaire an 7 (9 octobre 1798).

D.—DEBRUYNE (J. B.); 32 ans, curé de St. Quentin, *Malines*, (Dyle), né à Louvain, même département, mort de la peste, le cinquième jour complémentaire de l'an 6 (21 septembre 1798).

B.—DEMALS (Fr.), prêtre âgé de 42 ans, commune de Verrebroëk, département de l'Escaut, mort le 22 brumaire an 7 (12 novembre 1798).

En marge du registre de Beccard, est écrit: Mort sans succession, et enterré par les Belges ses confrères, au refus des nègres.

D.—DESMASURES (Gaspard), curé de Conantré, près Chartres, né à Caen, mort de peste chez Peintre, le 3 vendémiaire (25 septembre 1798).

B.—DORIVAL (Jean), prêtre, âgé de 51 ans; commune de Marionval, département de l'Oise; mort le 20 brumaire an 7 (10 novembre 1798).

Sa succession monte à 2 livres 16 sols.

D.—FRIQUET (Alexandre), âgé de 40 ans, tailleur, né à Lille en Flandre, déporté pour avoir recélé chez lui un prêtre qui étoit son parent, mort de scorbut le 6 vendémiaire an 7 (27 septembre 1798).

B.—GALLEY (Joseph), prêtre, âgé de 38 ans, commune de Forclas; mort de peste et de misère, le 24 brumaire an 7 (14 novembre 1798). En marge du registre est écrit: Sans succession; les nègres ayant refusé de l'inhumer, il a été enterré par ses confrères les Belges. C'est ce malheureux qui n'avoit qu'un mauvais drap pour l'ensevelir; on le lui arracha, il fut reporté trois fois dans les karbets, et jetté tout nu sous la galerie. Son cadavre infectoit quand il fut confié à la terre.

B.—GARRIC (Pierre), prêtre, âgé de 36 ans, commune de Castres, département du Tarn, mort d'épidémie, le 18 brumaire an 7 (8 novembre 1798).

Sur son inventaire, que j'ai, est écrit: *Sans succession.*

B.—GEBDIL (François), prêtre, âgé de 53 ans, commune de Samoïns, département du Mont-Blanc, mort de chagrin et de misère, le 17 brumaire an 7 (7 novembre 1798).

Sa succession monte à 42 livres 10 sols.

D.—GUYOT (Ignace), âgé de 32 ans, desservant de Tinnecourt, né à Morescourt, département des Vosges, mort d'épidémie le 28 brumaire an 7 (20 novembre 1798).

Sa succession monte à 21 livres 2 sols.

B.—HUMBERT-DARMANT, prêtre, âgé de 41 ans, commune de Saint-Gireau, département du Mont-Blanc; mort de chagrin, le 17 brumaire an 7 (7 novembre 1798).

Sa succession monte à 21 livres 12 sols.

D.—HUYBRECHT (F.) âgé de 47 ans, curé de la cathédrale de Gand, né à Taim, département de l'Escaut; homme plein de talent; la bonté de son cœur se peignoit sur sa figure angélique. Mort de misère, rongé de vers et de scorbut, le 21 fructidor an 6 (7 septembre 1798).

B.—HEYKENS (Paul), prêtre, âgé de 40 ans, commune de Gierle, département des Deux-Nèthes, mort d'épuisement, le 25 brumaire an 7 (15 novembre 1798).

Sa succession monte à 21 livres.

B.—LAFORGUE (J.), prêtre, âgé de 45 ans, commune de Villeneuve-de-Rivière, département de la Haute-Garonne; mort rongé par les vers le 28 brumaire an 7 (18 novembre 1798).

Sa succession monte à 4 livres 18 sols.

B.—LAURENCE (Martin), prêtre, âgé de 35 ans, commune de Sourdeval, département de la Manche; mort de misère et de chagrin, le 25 brumaire an 7 (15 novembre 1798).

Sa succession monte à 86 livres 2 sols.

D.—LE DIVELECK (Louis), 52 ans, prêtre de Vannes, département du Morbihan, né à Vannes, mort de chagrin et de misère, surnommé le *beau vieillard* (Voyez les détails de sa mort, dans les notes sur l'hôpital). Mort le 22 vendémiaire an 7 (13 octobre). En marge du registre, est écrit: Sans succession, déporté sans avoir été entendu. Six mois avant sa déportation, il couchoit dans les bois, ses dénonciateurs pleuroient en le voyant enchaîné sur la route.

D.—LEGER (Jean-François), curé de Villerbieu, Orléans, âgé de 45 ans, né à Orléans, département du Loiret; mort de peste et de misère, le 30 brumaire an 7 (21 octobre 1798).

Sa succession monte à 7 livres 16 sols.

D.—LEMAITRE (J.) 42 ans, bernardin de Nantes, rentré en vertu de la loi du 7 fructidor an 5, déporté sans avoir été entendu, né à Chapel-Glain, département de la Loire-Inférieure; mort le 26 fructidor an 6, de la peste (12 septembre 1798).

D.—LEPAPE (André), âgé de 43 ans, vicaire de Sainte-Trophisme-de-Quimper, né à Pont-l'Abbé, dép. des Côtes-du-Nord; rentré comme le précédent; mort de misère et de peste, le 20 vendémiaire an 7 (6 septembre 1798). En marge du registre, est écrit: Mort sans succession, dans la plus grande misère, enterré par charité.

B.—LEROY (André); 43 ans, curé de Saint-Martin, Rouen, Seine-Inférieure, mort de peste, le 24 brumaire an 7 (31 octobre 1798).

Sa succession monte à 133 livres 14 sols.

D.—LORTEC (Jean-Joseph-Pascal); 54 ans, prêtre de la Merci, né à Toulouse, département de la Haute-Garonne. Celui-ci a été déporté, parce qu'il étoit prêtre. Il s'étoit soumis à toutes les loix de la république, avoit fait tous les sermens, n'y avoit jamais manqué, étoit disposé à les recommencer. Il est mort rongé de vers, plaint des honnêtes gens et tourmenté d'une manière particulière, à cause de son caractère irascible, le 23 fructidor an 6 (9 septembre 1798).

Sans succession.

B.—LUQUET (François), prêtre, âgé de 43 ans, commune de Mâcon, département de Saône et Loire, mort de la dyssenterie et du scorbut, le 24 brumaire an 7 (14 novembre 1798).

Sa succession monte à 73 livres 10 sols.

D.—MALACHIE (Bertrand), 42 ans, procureur de l'abbaye des bénédictins d'Orval de Trèves, département des Forêts; né à Mortevant, même département. Il jouissoit de la plus brillante santé, la bonne foi et la résignation étoient peintes sur son visage, il étoit rempli de vertus et de talens. Quoique d'une complexion très robuste, il est mort d'éthysie et de consomption, le 3 vendémiaire an 7 (25 septembre 1798).

Sans succession.

D.—MATHIEU (Jean-Charles), 33 ans, prêtre d'Épinal-Saint-Diez, département des Vosges; né aux mêmes lieux; il avoit donné tous ses soins aux mathématiques; Desvieux, commandant de place, l'engagea à se reposer sur lui du soin de le placer, en qualité de pays; il l'a abandonné pour ne pas se compromettre. Ce malheureux, à la fleur de son âge, d'une complexion vigoureuse, a souffert comme Saint Laurent sur le gril: en fermant l'œil, il demandoit pardon à Dieu pour ses ennemis. Mort le 25 fructidor an 6 (11 septembre 1798).

B.—MILLOCHEAU (Lubin), prêtre âgé de 57 ans, commune de Francourville, près Chartres, département d'Eure et Loir; mort de peste, le 17 brumaire an 7, (7 novembre 1798).

Sa succession monte à 35 livres 4 sols.

B.—MERCIER DIDIER, âgé de 40 ans, laboureur, commune de Cuvigny, département du Mont-Blanc, mort le 3 frimaire an 7 (23 novembre 1798). Celui-ci se trouve le dernier sur le registre de Beccard, qui n'est pas rédigé par ordre alphabétique.

D.—MODESTE-BERNARD, âgé de 56 ans, prêtre de Saint-Jean-de-Dieu, Poitiers, Vienne, né à Lille, département du Nord; d'une piété exemplaire, supportant son sort, sans avoir jamais laissé échapper aucune plainte. Il jouissoit de l'estime de tout le monde, prioit Dieu sans ostentation; c'étoit un prédestiné. Il fut mis en rade en 1793, avec les 700 martyrs si cruellement torturés par Lalier (Voyez la traversée); mort de misère et de peste, en prononçant ces mots du prophète roi: *Super flumina Babylonis illic sedimus et flevimus cùm recordaremur Sion. (Ps. 136) Qui seminant in lacrymis, in exultatione metent. (Ps. 125).*

Chargés de chaînes, et assis sur les rives du fleuve de Babylone, nous pleurions en tournant nos regards vers Sion.

Ceux qui sèment dans les larmes, moissonneront dans la joie.

Le 19 vendémiaire an 7 (10 octobre 1798).

En marge est écrit: Sans succession.

B.—MOREL (Barthélemy), prêtre, âgé de 47 ans, commune de Bruneau, département de l'Aisne; mort de peste, le 20 brumaire an 7 (10 novembre 1798).

Sur son inventaire est écrit: sans Succession.

D.—MONTAGNON (Grégoire-Joseph), âgé de 47 ans, né à Ambenou, département de la Haute-Saône, curé de Besançon; mort de peste, le 29 brumaire an 7 (19 novembre 1798).

Sa succession monte à 6 livres.

B.—PEYRAS (Pierre), capucin, âgé de 39 ans, commune d'Abriesse, département des Hautes-Alpes; mort de chagrin, le 25 brumaire an 7 (15 novembre 1798).

Sa succession monte à 55 livres.

D.—POIRSIN (Henri), 55 ans, capucin de Rouvray, né au même endroit, département de la Meuse; protégé par Desvieux, qui l'a abandonné; il prêchoit d'exemple dans la traversée, il a rendu les plus grands services à Parisot malade, il n'exigea aucune reconnoissance et disoit qu'il ne faisoit qu'observer la règle de son ordre; il refusa de se placer et de se soustraire à la mort, pour un vieillard de 65 ans, nommé Claudon, qui étoit son prieur et son compatriote. À Cayenne, il vendoit une partie de ses vivres, pour améliorer le sort de ses commensaux; mort de misère et de peste, le 12 brumaire an 7 (2 novembre 1798).

Sa succession monte à 19 livres 2 sols.

B.—PRADIER (Guillaume), prêtre, âgé de 51 ans, commune de Mazonère, département du Puy-de-Dôme, mort d'éthysie, le 30 brumaire an 7 (20 novembre 1798).

Sa succession monte à 72 livres 12 sols.

D.—PREVIGNAUD (Jacques Trudert), 52 ans, desservant de Saint-Florent-de-Niort, natif de Périgueux, département de la Dordogne; mauvaise tête et bon cœur. Mort chez Henry William, dans la seule case qui reste dans la Savanne. La peste faisoit alors de grands ravages, la jeune femme de William ne cessa pas de prodiguer gratuitement ses soins à Prevignaud qui, sans le vouloir, infecta cette case d'épidémie, et vit périr à ses côtés, dans le même jour, le père de la jeune femme et ses deux enfans, le 22 vendémiaire an 7 (13 octobre 1798). William ayant refusé d'être son héritier, a remis ses effets à Pilot son vicaire.

J'allai voir ces ruines en mai 1799; le petit nègre de William me servit de guide. Quand nous fûmes au cimetière, il se mit à pleurer, en me disant dans son jargon: *C'est là que reposent mes bons maîtres.....* Pour moi, assis sur le brancard qui étoit à l'entrée, je fixai les bâches qui ombrageoient les tombes..... Après un morne silence, je me fixai en pleurant... *Je les rejoindrai peut-être bientôt... Ils sont dans votre sein, ô mon Dieu! Ils ont assez souffert.... Ils vous demandent grâce pour leurs persécuteurs....*

B.—REY (Michel), prêtre, âgé de 50 ans, commune de Montemont, département du Mont-Blanc; mort de dyssenterie, le 30 brumaire an 7 (20 novembre 1798).

Sa succession monte à 36 livres 12 sols.

D.—ROELLANDIA (Abert), âgé de 49 ans, bernardin d'Anvers, son pays natal, département des deux Nèthes; mort de peste, le 15 vendémiaire an 7 (6 octobre 1798).

Sa succession monte à 35 livres 10 sols.

B.—ROUIRE (Pierre), âgé de 52 ans, commune de Saint-Saturnin, département du Cantal; mort de fièvre putride, rongé de vers, le 19 brumaire an 7 (9 novembre 1798).

Sa succession monte à 90 livres.

D.—SCHER (Felix-Alexandre), prêtre, âgé de 65 ans, de Hamel, près Cologne. En 1792, il échappa miraculeusement aux massacres du 2 septembre. En 1793, il fut conduit aux Carmes à Paris; en 1794, renfermé pendant huit mois dans un cabanon de Bicêtre. En 1795, il obtint sa liberté, et un passe-port pour se rendre chez lui; il fut arrêté aux frontières comme émigré, reconduit en 1796 à la prison de la Force, à Paris. En 1797, il fut encore conduit jusqu'aux frontières de la Suisse, et ramené à Rochefort. Il avoit été aumônier des pages des petites Écuries de la reine. Il a été pillé deux fois dans la traversée, est mort de misère et rongé de vers, le 16 vendémiaire an 7 (7 octobre 1798).

En marge du registre est écrit: *Sans succession.*

D.—SEGUIN (Nicolas), 48 ans, curé de Saint-Martin de Chartres, né à Authon, même diocèse, département d'Eure-et-Loir, mort de peste le 22 vendémiaire an 7 (13 octobre 1798).

Cormier, son compatriote, a été son héritier. Seguin étoit instruit sans prétention, religieux sans fanatisme, et généreux sans ostentation; il avoit été attaché à la maison du philosophe *Helvétius*.

D.—SCHILTS (Dominique), domestique, âgé de 57 ans, né à Catenay, département de la Moselle, interprète pour les langues allemande et anglaise, mort de peste le 18 fructidor an 7 (4 septembre 1798). Les nègres se sont fait donner 18 fr. pour l'enterrer.

Sa succession monte à 66 fr.

B.—SOUCHON (Pierre-Paul), prêtre, âgé de 42 ans, commune d'Issenjeaux, département de la Haute-Loire, mort de tranchées, le 22 brumaire an 7 (18 novembre 1798).

Sa succession monte à 84 liv. 10 s.

D.—SOURZAC (Jean), âgé de 53 ans, né à Colonge, département de la Corrèze, curé de Salignac en Limoges. Le chagrin lui avoit un peu aliéné la tête, il s'est noyé le 27 thermidor an 6 (14 août 1798). Sa succession monte à 1500 liv. monnaie de Cayenne, et à 1125 de France. (Voyez ci-dessus la correspondance administrative sur Konanama.)

D.—TOUPEAU (Nicolas), domestique, né à Beauvais, département de la Meuse, l'un des voleurs, s'est brûlé les intestins à force de boire du taffia. Un accès de fièvre chaude l'a conduit dans la rivière de Konanama, où il a été trouvé par des pêcheurs, le 18 vendémiaire an 7 (9 octobre 1798).

En marge du registre est écrit, *sans succession*. Une partie de ces détails s'y trouve consignée de même avec exactitude.

B.—TOURNEFORT (Pierre), prêtre, âgé de 56 ans, commune d'Anneci, département du Mont-Blanc, mort rongé de vers, le 22 brumaire an 7 (14 novembre 1798).

Sa succession monte à 26 fr.

D.—VALLEE (Alexis-Jean), 45 ans, curé de Plouhinet-Vannes, né à Ponthivy, département du Morbihan, un peu fanatisé par le malheur; mort d'épidémie et de misère, le 24 vendémiaire an 7 (13 octobre 1798).

Sans succession.

D.—VANDERSTOTEN (Ferdinand), 43 ans, curé de Turahout, Anvers, Deux-Nèthes, né à Naoust, même département; mort d'une fièvre putride, le premier frimaire an 7 (21 novembre 1798).

En marge est écrit: Ses effets sont embarqués pour Synnamary.

B.—VAMBVER (J. B.), prêtre, âgé de 48 ans, commune de Sempse, département de la Dyle; mort de fièvre inflammatoire, le 19 brumaire an 7 (11 novembre 1798).

Sa succession monte à 25 liv. 16 s.

D.—VANHECSERVYCH (Thomas), âgé de 49 ans, né à Helchteren, département de l'Escaut, oratorien, professeur de philosophie à Malines, génie profond, aimable quoique très-infirme. Il étoit paralytique, goutteux et sourd. Il avoit de si violentes attaques de sciatique, qu'il restoit des huit jours entiers dans son hamac. Il n'a pas pu se déshabiller durant toute la traversée. Ses confrères ne l'ont jamais abandonné; mort rongé de vers et de peste, le 10 vendémiaire an 7 (1er. octobre 1798).

B.—VANVOLEXEM (François-Joseph), âgé de 54 ans, curé de Saint-Livinhessche de Malines, département de la Dyle, mort de fièvre pestilentielle, le 28 brumaire an 7 (18 novembre 1798).

Sa succession monte à 17 fr.

D.—WANCAUW-EN-BERGHC (J. B.), âgé de 49 ans, curé de Saint-Jacques de Louvain, Malines, né à Etichone, département de l'Escaut; mort d'hydropisie le 15 vendémiaire an 7 (6 septembre 1798).

D.—VENATI (Jean), 57 ans, prémontré, desservant de Grodisé, évêché de Laon, département de l'Aisne, mort de chagrin et de dyssenterie, le 6 brumaire an 7 (27 octobre 1798).

Sa succession monte à 3 liv. 10 s.

D.—WLIEGEN (Arnauld-François), 45 ans, prêtre oratorien de Montaigu, Malines, né à Montaigne, département de la Dyle, mort de dyssenterie, rongé de vers, le 11 vendémiaire an 7 (2 octobre 1798).

Fin de la liste des morts à Konanama.

TOTAUX.

- 36 .. de *la Décade.*
- 30 .. de *la Bayonnaise.*

N. B. Le total des successions de ces soixante-six infortunés, ne monte pas à plus de 3,600 livres. Ceux dont je n'ai pas marqué l'avoir, n'étoient pas plus riches que les autres; mais je n'ai pu me servir de ces pièces qu'à la dérobée....

4 frimaire an 7 (24 novembre 1798.)

Je n'aurai donc que des horreurs à dévoiler! Que la coupe d'amertume est profonde! Je viens de fermer une hécatombe pour en ouvrir une autre.

L'ordre du départ est arrivé; on se presse, on s'embrasse, comme si on retournoit en France. Malheureux! si un rayon d'espérance suffit pour vous rappeler à la vie, pourquoi n'a-t-il pas lui plutôt?

Ils restent cent treize, dont quarante n'ont plus qu'un souffle de vie; trente sont convalescens. En France, on diroit qu'ils sont moribonds; les autres se portent bien, c'est-à-dire qu'ils peuvent se traîner. Jeannet est rappelé en France, après avoir donné ses ordres pour le transfèrement. Burnel qui le remplace, s'annonce sous les dehors les plus favorables; il confirme l'arrêté de son prédécesseur: Roustagneng a cédé sa place à Dusargues qui a tout autant de lumières et de bonne volonté que lui. Germain part pour Konanama, afin d'aider à Beccard, qui est à moitié fou de boisson, de chagrin et d'épidémie. Malgré la sage prévoyance de Dusargues, tout s'exécute dans le plus grand désordre. Cette nouvelle a donné le coup de la mort à Gerner et Beccard; ils prévoient que leur conduite va être connue. Beccard fait traîner les plus malades sans ménagement, sans vivres, sans cadres, sans eau; il les entasse les uns sur les autres avec une partie de leurs effets sur le tillac d'une mauvaise goëlette, à l'ardeur d'un soleil brûlant. Le garde-magasin de Synnamary n'est pas averti de leur prochaine arrivée. Nous les rejoindrons bientôt. Les convalescens attendent le retour d'un autre bâtiment. Ceux qui pourront se traîner, feront le chemin par terre. Au bout de huit jours, la seconde goëlette emporte les plus malades et donne à Beccard l'ordre de brûler les karbets. Les Grecs eurent moins de plaisir à se reconnoître à la lueur des flammes de Troye..... Chaque déporté retrouva des forces pour incendier ces antres de mort. Tous, une torche à la main, descendirent au cimetière, et secouant les brandons sur la tombe des martyrs qui les précédoient, entonnèrent cet hymne à l'Éternel et à la France:

Tombeau des déportés morts à Konanama.

Ire. STROPHE.

Dispensateur de la lumière,
Maître absolu de nos destins,
Au feu de ces brandons agités par nos mains,
Épure et fais mouvoir cette sainte poussière;
Cadavres mutilés, de vos persécuteurs
Déjà vous obtenez vengeance.
L'Éternel chaque jour vous met en leur présence.
Quelques-uns d'eux viendront partager vos malheurs.
Mais cette rive désolée,
Tremble et se ranime à nos voix...
Écoutez... un Dieu parle, et du fond de ces bois
Il nous apprend leur destinée,
«Tous les tyrans de fructidor
»Pour un vaste cercueil vont échanger leur or...

2e. STROPHE.

»Près de vos cendres profanées
»Ces palmistes majestueux
»Seront baignés dans peu des pleurs de vos neveux.
»Dans les deux continens, vous aurez des trophées,
»Chaque goutte de sang injustement versé
»Est l'ineffaçable sentence
»Que la crainte en leur cœur vient de tracer d'avance.
»Et l'arrêt de leur mort ne peut être effacé.»
Que vois-je? ces ombres plaintives
Sont à demi dans leurs tombeaux,
L'un est rongé de vers, l'autre de ses lambeaux
Se couvre sur ces sombres rives.
Dans le bois tous semblent errer
Vers une source d'eau pour se désaltérer.

3e. STROPHE.

Au fond de la zone torride
Noyés dans un étang de feux,
Dans le fond d'un désert, vois deux cents malheureux,
Aux bords d'une rivière à leur palais aride
Remontant vers sa source elle apporte en grondant
Les flots d'une mer écumante.
Pour activer leur soif et leur fièvre brûlante
Neptune en leur gosier enfonce son trident.
Dans cette atmosphère embrasée
La mort étend ses vastes bras:
Mort, pose tes armes; ceux que tu frapperas,
Étourdis de leur destinée
Sur ton sein hérissé de dards
Vont se précipiter au plus beau des hasards[9].

4e. STROPHE.

(*Péroraison.*)

Mais leur voix nous rappelle encore...
«Que voulez-vous, braves amis?..
»Pardonnez au vaincu quand vous l'aurez soumis;
»Des beaux tems de Janus faites naître l'aurore
»Portez dans vos foyers le glaive et l'olivier;
»Rendus dans le sein de la France
»Au plaisir du pardon immolez la vengeance,
»Et mariez enfin le myrte et le laurier...
.... Leur ombre s'échappe en fumée...
.... Revenus d'une douce erreur
L'amitié nous replonge dans un gouffre d'horreur;
Notre âme est presque inanimée...
Quand j'oublierai Konanama
À la clarté du jour mon œil se fermera...»

À ces mots, ils s'embrassèrent en pleurant, se mirent en route avec joie. Le plaisir de vivre avec des humains leur retraçoit le souvenir de leur pays. Quelques-uns s'égarèrent dans le désert, d'autres se couchèrent au milieu de la route. Enfin, ils se rendirent à la nouvelle destination, il en coûtera encore la vie à quelques-uns, mais on n'y regarde pas de si près. Les premiers malades étoient fort à plaindre, comme nous l'avions prévu; ils couchoient par terre sous des hangars, entassés dans une grande case qui est la première du village; plusieurs étoient rongés de vers; les autres furent déposés pêle-mêle dans l'église: une partie trouva asile, pour son argent, chez quelques colons du petit bourg et des environs. Les plus indigens restèrent provisoirement dans l'église, avec les futailles et le reste de l'attirail de Konanama.

On leur bâtit à grands frais de vastes karbets, mais l'ouvrage ne sera pas fini de deux mois; n'importe, ils sont plus à leur aise; M. Lafond-Ladebat a cédé au gouvernement une grande case qui leur sert d'hôpital. Leur sort est amélioré; mais la famine se fait sentir: on parle d'échancrer leur ration. En pluviose, on leur retranche l'huile, le savon, le riz, le tafia. Ils sont un peu dédommagés de ces privations par l'accueil des habitans. L'officier du poste Freytag est aussi bon que Prévost étoit méchant. Cabrol et Martin les favorisent autant qu'ils peuvent. La rapacité de Gerner et de Beccard est modérée par Morgenstern, garde-magasin de Synnamary; la rigidité et l'exactitude de ce dernier déplaisent à son associé; au moment où ils se brouillent, Beccard quitte la partie; le chagrin, la peste et le désordre de ses affaires accélèrent ses derniers momens; il expire dans des convulsions affreuses, le 2 février 1799 (14 pluviose an 7). Deux mois après, Gerner succombe de même au moment de toucher le fruit de ses rapines.

Mais les victimes étoient frappées de mort à Konanama. Leur pénible retour en a moissonné un bon nombre; ils sont partis le 5 frimaire; tous ont été rendus le 14 (4 décembre 1798). Cabrol, Freytag, Morgenstern versoient des larmes de douleur et d'indignation au spectacle que je n'ai fait qu'esquisser. On jugera de leur état, en apprenant qu'au bout de trois mois ils étoient incapables de se reconnoître. Quand j'y allai, ils me disoient: Nous nous portons bien. Tous étoient encore absorbés, rêveurs, épuisés par une longue marche, insensibles à la douleur et au plaisir, à demi-plongés dans le tombeau; plus semblables à l'animal qui survit lourdement au coup de masse du boucher, qu'à l'homme préposé jadis pour servir de fanal à ses semblables; ils conserveront cet état d'abrutissement jusqu'à notre retour, si toutefois il n'est pas long. Ouvrons la seconde hécatombe. Je logerai dans la même enceinte les morts de la première déportation des seize députés, par la corvette *la Vaillante*; car la mort égalise tous les hommes. J'ai vu à mon second voyage à Synnamary, les deux seuls restans de ces seize proscrits qui m'ont donné quelques notions sur leurs confrères. Dans ce moment ils avoient été traînés à Cayenne, parce qu'ils faisoient ombrage à Burnel qui craignoit son ombre.

LISTE ALPHABÉTIQUE DES DÉPORTÉS MORTS À SYNNAMARY,

Rédigée sur les registres du canton.

Les lettres initiales des bâtimens qui les ont apportés seront en tête: V. *Vaillante*, D. *Décade*, B. *Bayonnaise*.

B.—ACHART-LAVORT (Marc-Jean), prêtre-curé de la Rochenoire, âgé de 52 ans, mort de peste, le 13 frimaire an 6 (3 décembre 1798.)

D.—BEAUFINET, officier de santé, natif de Saint-Avignan, Charente-Inférieure, aide-major sur *la Décade*, s'est confiné à Cayenne volontairement, a été envoyé à Konanama, où il a rendu les plus grands services aux déportés; mort de peste, le 10 frimaire an 7 (30 novembre 1798.)

B.—BERTHAUD (Pierre-François), prêtre-chanoine de Sallanche, âgé de 56 ans, commune de Saint-Sigismond, département du Mont-Blanc, mort de peste, le 28 nivôse (17 janvier 1799).

D.—BILLARD (Étienne), âgé de 48 ans, curé de Guyancourt-sous-Laon, né à Corbenis, département de l'Aisne; mort de la dyssenterie, rongé de vers le 7 nivôse an 7 (27 décembre 1798).

D.—BOSSU (Louis-Augustin), 39 ans, graveur, né à l'île de France; résidant à Paris, mort de dyssenterie et de peste le 16 nivôse an 7 (5 janv. 1799).

V.—BOURDON (de l'Oise), surnommé le Rouge, natif du Petit-Toüi, département de la Somme, âgé de 37 ans, représentant du peuple.

Il étoit d'un caractère très-irascible; mort le 4 messidor an 6 (24 juin 1798), pour avoir voulu travailler le sol de la Guyane, et de chagrin de ce que ses collègues n'avoient pas voulu l'associer à eux pour l'évasion.

D.—BROLY (François-Joseph), 45 ans, curé de Meutfenheim, Strasbourg, Haut-Rhin; né à Hittennem, même département, placé chez Konra-Lillebat, canton de Sinnamary; mort d'une fièvre putride le 20 vendémiaire an 7 (6 septembre 1798).

V.—BROTTIER (André-Charles), natif de Tanoy, département de la Nièvre, âgé de 46 ans, aumônier de *Monsieur*, mathématicien, auteur d'une traduction de Tacite, très choyée des hommes de goût, et qui fera la réputation de ce savant déporté, victime de Dunan-Duverle de Presle; s'est brouillé d'abord avec ses amis et avec les habitans de la bourgade; par les affinités qu'il avoit eues avec Billaud-Varennes. Comme il avoit un bon esprit et un bon cœur, ses camarades l'apprécièrent, et leur mauvaise humeur se changea en admiration, quand ils surent que ses liaisons avec cet exilé avoient une source de curiosité philosophique; celle de scruter le cœur d'un personnage si fameusement célèbre, comme les principaux de Corinthe et Timoléon lui-même causoient avec Denis le jeune, devenu maître d'école à Syracuse.

Brottier est mort d'un coup de soleil, dont il fut frappé en courant tête nue porter le bagage des huit premiers évadés, dont les noms sont inscrits à notre arrivée en rade; il donna tous ses soins à Rovère, et après une langueur pénible, il mourut le 26 fructid. an 6 (3 septembre 1798).

D.—CARRET (Joseph-Charles), dominicain de Metz, né à la Courbe, département du Calvados; mort à l'hospice d'une fièvre maligne le 7 frimaire an 7 (29 novembre 1798).

B.—CHOLET (Antoine), âgé de 45 ans, prêtre chanoine régulier, commune d'Angers, département de Maine-et-Loire; mort à l'hospice, de dyssenterie et des vers le 19 frimaire an 7 (9 décembre 1798).

D.—COLAS (Louis), laboureur, né à Coémieux, Dôle, Côtes-du-Nord; mort d'hydropisie, à l'hospice le 27 pluviose an 7 (15 février 1799).

B.—COURCIERE (J. B.), prêtre, âgé de 40 ans, commune de Champagnay, département du Tarn, mort de consomption et de peste à l'hospice le 28 nivôse an 7 (17 janvier 1799.)

B.—DAVID (Pierre), prêtre, âgé de 45 ans, commune d'Angoulême, département de la Haute-Charente, placé chez Konrad-Lillebat, habitant de

Synnamary; mort sur cette habitation de la suite de l'épidémie qui étoit à bord de *la Bayonnaise*, le 14 pluviose an 7 (2 février 1799).

D.—DAVIOT (Denis), 49 ans, bernardin de Besançon, né à Villeneuve, près Besançon, mort à Yrocoubo en frimaire an 7 (5 décembre 1798).

D.—DAVIOT (Franc.), capucin, né à Besançon, département de la Haute-Saône, âgé de 51 ans. Ils étoient 3 cousins qui, au moment de partir, reçurent une lettre qui leur annonçoit leur élargissement. Ils la communiquèrent au commissaire B..... qui ne les écouta pas. Deux sont morts après avoir essuyé tous les revers de la fortune. Celui-ci est décédé à l'hospice de Synnamary le 25 vendémiaire an 9 (28 octobre 1800).

D.—DENOUAILLES (Louis-Vincent), 54 ans, prêtre de Vannes, né à Serens, département du Morbihan, mort à l'hospice, de misère, de peste et de dyssenterie le 2 nivôse an 7 (22 décembre 1798).

D.—DESPRES (François), âgé de 45 ans, chanoine de Bourges, surnommé Ésope, né à Marsilly, département d'Indre-et-Loire; mort à Synnamary, chez M. Duchesne, le 11 vendémiaire an 7 (2 octobre 1798).

D.—DOAZAN (François), 54 ans, curé de Landron, diocèse de Poitiers, dont il étoit natif; mort d'une fièvre putride, chez Peintre, canton de Synnamary, le 25 pluviose an 7 (15 février 1799).

D.—FAYET (Benoît), apothicaire, âgé de 18 ans, commune de Lamur, département de l'Isère, jeune homme rempli de talent, a été déporté pour une faute de police correctionnelle, toujours dans l'intention de déshonorer la cause commune. Il a été corrompu par les autres voleurs venus sur *la Bayonnaise*; mort de libertinage le 15 janvier 1799.

D.—FLEURANCE (Joseph) dit père Barthélemi, capucin, âgé de 44 ans. Il m'a aidé sur *la Décade* à mettre la liste par ordre alphabétique. Au bas de son nom se trouve la note suivante écrite de sa main:

Dénoncé et déporté pour avoir usé en 1795 du bénéfice de la loi, né à Gerarmey, département des Vosges.

Mort de peste, rongé de vers à l'hospice, le 22 nivôse an 7 (10 janvier 1799).

D.—FRANCILLEU (Mathieu) dit Pinsillon, l'un des cinq voleurs de la Décade, se disant vigneron de Besançon, mais réellement sans aveu, flétri dans l'ancien régime à la suite de quatre jugemens infamans, avoit travaillé aux mines et ramé au bagne, fouété et marqué, nourri dans le crime, il comptoit 68 ans quelques mois avant le 18 fructidor; on le jugea aux fers, et par égard pour son âge, cette peine fut commuée en prison perpétuelle. Après le 18 fructidor, le commissaire B..... le confondit avec les prêtres déportés dans la prison de Saint-Maurice de Rochefort, et le mit ensuite au cachot, mais aux charges des déportés qui étoient forcés de lui fournir vingt sous par jour pour qu'il ne restât pas avec eux. Au moment du départ, B..... le mit en tête sur la liste, malgré nos réclamations, et nous ne pûmes le séparer de nous que dans la Guyane; il s'étoit réfugié dans les bois à la suite d'un vol qu'il avoit fait aux déportés; il fut pris, conduit à Synnamary, où il mourut en prison à la fin de fructidor an 6 (15 septembre 1798).

D.—GARNESSON (Pierre), 44 ans, curé de Conantré, Châlons, Marne, né au même lieu, rentré en vertu de la loi du 7 fructidor an 5, instruit, pauvre et tolérant; mort de peste, rongé de vers, à l'hospice, le 18 frimaire an 7 (6 décembre 1798), dans la plus grande misère.

B.—GAUDIN (Pierre), prêtre, âgé de 42 ans, commune de Chemiray, département de Maine-et-Loire. Il étoit très-malade dans la traversée, il fut renvoyé dans le désert sans être guéri; mort à l'hospice de Synnamary, le 11 pluviose an 7 (1er. février 1799).

D.—GUIN (Claude-François), prêtre lazariste de la maison de Paris, natif de Vilfrye, département de la Haute-Saône; mort le 14 nivôse an 7 (3 janvier 1799), de fièvre putride, chez Mlle. Rochereau, canton de Synnamary.

D.—HAVELANGE (J. Joseph), prêtre, âgé de 50 ans, recteur de l'université de Louvain, déporté pour avoir exorcisé une possédée, né à Siphoux, département de l'Ourthe; mort à Synnamary, chez M. Duchesne, le 20 fructidor an 6 (7 septembre 1799).

D.—HUMBERT (J. B.), 40 ans, trinitaire desservant de la Marche, né au même lieu, Toul, Vosges; mort de dyssenterie, rongé de vers, à l'hospice, le 18 nivôse an 7 (7 janvier 1799).

B.—LACHENAL (Jacques), prêtre, âgé de 34 ans, commune d'Anneci-le-Vieux, département du Mont-Blanc; mort à l'hospice, de dyssenterie et rongé de vers, le 15 frimaire an 7 (5 décembre 1798).

B.—LAFORIE (Jean), prêtre-vicaire de Flognac, commune de Saint-Amel, département du Lot; mort à l'hospice, de vers et de dyssenterie, reliquats de peste, le 19 pluviose an 7 (7 février 1799).

D.—LAPOTRE (Mansuie), prémontré, âgé de 39 ans, desservant de Tilleu, Toul, Vosges, né au même lieu. Il avoit trouvé une place au moment où il mourut de la peste et de la dyssenterie, le 22 frimaire an 7 (12 décembre 1798).

V.—LAVILLEHEURNOIS (Charles-Honorine-Berthelot), natif de Toulon, département du Var, maître des requêtes, âgé de 48 ans, victime comme Brottier, mort à Synnamary, chez M. Morgenstern, le 10 thermidor an 6 (28 juillet 1798).

D.—LEBAIL (Julien-Alexis), âgé de 43 ans, vicaire de Sulnillac, de Vannes, né à Beauhamel, département du Morbihan, rentré par la loi du 7 fructidor. Les hommes de goût ont perdu en lui l'auteur d'un poëme sur la révolution, que ses persécuteurs brûlèrent en l'arrêtant. Il m'en a récité quelques morceaux qui me faisoient regretter le reste. Il mourut en débarquant à Synnamary, le 8 frimaire (28 novembre 1798).

B.—LEBAS (Bonaventure), prêtre, âgé de 50 ans, commune de Fontaine-la-Malette, département de la Seine-Inférieure; mort à l'hospice, de la dyssenterie et des vers, le 14 nivôse an 7 (3 janvier 1799).

D.—LEBOURSICAUD (Pierre), prêtre, âgé de 36 ans, né à Delvend, département du Morbihan, rentré avec Lebail; mort de misère et de besoin à l'hospice, le 22 frimaire an 7 (2 décembre 1799).

D.—LECORE (Alexis), diacre seulement, et déporté comme curé fanatisant ses paroissiens, âgé de 30 ans, né à Martimer, département d'Ille-et-Vilaine; mort de convulsions à l'hospice, le 23 pluviose an 7 (13 février 1799).

D.—MAROLLE (Jean), chartreux, né à Aubusson, diocèse de Limoges, département de la Creuse, âgé de 37 ans. Le malheur lui avoit aliéné l'esprit; mort à Synnamary, d'une manière misérable, le 8 vendémiaire an 8 (30 septembre 1799).

B.—MICHEL (François), prêtre, âgé de 40 ans, commune de Lyon, département du Rhône; mort à l'hospice, de vers et de peste, le 14 nivôse an 7 (3 janvier 1799).

D.—MULLER (Nicolas), 41 ans, professeur de philosophie à Luxembourg sa ville natale; mort à Synnamary, chez monsieur Duchesne, le 20 fructidor an 6 (6 septembre 1798).

V.—MURINAIS (Antoine-Augustin-Victor), natif de Murinais, département de l'Isère, âgé de 66 ans, représentant du peuple, victime du 18 fructidor; mort le 15 frimaire an 6 (5 décembre 1797).

D.—MUSQUIN (Pierre-Benoît), âgé de 42 ans, curé de Pont-sur-Vannes, Sens, Yonne, né à Provins, Seine et Marne, a fini d'une manière tragique, le 6 frimaire an 7 (26 novembre 1798).

D.—PICARD (Mathieu), 58 ans, curé de Rupereux, Sens, Seine et Marne, poitrinaire et attaqué de la gravelle, maladies reconnues par deux visites des officiers de santé, né au village de Joigny, département de l'Yonne, dans la Bourgogne; mort à l'hospice de Synnamary, après de longues et inexprimables souffrances, en messidor an 7 (7 juillet 1799).

B.—PONCI-CHARETIER (Jean), âgé de 23 ans, commune de Zignant, département de l'Hérault; mort de peste à l'hospice, le 7 frimaire an 7 (27 novembre 1798).

D.—RAIMBAULD (César-Auguste), 45 ans, lazariste de Tours, curé de Bruleau, résidant à Blois, excellent homme, instruit et pieux, sans cagotisme. Il avoit eu un germe de peste à Konanama, où il s'étoit rendu infirmier de ses confrères. Au bout de six mois de langueur, il est mort étique, après avoir vendu jusqu'à son couteau pour vivre, le 8 prairial an 7 (28 mai 1799).

V.—ROVERE (Joseph-Stanislas), né à Bemieux, département de Vaucluse, représentant du peuple, âgé de 49 ans.

Rien n'est plus tendre que sa correspondance avec son épouse. Il ferma les yeux dans la Guyane, au moment où elle embarquoit sur la Vaillante pour le rejoindre. Cette corvette a été prise par les anglais. Les douleurs qui ont précédé la fin tragique de Rovère, lui ont bien fait expier les torts qu'il a pu avoir dans la révolution; mort en messidor an 6 (juillet 1798).

D.—ROYER (N.), prêtre, âgé de 35 ans, né à Velot, département des Vosges; mort de la dyssenterie à l'hospice, le 4 pluviose an 7 (29 janvier 1799).

D.—SARTEL (Gabriel), né à Gand, curé de Notre-Dame de Gand; mort de chagrin, le 30 fructidor an 6 (16 septembre 1798). Il étoit âgé de 49 ans.

B.—SAUTRE (Jean-François), prêtre, professeur à Vic, âgé de 51 ans, commune de Metz, département de la Moselle; mort d'hydropisie à l'hospice, le 5 avril 1800 (15 germinal an 8).

D.—TREMAUDAN (François), officier d'infanterie de Plemey-Jugo, âgé de 21 ans; mort d'une fièvre putride à Corossoin, chez Vogel, canton de Synnamary, le 12 brum. an 7 (2 novembre 1798).

V.—TRONÇON-DUCOUDRAY (Guillaume-Alexandre), natif de Reims, département de la Marne, âgé de 45 ans, représentant du peuple; mort de fièvre putride, en prairial an 6 (mai 1798). Il nommoit la déportation *guillotine sèche*. Il n'a jamais voulu boire de bouillon de tortue, qui l'auroit guéri infailliblement; mort de chagrin.

B.—VEAUZY (François), prêtre, curé de Busson, âgé de 49 ans, commune de Thiers, département du Puy-de-Dôme; mort à l'hospice, d'épidémie, le 15 frimaire an 7 (5 novembre 1798).

B.—VERGNE (Dominique), prêtre, vicaire, âgé de 41 ans, commune de Beaufort, département de Maine et Loire; mort de peste à l'hospice, le 25 frimaire an 7 (15 novembre 1798).

B.—VERILLOT (Antoine), prêtre-capucin, âgé de 48 ans, commune de Langres, département de la Haute-Marne; mort à l'hospice d'une maladie de consomption, le 12 germinal an 7 (1er. avril 1799).

B.—VIEUX-MAIRE (Jean-Baptiste) prêtre-récollet, âgé de 45 ans, commune de Vilers-le-Luxeuil, département de la Haute-Saône, mort à l'hospice le 12 frimaire an 7 (2 décembre 1799).

TOTAUX de *la Vaillante.*

Morts	6.
Évadés	8.
Restans	2.
	——
Total	16.

Décade.	Morts à Konanama,	36.		
	Morts à Synnamary,	28.		
TOTAL		64.	morts sur 193.	193.
RESTE				129.

BAYONNAISE.

Déportés morts à son bord dans la traversée de France à Cayenne.

ALLAGON, prêtre-chapelain de Toulouse.

BEAUGE, prêtre, du Mont-Blanc.

BUCHER, prêtre-curé, de Besançon.

CHEVALIER, chanoine de Chambéry.

MARCEL, curé du diocèse de Clermont en Auvergne.

MOUTILS, prêtre du diocèse de Castres.

REYPHINS aîné, d'Ypres.

TRAIGNIER, originaire de Clermont en Auvergne, curé de Saint-Sernin, diocèse de la Rochelle.

Et un autre laïc, dont le nom nous a échappé, qui, en retournant de la rade à Rochefort, est mort d'épidémie bien constatée.

TOTAUX des déportés de la Bayonnaise	120.
	——
Dont morts à Konanama	30.
À Synnamary	17.
Dans la traversée	9.
	——
TOTAL des morts	56.
	——
Restans	64.

..... Konanama et Synnamary ont donc dévoré en deux mois la moitié des malheureux qui y sont débarqués; les autres déserts de la Guyane n'ont pas plus ménagé ceux qui s'y sont retirés, mais ces derniers, du moins, ne sont pas morts sans secours et sans consolation. Nous suspendrons pour quelque tems ces funèbres nomenclatures, nous ne dirons même rien du désert de Synnamary, il ressemble parfaitement à celui de Konanama. Ce dernier est inhabité, et à 2 lieues et demie de la mer. L'autre également à l'entrée d'une grande savane, n'en est éloigné que de deux milles, et sur les bords d'une rivière saumâtre comme Konanama. Le prétendu village qui donne le nom au canton, est composé de douze ou quinze mauvaises huttes, moins propres que les loges de nos sabotiers des grandes forêts, où résident sept à huit créoles blancs à demi-vivans comme la plupart des habitans de la Guyane.

Avant d'aller chez les Indiens, disons un mot de l'agent Burnel que nous n'avons fait qu'entrevoir, quand nous avons passé à Konanama. Il y a dix mois qu'il est en place, au bout de six semaines, il ne s'est plus déguisé. S'il lit ce que je vais dire de lui, je ne crois pas qu'il m'accuse de partialité; plus il m'a fait verser de larmes, plus je lui pardonne de bon cœur, je l'apprécie par mes malheurs, je le connais, je le plains, et ne le hais point... Voici son portrait:

Burnel, fils d'un homme de loi de Rennes en Bretagne, d'une taille médiocre, d'une physionomie prévenante, a fait quelques mauvaises études, s'est fourré chez un procureur, a voulu savoir de tout sans jamais se fixer à aucun état. Le mauvais exemple de son père adonné sans ménagement à tous les excès, l'abandon où il vivoit, la dissipation naturelle à son âge, ont émoussé son aptitude, augmenté son orgueil, nourri ses penchans et étouffé dans son cœur un naturel assez bon. Les révolutions de la Bretagne ont achevé de le perdre; il a voyagé en étourdi, s'est fait une fumée de réputation à l'île de France où il a fait quelques feuilles incendiaires qui l'en ont fait déporter; a intrigué auprès de la convention et du directoire; a été nommé agent *à l'île de France*, pour y porter le décret de la liberté des noirs; a manqué d'y être pendu avant d'en être chassé, et s'est enfin vu nommer agent de Cayenne après avoir ruiné sa bourse et tari celle de ses amis. Ces vicissitudes lui ont donné un caractère fluide, une âme foible, des passions vives, un cœur ardent, des vues bornées, des moyens compliqués, des apperçus faux, des essais téméraires, des plans incohérens, des résultats aussi pernicieux pour lui que pour les autres.

Le jour de sa nomination à Paris il accourt chez lui, rue des Petits-Champs, s'affuble de son grand costume qu'il avoit fait faire d'avance; envoie chercher son père qui étoit à moitié gris dans un petit cabaret de la rue. Traînée; se cache dans un cabinet pour lui ménager la surprise; le papa entre et tombe aux genoux de son cher fils qui le relève, et lui dit: «*Embrassez l'agent de Cayenne... Je pars demain et vous me suivrez.*» Ce bon père l'a réellement suivi, et Cayenne a le bonheur de l'avoir pour juge. Voici leur début et l'état de la colonie: Les caisses sont vides, les nouveaux venus ont besoin de fonds et le commerce de piraterie baisse tous les jours. La récolte est serrée, Jeannet en a chargé une grande partie sur *la Décade* et sur *la Bayonnaise*. Burnel est criblé de dettes, entouré de sang-sues, il veut contenter tout le monde, faire sa bourse et payer ses créatures; la chose étant impossible, il a recours aux conspirations, il fait armer les mulâtres contre les blancs et se décide à révolutionner la colonie comme le cap Français; au moyen du désordre, il butinera et fera ensuite voile pour un autre pays; mais le laissera-t-on partir et ne périra-t-il pas lui même? Cette arrière-pensée lui fait tourner ses armes contre ceux qu'il a mis en jeu; il dénonce la grande conspiration des mulâtres; il nomme une commission pour les juger; au moment du prononcé des juges, il se fait apporter les pièces et fait afficher une proclamation où il reconnoît que les prévenus méritent la mort, mais que l'humanité ayant aboli ce genre de punition, il ne veut pas ensanglanter la colonie. Comme il étoit le plus grand coupable, il devoit la grâce aux autres; on fut d'abord dupe de cette clémence. Les marchands firent des sacrifices, l'agent fit des arrêtés sages, il ordonna le travail ou la mort. On amena des prises qu'il envoya à Surinam comme Jeannet, et se disposa à exécuter les ordres secrets du directoire qui lui avoit enjoint de faire circuler sourdement dans cette colonie le fatal décret de la liberté des nègres. Cette tentative homicide est un des reproches les plus fondés à faire à Burnel. Son prédécesseur ne l'a jamais essayé. À peine est-il arrivé qu'il y envoie un certain M........., qui a perdu la moitié de ses membres à St.-Dominique, en combattant pour les hommes de couleur contre les blancs.

L'alliance qui existe entre la France et la Hollande, force le gouverneur de Surinam, de ménager l'agent de Cayenne; ce dernier spécule sa fortune sur la désorganisation qui suivroit le décret, et Surinam entre ses mains lui donneroit en un clin-d'œil une fortune quadruple de celle de Jeannet; l'ambition qui le dévore lui fait compter pour rien les désastres qui suivroient cette inoculation de liberté; la torche de discorde, allumée dans ce coin populeux de la grande terre, éclairoit le tombeau de tous les blancs et l'Amérique entière ne présentoit qu'un vaste tombeau: ce point contigu au Mexique et au Pérou, faisoit de ces riches climats un nouveau cap Français plus inabordable que les côtes des Bisagots en Afrique, habitées par des mangeurs d'hommes; les Européens qui n'ont jamais vu le gouvernement du Nouveau-Monde, ne se persuadent pas facilement ce que je viens d'avancer; mais Burnel le connoît et ses tentatives en sont plus criminelles; c'est à lui seul que les Anglais doivent la conquête qu'ils ont faite momentanément de la colonie de Surinam, l'inappréciable Frédérici n'avoit d'autre alternative que de se laisser égorger et de perdre en mourant toutes les colonies de l'Amérique méridionale, ou de se mettre sous la protection des Anglais.

Le nouveau continent attestera avec moi que Burnel seul doit porter la faute et de l'envahissement de la colonie Hollandaise et des désastres qui ont été pour Cayenne la suite funestes de cette reddition. Pour ourdir cette trame à son aise, il séquestra tout, retrancha tout et mania la terreur avec un machiavélisme si gradué, que tout le monde se trouva enveloppé subitement dans son fatal épervier. En arrivant, il avoit commandé le travail ou la mort. Un mois après, il demande aux nègres s'ils sont contens de leurs propriétaires, et pour qu'ils entendent mieux ses suppliques, il fait traduire en idiôme créole les excuses qu'il leur adresse. Il avoit condamné à la franchise quelques mulâtres conspirateurs; à l'approche des élections de germinal an VII., il les fait relaxer pour qu'ils votent à son gré. Le mulâtre Ferrère de St.-Dominique, à qui il s'étoit adressé pour la conjuration, ne pouvant plus rester, est déporté de gré à gré et reçoit de l'agent une bonne somme d'argent pour aller à St.-Barthélemy.

Le conseil de Burnel lui insinue qu'il doit frapper un grand coup pour avoir de l'argent et pour rejetter sur quelqu'autre personnage marquant l'odieux d'une conspiration dont on le regarde comme chef[10]. Le commandant de la force armée, Desvieux, créature de Jeannet, fut désigné pour être leur dupe, cet homme foible a été l'idole et la dupe de tous les partis, Burnel lui fit de nouvelles caresses, lui peignit son embarras, prit jour pour une séance secrète, où il fut décidé qu'on déporteroit les propriétaires riches et royalistes; Desvieux, Frey-de-Neuville, Lefebvre, furent chargés d'en présenter chacun une liste motivée. Burnel en rédigea une recensée sur les trois autres, et envoya Desvieux à Synnamary pour préparer l'embarquement des futurs déportés. Deux jours avant le conciliabule, un bâtiment danois qui devoit sortir du port, eut ordre d'aller prendre ses dépêches à Synnamary; à peine Desvieux fut-il en route pour les lui porter, que Burnel fait mettre les scellés chez lui, donne à sa mode la clef de la fameuse conspiration ourdie par Desvieux contre tous les habitans, lui suppose une liste de proscription qu'il ne montre à personne, le destitue et le déporte sur-le-champ à St.-Christophe. Frey-de-Neuville qui envioit sa place, lui annonça cette nouvelle en pleurant, retourna s'incliner devant Burnel qui profita de la crédulité que l'effroi donnoit à ce détour, pour arracher des colons désignés quarante mille francs et un nombre encore plus grand de bénédictions. «Généreux habitans, dit-il en recevant cette somme, me voilà pourvu pour six mois, je comptais faire un emprunt comme la loi m'y autorise; ma parole d'honneur, je ne vous demanderai plus rien.»

Le choix des élections approchoit... Voici comme on y procède:

Les choix sont fait d'avance, la majorité des votans est composée de nègres qui nomment leurs confrères pour électeurs; ils ne savent pas lire et sont à la dévotion de l'agent qui influence ouvertement les assemblées; il attend les électeurs au Dégras, les fait emmener au cabaret, on paie leur dépense, entre la poire et le fromage; on leur demande; qui ils vont nommer; s'ils ne connoissent personne, on a une liste dont on leur apprend les noms; s'ils ont fait un autre choix que celui de l'agent, on leur objecte que le candidat de la liste réunit tous les suffrages. Les blancs n'ont presque pas voix délibérative dans ces antres lugubres de débauche et de licence; on les traite de royalistes quand ils font choix d'un propriétaire honnête homme. D'après ce mode on ne doit plus s'étonner d'avoir vu en 1796, Fréron et ses associés rappelés au corps législatif.

Burnel qui connoissoit le mode d'élection, avoit pardonné aux mulâtres leur conjuration, et se déclaroit de plus en plus l'ami des noirs pour gagner leurs suffrages aux assemblées; d'un côté, il inscrit son père, homme immoral, et de l'autre Jeannet son prédécesseur.

Jeannet est élu, Burnel se plaint que les assemblées ont été influencées; ensuite il s'en console en disant à ses amis: «Puisque les Cayennois ont élu

Jeannet que je vaux bien, à la fin de ma prêture j'aurai le même honneur; et je dirai à mon retour comme cet empereur mourant: *Je sens que je deviens Dieu.*»

Il lacère ensuite le code constitutionnel, pour affermir son despotisme. Il accumule toutes les places et tout le pouvoir entre les mains d'un seul homme de chaque canton avec qui il correspond directement, cette organisation monstrueuse fait que le même individu est tout ensemble, inspecteur de police civile et judiciaire, juge de paix, assesseur, maire, municipal, et commissaire du pouvoir exécutif sous le nom *d'agent municipal.*

De ce premier échelon de tyrannie, il passe dans son antre des loix, et tient sous sa verge de fer, la caisse, la justice, la police, les places et les autorités civiles et militaires; ne craignant personne pour contre-balancer son autorité colossale, il gouverne selon son plaisir et ses intérêts personnels. (Voici le résumé de sa conduite pendant les six derniers mois de cette année an 7, jusqu'en septembre 1799 an VIIIe.)

Au-dehors il entretient une correspondance très-active avec M. Frédérici gouverneur de Surinam; il envoie dans cette colonie des anarchistes déguisés pour soulever les nègres en propageant la loi du 16 pluviose an II, et faire déclarer la colonie, possession française et directoriale.

Ainsi Burnel, toujours en sentinelle, pour agrandir sa fortune et assouvir son ambition, se trouve disculpé, quand il envoie ses prises à Surinam, pour être vendues à vil prix. Que la mère-patrie lui demande compte, la pénurie de ses caisses proviendra de l'argent qu'il donnoit à ses agens à Surinam. Qu'elle lui reproche quelques exactions, il se retranchera sur ses dépenses secrètes.

Au-dedans, il interceptoit tout ce qui venoit pour les déportés; il incarcéroit les habitans qui leur apportoient des fonds, ou qui laissoient transpirer quelques nouvelles; il traînoit les uns dans des cachots, il déportoit les autres sur des rochers au milieu de la mer, il montroit le glaive de la terreur à tous les navigateurs européens, porteurs de quelques nouvelles subversives de son despotisme.

Il échancra tellement la ration des déportés du dépôt de Synnamary, qu'il leur fit regretter Konanama. L'huile, le savon, le taffia, le riz, leur furent successivement retranchés. Quand il vouloit punir quelqu'un[11], il le menaçoit de l'envoyer à Synnamary; ces privations étoient un peu compensées par les permissions qu'il nous accordoit d'aller à Cayenne passer quelques jours à nos frais. Pendant six mois il ne fit point de reproches aux colons de leur humanité à notre égard. Un bâtiment de l'Isle-de-France, chargé d'une vingtaine de déportés, de sa connoissance et de son parti, relâcha à Cayenne à la fin de germinal an 7, mi-avril 1799, ces exilés fauteurs de la liberté des noirs, furent reçus froidement par les habitans chez qui

Burnel se permit de les caserner. Il en fut affecté, s'en prit à tout le monde, et sur-tout à nous, dans une proclamation ainsi conçue:

«Ennemis de la république qui a été obligée de vous vomir de son sein, vous tous, royalistes déportés, dont l'esprit remuant et les intrigues ont, je n'en puis douter, provoqué toutes les crises qui ont pensé perdre la colonie, vous ne deviez pas vous attendre à trouver place dans une proclamation adressée à des citoyens français: que votre surprise cesse; je n'ai qu'un mot à vous dire, il sera clair, mais dur.

»Puisque tout ce que l'humanité conciliée avec mon devoir, m'a porté à faire pour vous, n'a pas suffi pour obtenir du plus grand nombre la tranquillité qui convient seule à votre position, je vous préviens que le premier qui sera convaincu d'avoir fomenté la sédition parmi les cultivateurs, et porté ces hommes crédules à l'abandon des travaux de la colonie, sera jugé comme perturbateur de l'ordre public, comme ennemi irréconciliable de la colonie; que les insensés qui osent protéger avec jactance les ennemis de la république apprennent que je les connois tous, et que je les rend personnellement responsables *de toutes les menées, faits et gestes de leurs protégés.* Sous un gouvernement juste et ferme, les bons citoyens doivent seuls vivre tranquilles, les autres doivent toujours voir suspendu le glaive de la loi.

»La présente proclamation sera sur-le-champ imprimée, publiée, affichée et portée dans tous les cantons, par un détachement de force armée, pour être lue aux cultivateurs, et dans leur idiôme.

»Fait à Cayenne, dans la maison de l'agent, le 4 floréal an 7 [23 avril 1799].»

Signé BURNEL;
LEGRAND, *secrétaire-général.*

Le même jour, sort un autre arrêté qui ordonne aux habitans de payer dans un mois, sans délai, le sixième brut de leur revenu. Cette pièce a pour épigraphe: *constitution, article 156.* «Les agens particuliers exerceront les mêmes fonctions que le directoire, et lui seront subordonnés.» Suit le considérant que l'article 54 de la loi du 12 nivôse an 6, organisatrice de la constitution dans les colonies, a prévu, d'une manière très-claire, la circonstance déplorable où se trouve actuellement le département de la Guyane. Suit l'arrêté, que tous les propriétaires d'immeubles verseront, à titre de prêt, dans la caisse nationale, le sixième du revenu brut de l'année. La commission chargée de percevoir cet emprunt est autorisée à employer tous les moyens coërcitifs pour qu'il soit fini au 15 prairial prochain, époque que l'agent avoit fixée pour son départ. Personne ne pourra vendre son bien, ni disposer de son revenu, sans avoir satisfait à cette dette.

Un autre arrêté, en date du 7, met tout le bétail en réquisition: un autre, en date du 8, force tous les colons de payer l'arriéré de leurs contributions.

Le sixième brut équivaut à la moitié du revenu; l'arriéré monte à près des trois quarts de la récolte des moins aisés; il enlève les habitations aux plus riches. Jadis, ils avoient des nègres, hypothèque de leurs fonds et revenus; ils n'ont plus que leurs stériles abattis, qu'il leur reprend après leur avoir enlevé leurs bras.

Depuis brumaire an 7 [octobre 1798] leurs vivres sont en réquisition pour le gouvernement en proie à la famine. En 1799, des corsaires viennent de France, amènent des prises; Cayenne regorge de farine, la réquisition continue. Burnel fait vendre les denrées à Surinam, fait sortir les trois arrêtés précités, y tient tellement la main, que toutes les pirogues qui vont à Cayenne sont déchargées au magasin général. Les dons patriotiques, l'emprunt forcé, les patentes, les maîtrises, les barrières, les réquisitions des fortunes, ne sont que des sous additionnels, en comparaison des exactions de l'agent.

Le 22 floréal, 11 mai, treize déportés belges s'échappent sur la pirogue que Konrad avoit vendue à un soldat réformé, pour aller faire la pêche de la tortue. Le vendeur, au défaut du propriétaire, est mis en prison, comme devant répondre d'un bien qui ne lui appartient plus, comme il en exhibe la preuve par le contrat du marché.

Depuis un an, nous n'avons pas reçu de nouvelles directes de France. Malgré les défenses de Burnel, la renommée en publie quelques-unes au fond de nos déserts. En mai, Mezières de Synnamary, revient de Maroni, et annonce que les Français sont repoussés; la pomme de discorde est jettée dans le directoire; la Vendée a repris; le Midi est insurgé. Ces bruits sourds prennent leur source dans la correspondance qu'Adelle Robino, en mission à Surinam, a fait intercepter à l'agent, qui envoie Dussault sur *la Aénus de Midisis*, pour vendre vingt milliers de poudre à feu, et prendre Adelle par ruse. On l'invite à dîner à bord de la goëlette; on le retient prisonnier; ce jeune homme prévoyant le sort qui l'attendoit, se précipite dans la mer pour se sauver, et se noie. M. Frédérici indigné de cette violation du droit des gens, renvoie toutes les créatures de Burnel. Le plan du cabinet du Luxembourg restoit sans effet; N.... reçoit une mission particulière, se rend à Surinam pour faire des excuses au nom de Burnel qui venoit d'y envoyer le sixième des denrées de la colonie. Ce trafic produit de larmes, valoit vingt sous à Cayenne, et six francs à Panameribo. Il avoit en outre quatre prises qui étoient déjà estimées soixante-dix mille piastres, ou quatre cent quatre-vingt-dix mille livres. N.... est chargé d'envoyer à Cayenne au plus vîte une partie de ces fonds: les deux agens se craignent. M. Frédérici, en fin courtisan, amuse Burnel et son envoyé, laisse vendre quelques objets peu importans: l'argent est apporté à Cayenne par Menard et M...... jeune noble qui a souillé ses lettres par un abus de confiance des Surinamais qui lui avoient déposé des fonds pour les déportés. Cependant une étincelle d'espérance luit à nos yeux.

En juillet, nous lisons dans le journal de Hambourg du 4 février 1799, que le 17 janvier le directoire a fixé le lieu de la déportation à l'isle d'Oléron; les proscrits qui se soumettront à cette loi, n'auront qu'à se présenter pour obtenir un passe-port, *ils iront seuls et librement à Oléron.—Il paroît certain*, ajoute le journaliste, *que les déportés qui sont restés à Cayenne pourront aussi se rendre à Oléron. Il n'y a de ceux qui étoient restés en France que Laharpe et Dumolard, qui comptent n'y pas aller.* (Ce n'étoit que de trompeuses amorces.)

28 janvier (dit le même journaliste): «On assure que plusieurs ex-députés condamnés à la déportation s'empressent de se conformer à la loi du 9 décembre (qui confisque leurs biens s'ils ne se rendent pas prisonniers), depuis qu'ils savent que le lieu de leur déportation n'est plus la Guyane; on cite dans le nombre *Pastoret* et *Duplantier*.»

21 février, n°. 29: «Plusieurs des ci-devant condamnés à la déportation, parmi lesquels on nomme *Boissy-d'Anglas*, *Siméon*, *Villaret-Joyeuse*, *Murer*, *Dommer*, *Praire* et *Mailhe*, ont fait leur déclaration au département de la Seine, et obtenu des passe-ports pour se rendre à Oléron; ils se montrent dans Paris depuis le dernier arrêté qui a fixé un délai pour leur départ et le lieu de leur exil. L'ex-ministre *Cochon* est du nombre de ceux qui se sont soumis à la loi; on le dit en route pour Oléron.»

Ces nouvelles sont parvenues à M. Lafond-Ladebat du 20 au 30 prairial an 7 (du 9 au 19 juin 1799.) Elles sont les premières qu'on a débitées sans crainte et par écrit depuis deux ans. On nous informe, par cette même occasion, que nous avons des fonds à Surinam; on demande la liste de ceux qui ont survécu à de si grands malheurs. Tandis que les nations étrangères à qui nous aurions dû être indifférens, donnoient des leçons d'humanité à Burnel, il inventa pour nous accabler une fête que personne ne connoissoit, celle du 18 fructidor; ce jour répond au 5 septembre. En 1792, que le 5 septembre fut funeste aux déportés dans les prisons! en 1799, l'agent célèbre l'anniversaire des réjouissances de leur misère et de leur mort sous la zone torride.

Pendant que Burnel se démène pour bouleverser Surinam, M. Frédérici remet cette colonie aux Anglais, d'autres disent au stathouder qui s'est réfugié dans la Grande-Bretagne. La fortune de Burnel et celle de ses agens est confisquée; le nouveau gouverneur anglais renvoie en paix les négocians de Cayenne.

15 septembre. Deux frégates et un vaisseau rasé anglais incendient le poste des Islets (de Cayenne), jettent l'alarme dans la colonie, et menacent d'une descente: Burnel fait replier les postes sur Cayenne, laisse les cantons sans défense, défend aux colons de sortir de chez eux, lève un bataillon noir qui sera nourri aux frais des propriétaires, fait précéder le tout de deux arrêtés du 8 et du 9 brumaire (20 et 21 octobre 1799.)

Dans le premier, il reproche aux habitans d'avoir fait des faux, pour donner asile aux déportés; il enjoint à ces derniers de rester chez les propriétaires, sous des peines rigoureuses.

Un autre arrêté, en date du 9, est ainsi conçu: *La colonie est en état de siège; toutes les propriétés publiques et particulières, tous les individus qui habitent la Guyane française, tous les moyens de toute espèce qu'elle fournit, sont en réquisition pour sa défense, et y resteront assujétis jusqu'à un nouvel arrêté.*

Les nègres affluoient à Cayenne, le bataillon blanc étoit dispersé, la crainte du pillage et de l'anarchie consternoit tous les blancs. Burnel se propose d'émettre pour 400,000 l. de papier: les autorités civiles et militaires lui font des remontrances respectueuses et énergiques; il a peur, change de plan, se décide à partir, puis à rester; proclame tout-à-coup, de son chef, la paix avec les États-Unis, pour les attirer, se ménager une issue, et faire partir son père, sa femme et ses trésors.

Il éprouve des obstacles; il devient furieux, il devient fou; il s'en prend surtout aux déportés. Frey de Neuville, qui a remplacé Desvieux, va à Synnamary leur ordonner de partir au premier signal. *Ceux qui seront malades ou infirmes, hors d'état de pouvoir suivre les autres leur dit-il, seront fusillés.* Ces menaces n'ont eu aucun effet: je ne dirai même pas qu'elles aient été faites par Burnel, car Frey étoit toujours plein de vin quand il signoit quelque chose.

L'ennemi disparoît après avoir bien poursuivi le capitaine Malvin. Ce caboteur saisi d'une terreur panique, met pied à terre à l'embouchure de Synnamary, brûle sa prise et son bateau, crie au secours, laisse son équipage à l'abandon. Ses matelots s'enivrent, se battent au pistolet, se débandent chez les habitans, les pillent et retournent à Cayenne, rejeter la faute sur les synnamaritains et sur les déportés. Les habitans s'étoient sauvés dans le haut des rivières, tous les déportés étoient enfoncés et gardés dans leurs karbets; la terreur étoit si grande, que le rivage de la mer, à une demi-lieue du hameau, fut couvert de tonneaux de salaisons, de vin et de toute espèce de marchandises sèches, sans que personne y touchât; soldats, colons, matelots avoient jeté leur bagage pour s'enfoncer dans la forêt; ceux qui étoient débarqués les derniers, voyant l'ennemi retiré, tirailloient sur les autres pour butiner en sûreté. Malvin qui les avoit précédés à Cayenne, avoit dit à l'agent qu'il s'étoit trouvé entre deux feux, assailli par les synnamaritains et les déportés qui faisoient signe à l'ennemi. Cette calomnie récompensée du grade de municipal, étoit détruite par une autre partie du même équipage à la poursuite des marodeurs. Les colons, les matelots, quelques militaires, les agens des cantons avoient envoyé plusieurs procès-verbaux contre Malvin, tous étoient signés par Brutus Magnier. Il étoit prouvé que Malvin avoit fui, sans donner d'ordre à sa troupe, que quelques-uns de ses gens avoient frappé des habitans et des déportés, qu'ils en avoient volé un grand nombre et tiré des coups de fusils dans les karbets. Ces actes de violence furent autant de brevets auprès de Burnel pour conserver à Malvin sa place d'officier municipal et l'impunité à son équipage.

Je n'ai jamais vu de crise plus critique que celle de Cayenne à cette époque; l'agent et sa cour, d'un côté, ne voyoient que la mort; les habitans et les déportés que le pillage et le meurtre. Chaque jour éclairoit de nouvelles persécutions. L'agent scrutoit jusqu'au fond de l'âme tout ce qui l'entouroit; il arrachoit les habitans et les déportés de leurs retraites; il les incarcéroit sans raison et les relaxoit de même; il s'enflammoit, s'appaisoit, proposoit des mesures, les combattoit, les adoptoit, les rejettoit dans le même instant; enfin, nous vivions dans le désespoir et l'effroi.

Il feignit de battre en retraite pour revenir à la charge et frapper un coup sûr dans le silence. Il se décida à déporter tous ceux de l'état-major du bataillon d'Alsace dont il avoit quelque chose à redouter. Le mécontentement éclata, il venoit de faire embarquer son père et son épouse et sa fortune. Les habitans les firent revenir à terre, alors le terrible agent devint doux comme un mouton. Cette nouvelle se répandit dans les cantons.

Nous commencions à respirer; je demeurois à quatorze lieues de la capitale: j'écrivis à un ami que j'y avois, pour lui demander des nouvelles de Burnel dont je ne faisois pas l'éloge. On nous avoit assuré qu'il étoit suspendu, j'en félicitois le peuple de Cayenne. Burnel plus soupçonneux depuis cette crise étoit aux aguets; il prit la boëte, ouvrit ma lettre, la remit à son adresse, se la fit apporter par la personne à qui elle étoit adressée, et m'envoya chercher en diligence par un capitaine et six gendarmes qui avoient ordre de faire une visite domiciliaire pour prendre ce qu'on vient de lire, car j'en étois resté à cet endroit de notre malheureuse histoire qui fut adroitement soustraite par madame Givry.

On me traîne de cachots en cachots, les fers aux pieds et aux mains, j'arrive au Dégras de Cayenne à la nuit, après avoir fait douze lieues dans cette journée à l'ardeur d'un soleil brûlant, à travers des sables mouvans et des nuées de maringouins. En débarquant, quatre grenadiers me conduisent à la geôle; le concierge me connoissoit, sans m'avoir jamais vu. Il aide à mes guides à décliner mon nom.... «C'est Pitou de Kourou, il m'est recommandé depuis trois jours... L'agent m'a dit de l'enfermer dans un cachot nègre, les fers aux pieds et aux mains; je n'en ferai rien,» me dit-il tout bas. Quand les grenadiers furent partis, il fit nétoyer une chambre au milieu de la galerie et me fit coucher sur des planches, en me disant: *C'est tout ce que je puis faire sans me compromettre.*

Le lendemain, à onze heures, un gendarme et quatre grenadiers viennent me chercher pour aller chez l'agent. J'étois obsédé de fatigues. Une foule de monde de toute couleur et de toute espèce me fixoit jusqu'au fond de l'âme.

On m'introduisit ainsi, comme un grand coupable, dans la chambre du conseil de l'agent. Robert, toute la justice, toute la police et tout l'état-major de Burnel se promenoient en l'attendant. Je m'arrête au milieu de la salle, les yeux fixés sur une espèce d'homme ou de cyclope; c'étoit Malenfant qui me faisoit signe de le suivre dans une chambre voisine; je reste immobile en souriant; l'adjudant de Burnel, *Morsy*, chapeau bas, se tenant éloigné du cercle, fait signe aux grenadiers de se mettre en sentinelle aux portes, pour préparer les voies à l'agent qui vient en grand costume, me toise, me demande mon nom.—Tirant ma lettre de sa poche: «Reconnoissez-vous cette lettre?—Ouvrez-la.—Oui... c'est ma signature, je ne l'ai jamais niée.—Je vous sais gré de votre franchise.—La franchise et la probité doivent être si communes qu'on n'en doit savoir gré à personne. Cette lettre fut dictée par un juste désespoir. Depuis six mois, vous vous étudiez à nous torturer; vous menacez tout le monde de la mort; je n'ai qu'une grâce à vous demander, c'est de m'accorder cette mort, je ne vous maudirai plus, et cette lettre aura produit l'effet que je désire.—Quel courage! Je ne vous connoissois pas, et vous, me connoissiez-vous?—Je ne vous ai jamais vu, mais j'ai des griefs personnels contre vous.—Vous allez me les dire?—Avec plaisir et vérité...... Quand vous arrivâtes ici le 15 brumaire an 7, votre premier mot fut le bonheur de la colonie; tout le monde vous bénissoit: je vous adressai une pétition pour obtenir les vivres à Synnamary ou à Kourou, à la case Saint-Jean où nous étions trois malheureux valétudinaires, sans plantations, sans vivres, sans argent, sans linge et sans cultivateurs.

»Le plus fort des trois pouvoit à peine donner à boire aux autres; l'hôpital nous étoit interdit, comme il nous l'est encore; nous n'avions plus rien à vendre; nous n'avions point de cassave. Le seul habitant que nous connussions en avoit déjà pris deux d'entre nous à sa charge. Le maire de Makouria, qui en avoit réchappé un autre de la mort, m'engagea de vous adresser une pétition; je la lui remis, il vous la présenta, vous mîtes au bas *néant à la requête*..... Nous fûmes obligés, pour vivre, de nous jeter aux genoux des habitans, dont les plus voisins sont à deux et trois lieues..... Si nous étions prisonniers en France, nous serions nourris, et nous sommes à quinze cents lieues de nos familles, ensevelis dans un désert, confiés à un préposé du directoire, qui nous refuse les vivres..... Qu'il me soit permis de vous rappeler votre proclamation du 4 floréal; après avoir fait planer la terreur sur la tête de tout le monde et sur-tout sur la nôtre, vous rendez les colons, qui ont retiré quelques-uns de nous, responsables de nos gestes; par votre arrêté du 8 vendémiaire an 8, vous reprochez aux habitans d'avoir fait des faux pour retirer des déportés, et si les déportés osent sortir de ces habitations d'où vous les chassez par ces mots, vous leur interdisez Synnamary et vous les menacez de les fusiller; vos agens en font autant à ceux qui sont échappés de Konanama; de tous côtés, nous ne voyons que le désespoir et la mort.... C'est le sujet de la lettre que vous me présentez.... Je m'étonne d'ailleurs de voir cette lettre en vos mains; si vous n'aviez pas violé le secret des postes, elle devroit vous être inconnue; vous pouvez m'assassiner, mais non me juger sur une pareille pièce. Quand vous écrivez à vos amis tout ce que vous n'avouez pas en public, si la lettre tombe en d'autres mains, elle est réputée non-avenue; c'est le secret de la pensée. Le directoire qui vous a délégué, a prononcé sur ce fait. Prodon avoit écrit contre Barras, avant le dix-huit fructidor; la lettre fut saisie et l'accusé mis en jugement. Le tribunal prononça *qu'il n'y avoit pas lieu.* Prodon a été déporté, non comme écrivain contre le gouvernement, mais comme agent perturbateur.»

Burnel ouvrit ma lettre, harangua les grenadiers contre moi, tira le code pénal de sa poche et la loi du 23 germinal contre les abus de la presse, me la relut et termina par ces mots: «Je ne me souviens point de votre pétition, mais en tout cas j'ai eu tort de n'y pas faire droit...... Le commissaire national vous a expliqué ma volonté; la justice me vengera de votre scélératesse, et votre sort terrible apprendra à vos confrères à ne jamais parler de moi ni en bien ni en mal.—*Mon sort apprendra!* vous le préjugez donc, citoyen agent; dans ce cas, je suis jugé d'avance.—Vous pouvez choisir un défenseur officieux.—Je me défendrai moi-même.» À ces mots il s'éloigna, et je fus reconduit au cachot. Le complaisant Robert me suivit de près pour dire au geôlier, de la part de Burnel, de me mettre les fers aux pieds et aux mains. Le geôlier n'en fit pourtant rien; il me tint seulement au secret.

Ma chambre confinoit à celle des matelots du Danois que montoit la famille de Burnel. Il n'avoit plié que pour ressaisir son autorité et ses richesses mal acquises. L'insurrection étoit amortie, et le Danois alloit mettre à la voile pour fréter cette famille aux abois. Malenfant, Magnier et sa femme alloient partir aussi. L'agent déclara qu'il ne s'occuperoit de la colonie qu'après le départ du Danois. Pendant dix jours, le départ de madame Burnel fut la grande affaire d'état.

Le 1er brumaire, un cultivateur du citoyen Bremont, nommé Gourgue-Barnabé, étoit arrivé à la geôle pour être conduit de là à la maison de correction de la Franchise. Ce nègre sachant que l'agent pouvoit casser le mandat du juge de paix, profita d'un peu de liberté que lui donna le chef des forçats, pour aller demander sa grâce. Il étoit mis en couvreur; il entre sans difficulté, les sentinelles le prenant pour un ouvrier de la maison; il demande l'agent à un de ses domestiques, qui lui montre son cabinet. Burnel étoit seul, et très-occupé à compter des piastres qu'il tiroit d'un grand pagara pour les jeter dans un matelas de coton.—Bonjour, citoyen l'*argent*.—Bonjour, bonjour; *quarante-cinq*, *quarante-six*.—Citoyen l'*argent*.—Qui êtes-vous, mon ami? qui êtes-vous? TROIS CENT QUARANTE-CINQ, SIX, SOIXANTE; *vous êtes marron*, mon ami, vous êtes *marron*; vous vous êtes sauvé de chez votre maître.—Non, citoyen l'*argent*;—QUATRE-VINGT-DIX.... SEPT CENTS...... ET QUINZE...... SEPT ET QUINZE.... VINGT-DEUX..... *Que me voulez-vous, mon ami, que me voulez-vous? Allez, allez, j'arrangerai votre affaire..... Revenez dans quatre jours, madame Burnel sera partie....*—Mais je serai à la Franchise..... Le commandant de place arrive; le salut de la sentinelle réveille Burnel; il s'élance de son cabinet, le ferme et se promène dans la chambre du conseil avec le commandant; le nègre attendoit sa décision dans une encoignure de la salle. Burnel le congédia en lui disant de revenir dans cinq jours. Le pagara pouvoit contenir 35 à 40,000 liv. La renommée a publié que madame Burnel emporta quelques animaux empaillés, parmi lesquels étoit un chat tigre, rembourré de quadruples. C'est un conte; car on doit la vérité à ses amis comme à ses ennemis.

Le 26 octobre, 4 brumaire au soir, madame Burnel et sa suite mirent à la voile avec tant de précipitation, que le capitaine oublia ses passe-ports sur le bureau de l'agent. On eut toutes les peines du monde à les rejoindre; et du fond de mon cachot, je me suis réjoui un moment, dans l'espoir que la fortune du pirate passeroit à d'autres corsaires. Je restai au cachot, couché sur les planches, jusqu'au 9 brumaire..... J'étois malade, Burnel m'envoya à la Franchise, et pour me rétablir, me condamna à travailler au dessèchement des marais de cette habitation, acquise à la république par l'émigration forcée du propriétaire. La Franchise est à neuf milles de la ville de Cayenne, et à deux milles hors de l'enceinte de l'île, au bord de la rivière de Roura. Cet établissement a été inventé par Collot-d'Herbois. Les nègres condamnés aux fers ou à la police correctionnelle, y sont envoyés pour un tems plus ou moins long; ils reçoivent quatre-vingts coups de fouet le premier jour de leur arrivée, et soixante le jour de leur sortie. Leur travail est de 120 toises de long sur une de large, à nétoyer dans les vases. Ce terrain vaste et extrêmement fertile, est dans un bas-fond sous l'eau, entouré de digues très-bien entretenues; l'air qu'on y respire est méphitique, et les nègres libres attachés à cette culture, sont presque tous attaqués de l'épian, branche de peste communicative qui ne guérit qu'au bout de trois ans, et toujours après avoir rongé quelques extrémités des pieds ou des mains.

Le régisseur m'exhiba l'ordre de me faire travailler, en me conduisant dans une cabane infecte, où soixante nègres dansoient et dormoient tour-à-tour auprès d'un grand feu. L'aspect de ces figures bronzées qui s'avancèrent toutes à ma rencontre, l'horreur et la saleté de ce réduit me firent songer à l'enfer; je ne savois si je devois m'asseoir ou rester immobile, parler ou pleurer..... Au bout de quelque tems, il me survint un ulcère à la jambe, qui ne me donna point de repos pendant dix jours; je crus que c'étoit le pian: une négresse incisa la tumeur, et j'en fus quitte pour la peur et pour des souffrances inexprimables.

Le soir, quand le mal me donnoit quelque répit, je m'amusois à écouter les nègres causant entr'eux sans contrainte. Quand ils avoient fait leur cuisine, ils inventoient des contes en soupant à la lueur d'une fumée rougeâtre. Leur nourriture est *une panade* de bananes à moitié mûres, dépouillées, réduites en pâte et cuites avec une ou deux onces de lamantin ou de mauvais bœuf portugais. Les héros de la *Bibliothèque bleue* de ce pays sont les blancs, les oiseaux, les soldats, les plantes; les auditeurs et les orateurs sont en même tems acteurs pour imiter le chant ou le cri des animaux, le pétillement de la flamme et tout le mouvement des personnages ou des accessoires du conte; tantôt ils forment des chœurs de danse ou de chant, des courses ou des chasses. La comédie et le grand opéra sont naturels à ces sauvages, tout est mis en action chez eux. Quand je comparois ce théâtre avec celui de Scaurus à Rome, des jeux olympiques à Athènes, avec l'Odéon et le Muséum de la Grèce et d'Alexandrie, je me disois: S'il existe une grande différence, ce n'est pas pour le plaisir; les sybarites mettoient l'univers à contribution pour se réjouir, leur plaisir étoit peut-être moins vif sur des roses, que la jouissance de ceux-ci sur leurs morceaux de planches; que de degrés de jouissance pour ces derniers se raffinant jusqu'aux autres qui n'ont plus qu'à mourir de satiété! Le malheur et la pauvreté sont des sources de bonheur pour celui qui se contente de peu de chose; l'innocence loge parfois le plaisir sur les épines et cache le dégoût sous les plis des roses.

J'étois réduit à la plus affreuse misère et je ne voulois rien demander à personne, car l'homme compatissant devenoit alors le complice de l'accusé. Au moment où je me désolois, MM. Barbé-Marbois et Laffond-Ladebat, spécialement proscrits par Burnel, m'envoyèrent de l'argent. Le premier eut le courage d'écrire à l'officier du poste de la Franchise, qui étoit une créature de Burnel, pour lui demander un reçu de la somme qu'il me faisoit passer; je le donnai moi-même.

Pendant que je gémissois dans cet antre lugubre, la mort sonnoit la dernière heure de mon bon vieux Bélisaire, Colin: depuis deux mois il ne sortoit plus de son lit; la misère, l'épuisement, les chagrins de famille, l'avoient anéanti; il conserva jusqu'au dernier moment son sang froid et sa gaité; il expira le 18 brumaire, 9 novembre, fut inhumé à côté de Préfontaine, sur les décombres de l'hôpital fait pour la colonie de 1763; il avoit 63 ans, il est allé rejoindre ces victimes dont il avoit recueilli les extraits mortuaires..... Ô mon cher Colin, je n'ai pas reçu ta bénédiction patriarcale, mais je t'ai donné des pleurs du fond de ma retraite; tant que je demeurerai sur cette plage, je parlerai de toi à ta famille!... J'irai verser sur ta tombe des larmes d'amour et de reconnoissance; si je touche le sol qui m'a vu naître, mes amis parleront de toi... Je les comparerai à toi; j'espère en retrouver en France quelques-uns qui te ressembleront. La mort t'a épargné cette fois les alarmes de la nouvelle conspiration. Le départ de la famille de l'agent l'avoit fait tomber en syncope *de chagrin*, disoient ses amis; de joie, disoient ses ennemis, *d'avoir sauvé le reste de ses concussions*. Il se réveilla le 19 brumaire, pour achever sa dernière conspiration: pour cette fois il jeta le gant; ses gendarmes, aidés des noirs, s'emparèrent des pièces de canon pendant qu'il amusoit les soldats blancs aux casernes. La guerre civile fut complétement organisée à Cayenne; Burnel étoit à la tête des conjurés; la troupe courut aux armes, sauva sa vie, celle des habitans et des déportés, consigna l'agent dans sa maison, le suspendit, fixa le jour de son départ, arrêta ses satellites, dont quelques-uns furent fusillés. Il avoit tellement vidé les caisses et épuisé le magasin qu'il n'y restoit ni vivres, ni vêtemens; l'hôpital manquoit de tout, la troupe étoit sans pain, les habitans firent des sacrifices. Burnel, en mettant le pied dans le canot, eut l'impudeur de dire qu'il laissoit la colonie florissante à des royalistes, qui ne le déportoient que pour la livrer aux Anglais. Nous apprendrons dans peu que le même soleil, le même jour et à la même heure, éclairoit le 19 brumaire[12] à Paris, à la Guadeloupe et à Cayenne, et que le directoire étoit renversé en même tems que ses agens. Burnel fut relégué dans le port après avoir remis ses pouvoirs à M. Franconie, vieillard respectable, plus riche en vertus qu'en talens. Burnel, du milieu de la rade, essaya encore de revenir à terre: son plan n'étoit ni si atroce ni si fou que le disent ses apologistes pour le rendre incroyable; il n'auroit pas égorgé tous les blancs, mais il les auroit tous comprimés, volés ou déportés; il auroit donné autant de prépondérance aux gens de couleur qu'aux colons; les premiers, enivrés de ces priviléges, l'auroient exempté de rendre ses comptes et fermé la bouche aux autres; il auroit pu rester ou partir avec ses dépouilles, enrichi des plus beaux certificats d'une sage, économe et bienveillante administration; il avoit encore l'espoir de faire une riche moisson dans les ports de Surinam où il auroit envoyé par terre en remontant le Maroni, des bandes de propagateurs de la loi du 16 pluviose. La pénurie où il laissoit Cayenne engageoit les noirs desœuvrés à faire ce fatal présent aux Hollandais, s'ils réussissoient dans cette entreprise, le directoire, qui comme beaucoup de Français n'a jamais eu une juste idée du désastre occasionné par la liberté des noirs, auroit voté des remercîmens à Burnel pour cette acquisition, comme on en devroit à Erostrate pour les cendres du temple d'Éphèse.

En France, il basa sa justification sur la prétendue reddition de Cayenne aux Anglais, car son successeur Hu.... envoya à la découverte, en arrivant, pour savoir si Burnel n'en avoit pas imposé. Son départ me fit sortir de la Franchise et me donna la liberté de faire un second voyage chez les Indiens, et d'y voir les antropophages ou mangeurs d'hommes.

De l'antiquité de la découverte de l'Amérique, par rapport à l'histoire et à la religion.

L'histoire qui nous fait marcher dans les ténèbres et durant les premiers âges du monde, et même beaucoup de siècles après le déluge, garde un profond silence sur le Nouveau-Monde. Ce n'est que plus de quatre mille ans après le déluge que le hasard nous fait soupçonner qu'il doit exister une autre terre, que nous trouvons enfin dans le quinzième siècle de l'ère chrétienne, c'est-à-dire, l'an du monde cinq mille huit cent et tant; mais, disent les déistes aux théologiens, si J. C. est venu racheter tous les hommes et substituer la loi nouvelle à l'ancienne, il n'est donc pas venu pour les Américains; ou bien étant plus parfaits que nous et nés d'un autre père, ils n'avoient pas besoin des grâces du Rédempteur; mais alors le livre de la Genèse est un conte, et l'Évangile, qui fait suite, en est un autre; retranchez-vous donc à dire que le médiateur du monde est venu pour ceux-ci comme pour nous, et que nous avons un même père; mais comment le Dieu qui a fait tant de miracles pour tant d'ingrats, dans les trois continens, a-t-il été sourd aux désirs de ces malheureux qu'il a abandonnés à leurs penchans, sans leur faire luire ni aucun rayon de sa grâce, ni aucune communication avec les peuples qu'il avoit formés à son culte? Tel est, en substance, l'argument de presque tous les écrivains qui ont parlé de l'Amérique. D'après les massacres des Péruviens, un inquisiteur diroit qu'ils ont été trop heureux d'obtenir le baptême par l'effusion de leur sang. Cette réponse, peu satisfaisante aux yeux de la religion et odieuse à la raison, ne fut jamais celle du Christ, qui n'exige de l'homme que l'observance de la loi naturelle, dégagée des entraves théologiques de l'école. Des théologiens, en réfutant les athées et les déistes, sont tombés dans un excès de rigorisme presque aussi pernicieux que les détracteurs de la morale et des mœurs. Si *Helvétius*, *Diderot*, *Voltaire* et *Rousseau* recommençoient aujourd'hui leur carrière, ils se plaindroient de n'avoir point été entendus, se trouveroient d'accord avec les principes de la théologie et de la raison, et même avec ceux contre qui ils ont tant écrit, car la vérité est la même pour tous les hommes, dans tous les siècles; tous la voient d'un même œil, mais tous lui donnent, suivant leurs intérêts, le profil des circonstances. De l'abus d'un principe, ils en attaquent la source, moins pour être crus que pour être admirés. Aujourd'hui, par exemple, les écrivains incrédules ne font plus fortune, parce que les novateurs s'étant mis au-dessus de tous les principes de religion et de morale, ont mieux prouvé au peuple par leur conduite débordée, que les savans par cent mille volumes en faveur de la religion et de la morale, que le maintien de ces deux bras de la Divinité est aussi nécessaire au monde que les élémens qui le conservent. Tant que les prêtres et les rois ont eu trop de pouvoir, le désir de fronder les abus nous a fait sauter à pieds joints sur les principes; mais le malheur qui est la suite de leur renversement, nous fait presque retomber dans un excès contraire. Un philosophe dit quelque part, que toujours le monde est ivre; tantôt il chancelle à droite, tantôt à gauche; s'il n'avoit pas de mur pour s'appuyer en route, il s'égareroit et tomberoit dans un abyme sans fond; fidèle tableau de tous les siècles, et sur-tout des deux derniers, où les théologiens et les inquisiteurs, d'un côté, les matérialistes et les athées de l'autre, ont, chacun dans leur sens, tenaillé la religion et la vérité. Du milieu des bûchers de Goa, et des *auto-da-fé* d'Espagne, l'Évangile, comme la salamandre, renaissoit de ses cendres, pour être lacéré par les usurpateurs français de 1798, et gravé en 1799 dans tous les cœurs incrédules que le malheur et la persécution ont rendus ses prosélytes. L'histoire et la vérité se tamisent donc au *manaret* du tems. En 1792, toutes les Françaises dévoroient les écrits en faveur du divorce; en 1797, elles abhorroient cette loi. Voltaire, Rousseau, Raynal, d'Alembert, Diderot, Montesquieu, sont admirés pour leur esprit; *Bayle*, *Helvétius*, *Spinosa*, *Boulanger*, *Freret*, pour leurs talens, improuvés pour leur partialité, et souvent pour leurs principes; *Rollin*, *Crevier*, *Lebeau*, *Vély*, *Daniel*, *le Laboureur*, *Prideaux*, *Fleury*, pour leurs lumières, leurs principes, leurs talens et leur amour pour la vérité. Un demi-siècle et un revers de fortune dans les royaumes, ont à moitié défeuillé la couronne des premiers; les horreurs de l'inquisition, les tyrannies des rois, le mécontentement des peuples, la prodigalité des nobles, la servitude des artisans, n'ont rien ôté du mérite des seconds; enfin, après tous les fléaux qui ont pesé sur la tête du peuple, ce même peuple, entraîné d'abord, comme l'ivrogne, du côté de ces Sirènes, se dégoûte brusquement de leurs chants pour soupirer, direz-vous après son malheur?... non, certes, c'est après les principes. C'est donc entre le fanatisme révolutionnaire et religieux que l'histoire marche d'un pas ferme, non point sur une route étroite, comme on le dit; mais sur le grand chemin de la vérité et de l'honneur, qui ne sont point relégués dans une *île sans bord*, mais en rase campagne, à la vue de tous ceux qui veulent avoir les yeux de la bonne foi.

Si le tems me permet de mettre la dernière main à cette partie de mon ouvrage, je consulterai, avec un égal intérêt, les écrits pour et contre. La vérité est partout la même, mais les réflexions opposées des auteurs détournent souvent l'attention du lecteur. D'un côté, les matérialistes voudront prouver l'éternité de l'univers, et réfuter le système de la Genèse sur la création d'un seul père de tous les hommes; ils prétendront, comme Voltaire dans l'histoire du Czar, nous démontrer cette vérité par les restes que les arts ont laissés dans les pays qu'ils prétendent avoir été abandonnés à des époques qui nous sont inconnues. Quand je trouverois ici des manuscrits en langue française ou grecque, comme l'auteur de l'histoire du Czar rapporte dans sa description de la Russie, que dans la terre des Ostiaks et des Calmouks, il s'est trouvé des morceaux d'ivoire fossile, des feuilles d'arbres qui ne croissent que dans les pays chauds, et des écrits de tems très-reculés en langue du Thibet, conclurai-je comme lui que ces trésors dans une terre sauvage prouvent que les arts font continuellement le tour du monde, et qu'ils enterrent ces preuves de leur éternité? Le lecteur à qui je dirois que les Américains ne sont pas fils d'Adam, parce qu'ils sont séparés des trois parties du monde, me demanderoit si je connois mon alphabet; mais si je concluois, après avoir vu le palais des Inkas et les huttes des sauvages de l'intérieur, que les arts font le tour de l'Amérique, et qu'elle est éternelle, on me riroit au nez. Je ne serois pas plus excusable aux yeux des hommes justes, si j'approuvois le massacre des Indiens, parce qu'ils ne vouloient pas être catholiques. L'Évangile est la semence de la persuasion, et la vérité, le dépouillement des passions.

L'Amérique a été soupçonnée par Platon, qui parle d'une terre australe confinant aux trois autres parties du monde. L'auteur se trompe sur le mot, car l'Amérique aujourd'hui, comme nous l'avons vu, ne touche plus aux autres parties du monde par le pôle antarctique, mais seulement par le pôle arctique. Il est vrai que nos navigateurs modernes n'ont pas encore retrouvé cette route, mais l'histoire de cette Mexicaine qui alla à Pekin par terre, sans doute par le détroit glacé de Bechring, en seroit une preuve non-équivoque, si les missionnaires étoient moins suspects aux historiens. Quelques-uns prennent ce récit pour un conte vraisemblable, dicté par ceux qui ont voulu répondre aux objections des philosophes contre le texte de la Genèse, et l'application des souffrances de J. C. et du baptême à tous les hommes. Tous sont pourtant d'accord de la possibilité de ce passage. Pour s'en convaincre, il ne faut que lire l'histoire du Groënland, où nos navigateurs ont trouvé des hommes, contre leur attente. Si l'homme peut vivre sous la ligne, il peut s'avancer de même jusqu'à l'extrémité des pôles. Quand ce trajet seroit impossible, l'histoire nous indique d'autres routes pour aller en Amérique, car elle étoit bien peuplée quand nous la trouvâmes. Voyons par qui.

Des Indiens ou naturels d'Amérique.

Les peuples dont nous allons parler, sont nommés *Indiens naturels du pays*, parce qu'ils habitoient paisiblement l'Amérique à l'époque où nous l'avons retrouvée. D'où sont-ils venus? comment s'y sont-ils introduits? depuis quel tems ont-ils fait cette découverte? Des philosophes modernes, pour prouver l'éternité du monde et réfuter le système de la Genèse, disent qu'un autre Adam a été créé, et que le monde est beaucoup plus ancien que nous ne croyons: les matérialistes en induisent l'éternité de la matière; enfin, cette trouvaille occupe encore tous les hommes à systèmes. Ce champ étant aussi vaste que les déserts de la Guyane, a été retourné et par les historiens et par les missionnaires, sans leur avoir donné rien de positif; les uns et les autres entrent dans des dissertations à perte de vue. Le désir d'étouffer la religion a fait grossir les objets sous la plume de quelques voyageurs; l'ardeur de la défendre a quelquefois fait conter des fables aux missionnaires. Nous nous contenterons d'analyser ce que les auteurs de la Guyane ont écrit sur les Indiens, en ne choisissant que les traits qui donnent quelques connoissances de la manière de vivre de ces peuples.

MM. Legrand et Duhamel, dans l'introduction de leur voyage manuscrit, en recherchant l'origine de la population de l'Amérique, la placent à l'an du monde 3388 avant J. C. (616).

La mer Méditerranée ayant été pendant long-tems le centre commun du commerce et des arts de l'ancien continent, les peuples entassés sur ses bords, sont tous devenus ou armateurs ou conquérans, et souvent l'un et l'autre; le désir de faire fortune leur a tenu lieu de boussole, et on s'étonne encore aujourd'hui de la hardiesse de leurs tentatives. On lit dans Hérodote, liv. 1. chap. CLVIII:

Dynasties des rois d'Égypte, règne de Néchao.

«Ce prince entreprit de joindre le Nil avec la mer Rouge, mais il ne réussit pas à ce travail, dans lequel il vit périr six-vingt mille hommes. Il fut plus heureux dans une entreprise d'un autre genre. D'habiles mariniers de Phénicie, qui étoient à son service, partirent de la mer Rouge avec ordre de reconnoître toutes les côtes d'Afrique; ils en firent le tour, et retournèrent en Égypte par la Méditerranée, après avoir heureusement passé le cap de Bonne-Espérance et le détroit de Gibraltar (autrefois d'Hercule), qui est la clef de ces deux mers, entre l'Espagne et l'Afrique.»

Qui croiroit que cette entreprise, l'une des plus hardies dont parle l'histoire, et la première boussole de la navigation, soit restée dans l'oubli pendant plus de vingt siècles? Ce n'est qu'en 1497, trois ans après le voyage de Christophe Colomb en Amérique, que Vasquez de Gama, portugais, retrouva cette même route, pour aller aux Grandes-Indes par le cap de *Bonne-Espérance* ou des *Tempêtes.*

Le laconisme de l'histoire ancienne, disent-ils, nous donne par-là quelques indices, pour dater l'époque de la population de l'Amérique. Les Phéniciens, originaires des Juifs, des Égyptiens et des Assyriens, habitoient la rive orientale de la Méditerranée. Tyr la fameuse, Carthage et Utique en Afrique, étoient des colonies phéniciennes, qui toutes réunissoient leurs lumières et leur industrie pour le commerce des mers. Les Hollandais, et les Portugais leurs imitateurs, n'ont fait que retrouver les premières découvertes et les routes que ces premiers navigateurs leur avoient tracées. Ainsi, les Phéniciens ayant eu la clef de la Méditerranée, de l'Océan du nord, du sud et de la mer des Indes, ont commencé à quitter un peu les côtes; quand ils ont eu gagné le large, les alizés soufflant de l'est-est quart de nord, les ont fait aborder sans malheur sur les côtes du Brésil et du Paraguay. Ceux qui sont partis de la Méditerranée, des ports d'Utique et de Carthage, pour voguer dans l'Océan du sud, ont remonté jusqu'à l'Amazone, d'où les courans ont dû les porter aux îles Antilles, près du golfe du Mexique. Ils ont trouvé, en côtoyant, la Jamaïque, la Floride et la Louisiane. Comme ils n'avoient point de boussole, et que les vents du pays sont long-tems invariables, ils s'y sont confinés d'abord forcément. Ainsi, du côté des Européens, le Portugal, l'Espagne, l'Angleterre ont peuplé, sans le savoir, les îles et la terre ferme de l'Amérique Septentrionale; de là vient la confusion des langues et la nouvelle Babel. Aussi, chaque canton de l'Amérique avoit-il une langue différente; chaque nouveau débarqué devenant chef d'une peuplade, parloit son jargon, que le voisin n'étoit pas curieux d'apprendre. L'usage de ces peuples étant de vivre isolément chacun par famille, ils ne cultivoient les sciences que pour leur usage, qui se bornoit à bien peu de chose. L'écriture ne leur étoit pas connue, ou plutôt ils en avoient perdu l'usage, et dans l'ancien Continent, elle n'étoit pas le secret du peuple; au reste, disent les auteurs que j'extrais, les Américains y suppléoient par la mémoire: aujourd'hui même ils se transmettent de père en fils les histoires les plus reculées de leur origine. Quoiqu'ils ne comptent que par lunes, et qu'aucun d'eux ne sache son âge, ils confondent si peu l'histoire des tems reculés, que, toute défigurée qu'elle est pour nous par les lacunes, on y démêle encore facilement leur origine.

Quelques sauvages de l'intérieur des terres, connus sous le nom *d'Indiens à longues oreilles*, parce qu'ils percent leurs oreilles en naissant, les tirent et les font descendre jusqu'à l'extrémité de leurs abajoues, croyant sans doute remplacer par ces oreilles naturelles les pendans des anciens Perses et les longues breloques des Babyloniennes et des modernes Européennes, furent pris et amenés dans ces derniers tems dans une des missions ou paroisses d'Oyapok. Leur langage étoit absolument inconnu aux autres Indiens plus voisins de la côte. Après quelque tems ils parvinrent à se faire entendre. Le *baba*, ou curé de la paroisse, en ayant attiré quelques-uns chez lui, leur demanda d'où ils sortoient, quel âge ils avoient, ce qu'ils savoient, s'ils croyoient en Dieu, pourquoi ils mangeoient leurs semblables. Je voudrois pouvoir rendre leurs réponses dans leur jargon, qui a une grâce naturelle dans l'accent, plus sensible pour les femmes dont le goût est épuré par la finesse de leurs organes. C'est un mélange de la douceur des langues asiatiques, et de la rudesse des hommes abrutis par la solitude, l'épaisseur des bois et le silence éternel de la nature dans des climats inhabités. Les oiseaux, quoique solitaires en apparence, semblent rechercher de loin la société de l'homme. Ici ils ne roucoulent que rarement; les rois du chant, le rossignol, la fauvette, le chardonneret n'ayant point eu d'auditeurs, n'y font point entendre leur mélodie. Les oiseaux sauvages qui les remplacent sont nuancés de plumes de toutes couleurs et armés d'un bec très-long et très-fort, dont ils se servent tous pour tirer les yeux à l'homme qui veut les prendre. Les quadrupèdes, qui sont les tigres, les moutons paresseux, les tapirs, les singes rouges et noirs, plus hideux que tous ceux de l'Europe, font retentir l'air, pendant la nuit, de rugissemens ou de sons rauques et lugubres, qui inspirent la barbarie et l'anéantissement de la nature: c'est à cette école que ces sauvages ont formé leurs langages et leurs mœurs; d'après cela faut-il s'étonner de la rusticité de leurs habitudes? Mais comme l'Africain ne dépose jamais toute sa couleur noire dans le sang où il se mêle, de même l'homme devient métis au moral comme au physique. Ces sauvages conservent encore une teinture de leur origine et ornent leur langage de beautés primordiales, aussi âpres que le pays qui les produit.

«Nous sommes les enfans d'un père bon et juste qui nous a donné un arc, des flèches, un *boutou*; il nous a appris aussi à creuser un arbre pour le confier à l'eau; il a disparu depuis bien des lunes. Il commença à s'endormir après avoir beaucoup hélé (crié) pour une blessure qu'il avoit reçue à la jambe droite, dans une bataille que nous eûmes avec les Arouas; nous songeâmes enfin à le cacher dans la terre, en le baignant de larmes. Avant de dormir, il nous appela tous auprès de son hamac. Nous étions quatre frères; celui qui comptoit le plus de lunes après notre père est mort de douleur; il joignoit les mains vers la montagne où nous allions demander une bonne chasse au *Tamouzy*; il nous ordonna d'en faire autant et d'apprendre à tous nos enfans tout ce qu'il nous avoit raconté de l'*Hyrouka*, du *Tamouzy* et des hommes bien loin, bien loin du côté du soleil levant, d'où son grand-père lui avoit dit que ses aïeux étoient venus depuis un nombre de lunes plus grand que toutes les flèches que nous avons décochées aux *Ytauranés*, aux *Galibis* et aux *Arouas*. Il nous parla aussi de l'arrivée de blancs bien méchans, qui étoient entortillés, de la tête aux pieds, de grands hamacs couleur de *nécrou* (c'est-à-dire noirs, couleur du diable des Indiens), par-dessus lesquels étoit une côte ou *couillou*, couleur de tamouzy (c'est-à-dire blanc). Ces Européens sont venus bien des lunes.... bien des lunes après les autres, nous a dit notre père; ils vouloient nous faire renoncer au *Tamouzy*, au grand *Lama*, au terrible *Hyrouca* dont le souffle déracine les arbres, les montagnes, et fait dormir plus d'Indiens dans un jour qu'il n'y a de feuilles sur ces monbins. Ces blancs entortillés *d'hyrouca* et de *tamouzy*, annonçoient un autre *Lama* qui venoit, disoient-ils, renverser le nôtre. Les grands *babas* de notre père se sont battus avec eux; ces blancs qui avoient été reçus comme des envoyés du Tamouzy, *rougirent* plusieurs Indiens et forcèrent les autres à se réfugier dans les montagnes et dans les forêts, d'où nous avons été tirés par ces *galibis* avec qui nous étions en guerre.»

Cette narration dont j'analyse la teneur pour la rendre supportable dans notre langue, prouve que les Indiens conservent le souvenir de leur première origine, et qu'ils ne la confondent point avec l'arrivée des Espagnols et de leurs missionnaires dominicains ou jacobins, entortillés de hamacs noirs ou de soutanes et de *tamouzis*, c'est-à-dire, de surplis. La simplicité des dates, la richesse des comparaisons, la sublimité des pensées, la fidélité de la tradition prouvent, comme je l'ai dit plus haut, que les Indiens cultivent les sciences, mais seulement pour leur propre usage; qu'ils n'ont oublié ni les loix, ni le culte de leurs premiers pères; qu'ils y sont fidèles sans avoir besoin de calendrier pour marquer les jours de fêtes, ni de temples pour se réunir à la prière.

D'où leur vient ce précepte de tradition orale de père en fils, qui supplée à l'écriture? L'ont-ils puisé dans les pays où ils se mangent les uns les autres, ou dans les premières loix qu'ils ont reçues avant l'invasion des Européens? Il n'y a personne qui ne soit de ce dernier avis; ils n'ont donc retenu que les principes de leur culte et de leurs mœurs; si on les trouve altérés, l'âpreté du sol en est cause; mais en remontant à la source, on puise ces mêmes préceptes de tradition orale dans les loix des premiers législateurs de la Grèce et de l'Asie. Mes guides ajoutent sur les Indiens, que dans le tems de leurs divertissemens, les vieux se couchent dans leurs hamacs pour *karbeter*, ou raconter l'histoire de leurs ancêtres *au petit monde*, c'est-à-dire aux enfans qui les servent comme leurs rois.

Une grande partie des Indiens n'érige ni statues, ni temples, ni autels à ses dieux; du haut des montagnes qu'ils gravissent avant le point du jour, ils se prosternent du côté de l'orient pour invoquer le Tamouzy dans les premiers rayons de l'astre qui féconde la nature; ils se tournent ensuite à l'occident pour prier l'Hyrouca ou le diable avec une ferveur particulière; on les croiroit Manichéens: point du tout, disent les missionnaires; nous leur avons entendu dire plusieurs fois: *Nous n'adorons pas l'Hyrouca de bon cœur, mais nous le prions parce qu'il est puissant et méchant.*

Les Indiens sont très-adonnés à la magie et à la superstition; leurs sorciers sont de savans botanistes qui ne font rien que pour des présens. Ces sorciers, prêtres et docteurs de la loi, sont le fléau ou la consolation de ces pauvres gens. Les Indiens sont hospitaliers, jaloux, passionnés pour les boissons enivrantes, furieux dans l'ivresse; ils ont l'intempérance des Perses et la sobriété des Spartiates; ils sont brutes dans certaines connoissances qui nous sont familières, pénétrans dans les découvertes sublimes, comme dans leur briquet, dans leur poterie, dans la manière de se médicamenter. Ce mélange de science et d'abrutissement fait présumer aux écrivains que j'analyse, que l'Amérique a été policée autrefois, et que des révolutions ont dispersé les habitans, qui se sont enfoncés dans les déserts, et ont été replongés dans l'abrutissement; ils appuient ces assertions des notes suivantes.

Platon, dans son *Timée*, prétend qu'un vaste continent nommé Atlantide, plus grand que l'Asie et l'Afrique, fut submergé par un horrible tremblement de terre et une pluie extraordinaire qui dura un jour et une nuit. Le sol d'Amérique ne présente partout que des laves. Raynal convient qu'en 1663, *Lima* qui étoit pavé en argent fut englouti, que les tremblemens de terre y sont aussi fréquens et beaucoup plus terribles que dans la Calabre. M. de la Condamine qui a visité les Cordillères, a trouvé des glaces sur des monceaux de cendres, des terres brûlées. Les montagnes de l'intérieur offrent partout des pierres noires et fondues; en 1766 le tremblement de terre dont le foyer étoit sous le Cap-Français, se fit sentir à la même heure à Lima, au Chili et dans la Guyane, c'est-à-dire à plus de deux mille lieues de distance.

Le sentiment d'un volcan général allumé par la torche du tems et éteint par les siècles, ne détruit point le système de la *Genèse*, et ce témoignage est précieux dans la bouche de l'auteur de *l'Histoire des deux Indes.*

Platon parle encore des rois qui y commandoient, de leurs pouvoirs et de leurs conquêtes. Crantor, qui le premier a interprété Platon, assure que cette histoire est véritable. Je sais que le rigoriste Tertullien l'a combattu parce que J. C. étant venu sauver tous les hommes, les grâces du Messie ne paroissent point appliquées de fait à des nomades inconnus du reste du monde; mais cette raison théologique confondue par la découverte de Colomb, nous confirme de plus en plus que les secrets de Dieu nous sont impénétrables sur nos destinées. Pamelius et Proclus ont réfuté Tertullien par le témoignage d'un historien d'Éthiopie, nommé Marcel, qui avoit écrit la même chose.

Diodore de Sicile paroît confirmer l'époque à laquelle nous plaçons la population de l'Amérique.

«Quelques Phéniciens, dit-il, ayant passé les colonnes d'Hercule, furent emportés par de furieuses tempêtes en des terres bien éloignées de l'Océan; ils abordèrent à l'opposé de l'Afrique, dans une île très-fertile, arrosée de grands fleuves navigables.» (Ce ne peut être ou que dans l'Archipel de l'Amérique, à Saint-Domingue, à la Jamaïque, ou bien au fleuve Saint-Laurent, aux Amazones, ou à la Plata.) Le même historien ajoute que les Carthaginois réservèrent pour eux les données qu'ils avoient sur ce pays. Carthage ayant été rasée par les Romains, les habitans traînés en captivité, brisèrent leur boussole pour se venger du vainqueur.

Nos modernes commentateurs de la Bible, pour expliquer la route des flottes de Salomon, qui mettoient trois ans au voyage d'Ophir, ont placé ce pays dans l'Afrique, dans les grandes Indes, aux Moluques, aux îles de la Sonde, dans l'Indostan, à l'extrémité de la mer Noire, sur les rives du Phase et du Pactole, dans la Méditerranée, sur les bords de la Lybie et de la Cyrénaïque, enfin dans tous les points de l'Afrique, sans l'avoir pu reconnoître précisément, parce que chacun de ces pays produit l'or ou une partie de richesses que la flotte rapportoit; mais il ne falloit pas trois ans pour le voyage de ces côtes. Le savant Arias-Montanus, éditeur de la fameuse Bible de Philippe II... *Postel* et d'autres (dit *don Calmet* sur la Genèse, page 39, dissertation sur le pays d'Ophir) ont été le chercher dans l'Amérique et l'ont placé dans le Pérou; d'autres enfin ont cru le découvrir dans l'Hispaniole, aujourd'hui Saint-Domingue. Christophe Colomb s'écria en y entrant: *Voilà le véritable Ophir de Salomon!* Il y vit de profondes cavernes, des fleuves détournés, des ruisseaux qui couroient sur des lits d'or et d'argent, et il n'y trouva que des hommes indifférens sur tous ces biens, dont ils n'ignoroient peut-être le prix que parce qu'ils étoient en petit nombre ou nouvellement transplantés, ou parce qu'ils avoient perdu le besoin de communiquer avec les continens.

Il sembla que *Sénèque*, contemporain de J. C., ait prophétisé les découvertes que nous avons faites depuis deux siècles; et, pour parler plus raisonnablement, dit Moréri, la connoissance que ce grand homme avoit des secrets de la nature et de l'histoire, lui avoit fait prédire que nous pourrions retrouver un pays connu anciennement des Phéniciens et des Carthaginois; il s'explique ainsi:

Venient annis
Sæcula seris, quibus Oceanus
Vincula rerum laxet, et ingens
Pateat tellus, Tiphisque novos
Detegat orbes, nec sit terris
Ultima Thule.

«Les siècles à venir briseront les barrières de l'Océan; un vaste continent nous sera connu; un nouveau Tiphis le découvrira et les bornes du monde seront reculées au-delà des glaces de l'Islande.» Ainsi les anciens se doutoient déjà que l'Amérique septentrionale confine à l'Asie par le pôle arctique.

Ces extraits sont suivis de la comparaison des mœurs des anciens peuples sauvages avec les naturels Américains. Les auteurs en extorquent quelques inductions à l'appui de leur système de chronologie; ils ont écrit ceci, disent-ils, pour prouver que le système de la Genèse sur l'origine du monde, n'est pas le moins raisonnable; que l'Amérique a pu être peuplée d'hommes, qui, dociles à la loi naturelle, ne sont pas privés des grâces de la venue du Médiateur; de là ils passent à la vie privée des Indiens. Je puis les juger par ce que j'en ai connu; ils sont plus instruits que moi; je n'aurai que le mérite de les compulser et de les concilier en mettant de suite les traits qui se trouvent quelquefois épars dans leurs manuscrits.

HYROUA ET LISBÉ,
ou *les Indiens de la zone torride.*

On dit que ces *Indiens* au carnage acharnés,
Qui rougissent de sang la terre intimidée,
Ont cependant d'un Dieu conservé quelqu'idée,
Tant la nature même en toute nation,
Grava l'Être suprême et la religion!

VOLTAIRE, *Orphelin de la Chine*, scène Ire.

On distingue deux sortes d'Indiens en Amérique: les uns, à demi civilisés par les jésuites et les autres missionnaires, avoisinent à quelques milles, les côtes cultivées par les Européens dépaysés qu'on nomme colons, et qui n'habitent que les bords de la mer; les autres, nommés antropophages et fugitifs pour les raisons que j'ai détaillées ci-dessus, ne s'approchent presque jamais ni des colons, ni des autres Indiens; ils sont également redoutés des uns et des autres. L'antipathie de ces nations nous fait distinguer quatre classes d'hommes en Amérique: les naturels du pays, ou Indiens *à longues oreilles*; *les Galibis*, ou sauvages apprivoisés; les colons, c'est-à-dire les blancs qui ont quitté le vieux continent pour s'établir dans le nouveau, et les Africains *nègres*. Ces quatre classes d'hommes font bande à part; les deux premières sont rouges, ont les cheveux longs et se ressemblent pour le fond du caractère: je les confondrai souvent, en marquant seulement les nuances qui les séparent; prenons-les à l'instant qu'ils naissent jusqu'à celui où ils meurent.

On ne s'aperçoit pas du moment où une Indienne va donner le jour à un enfant; la nature, en ne la douant que d'une taille médiocre, lui a donné autant de force que de courage; elle est si accoutumée à souffrir, qu'elle ne laisse échapper ni plainte ni soupirs; son visage n'est pas plus altéré que si elle ne ressentoit aucune douleur; elle va au bord d'un ruisseau, se baigne, tient son nouveau-né par la main, le plonge dans l'eau en le tenant par le talon, comme Thétis, pour l'accoutumer à braver cet élément; il n'est pas sorti du sein de la mère qu'il n'aspire l'air que pour s'endurcir à la fatigue; au bout d'un quart-d'heure, cette jeune mère revient d'un air gai présenter humblement son petit au père, qui le presse sur son sein et le garde dans son hamac. Dans quelques peuplades de ces sauvages, les maris sont malades pour les femmes, l'accouchée leur prodigue les soins qui lui seroient dus. Rien n'est plus comique que cette coutume bizarre dont j'ai été témoin: le mari se met au lit quand sa femme touche à son terme; il fait les contorsions pour elle, observe tous les jeûnes d'une femme en couche, se fait servir dans son hamac pendant quarante jours; la pauvre malade est obligée d'aller à la chasse, à la pêche, de faire la cuisine, de s'approcher du lit de son seigneur et maître pour allaiter son enfant; puis de le servir debout, en posture de suppliante, pour manger les restes qu'il veut bien lui abandonner pour elle, sa famille et ses compagnes qu'elle doit voir de bon œil... Je crois entendre mes compatriotes trépigner des pieds en lisant ceci; je leur pardonne de bon cœur, et je partage leur indignation. Je m'étendrois avec plus de plaisir sur les naturels de l'Amérique, s'ils tyrannisoient moins un sexe à qui nous devons, et les vertus sociales, et les charmes de l'existence, et le bonheur de la vie.

Tous les Indiens n'ont pas cette sotte manie, mais tous profitent de leur force pour réduire leurs femmes au plus dur esclavage.

Tant que l'enfant ne marche pas seul, il est sous l'aile de la mère, qui le porte sur ses bras et l'accoutume à voir les précipices, à supporter le poids d'un soleil brûlant; elle le frotte d'huile de palmier, et, dans certaines peuplades, d'une pommade faite avec du roucou acide de couleur de tuile; elle s'en frotte elle-même, et brave ainsi les injures d'un climat dévastateur. Je n'ai pas besoin de dire que cette mère trapue et vigoureuse allaite souvent deux petits à la fois. Au bout d'un an, l'enfant marche sans peine, il accompagne la mère à la chasse, et quand le mari y va seul, il reste au karbet pour servir d'espion, les maris ne laissant jamais les femmes sans surveillans; ces argus sont, ou les vieillards, ou les enfans, qui font fonction de duègne. La jalousie de ces tyrans est aussi cruelle et aussi active que celle des disciples de Mahomet. Les femmes galantes (et elles le sont presque toutes) risquent d'être empoisonnées ou assassinées à coups de flèches et de boutou[13]. Personne ne se mêle de ces querelles, et il n'y a point de loix vengeresses de ces sortes d'assassinats: les Indiens les plus policés n'ont jamais été assujettis sur cet article à aucun réglement européen... Malheur au blanc qui déplaît à ces sauvages en voyageant chez eux! ils le tuent impunément, sans qu'il soit jamais vengé, ses semblables laissant les Indiens dans la plus grande indépendance.

Déjà nos petits Indiens ont vu six abatis, ils sont lestes et aguerris comme de jeunes lionceaux; les filles suivent la mère, et les mâles portent les flèches et l'arc du père; ils gravissent les montagnes, passent les torrens et s'amusent gaiement avec les flots qui retournent le foible canot qui les porte; ils s'affourchent dessus, les voilà sur l'autre rive nu-pieds, portant un kalimbé ou suspensoir comme les nègres, moins par pudeur que pour se garantir et des insectes et des hernies qui sont communes aux trois quarts des habitans des pays chauds. Ils ont aussi un *couillou* fait comme une espèce de tablier, tissu de rassades ou de morceaux de corail et d'une espèce de faux jaspe et de jais qu'ils trouvent dans certains fleuves; ils sont plus curieux de ces *rassades* que d'or et d'argent; elles leur servent de collier, de bracelets et de toile pour couvrir la nature, quoique ce voile soit très-étroit, car il ressemble à un petit éventail attaché au-dessous du nombril: comme ils marchent en dedans, c'est un obstacle suffisant contre les yeux du plus avide scrutateur. Le reste de leur corps est nuancé de plumes, dont l'arrangement et l'admirable variété passeroient chez nous pour un chef-d'œuvre de parure et même de coquetterie; leur bonnet en forme de couronne, est plus galant et plus riche que les plus beaux panaches; ils mettent à contribution l'édredon le plus fin, et tous les volatiles se dépouillent pour leur faire un diadème.

Mais j'oublie que mes Indiens sont à la chasse et à la pêche: ce n'est pas un jour de fête, suivons-les dans les forêts, ils sont à l'affût et sur la rive et sous une touffe épaisse; l'un vient de flécher un poisson, il se jette à la nage, aussi leste que l'habitant des eaux, il suit son vaincu aux traces de la flèche tremblante, il la saisit et jette sa pêche sur le rivage.

L'autre vient de frotter son chien avec des simples, le gibier ne fuit point à l'approche de l'animal; mais pour s'assurer de sa chasse, il attache en même tems quelques bottes de halier aux arbres qui sont vent à lui; un agouty, qui est le lièvre du pays, vient brouter cette herbe, il lui décoche un trait, l'atteint et le laisse là. Je me mets à rire de son indifférence, en courant ramasser la proie: «Ce n'est pas votre ouvrage, me dit gravement le chef de la famille; quand nous serons de retour au karbet, ma femme ira le chercher, c'est sa besogne.» Il ajouta que l'homme, roi dans sa maison, vouloit bien s'employer à la pêche et à la chasse, mais que la femme étoit faite pour porter le fardeau. Un de ses enfans courut à l'instant prévenir sa mère; je ne m'étois pas aperçu de son absence, par l'attention que je prêtois à ce que me disoit le père. Ces bottes de halier suspendues aux arbres, étoient des herbes enchanteresses pour l'espèce de gibier qu'il désiroit avoir: je connois, dit-il, la vertu des plantes, leur poison, et leurs charmes attracteurs pour toutes sortes d'animaux; en effet il frotta sa ligne, y mit un appât, et prit sur le champ un haymara, espèce de brochet que je lui désignois. Ce peuple a les yeux d'un aigle, l'ouïe d'un aveugle, les pieds d'un cerf, la sagacité d'un chien de chasse, et l'adresse d'un dieu.

Nous entendîmes au fond du bois un cri perçant, c'étoit l'enfant qui étoit allé chercher sa mère: un serpent à sonnettes l'avoit entrelacé et mordu au bras droit; le père sans se déconcerter, courut à l'animal, le prit, l'éventra, en prit le foie, en exprima le sang, l'immisça au jus d'une liane, ouvrit la bouche de son fils, lui en fit boire; il commença à respirer. Le père frotta ensuite le bras malade, et au bout d'une heure l'enfant en fut quitte pour quelques nausées.

On voit en Amérique des descendans de ces fameux Psylles d'Afrique, qui enchantoient les serpens et les faisoient fuir devant eux. Les nègres et les Indiens possèdent quelques-uns de leurs secrets. Un grand nombre se font faire des scarifications, où ils expriment le jus d'une liane, contre-poison qui les garantit des serpens et les apprivoise avec tous les reptiles; d'autres appellent les serpens, les prennent et les charment: les possesseurs de ces recettes prétendent que s'ils en tuoient quelques-uns, ils ne seroient plus préservés. J'ai vu des blancs user des mêmes simples, qui s'en sont bien trouvés. Le maire de Synnamari, Mr. Duchemin, a marché devant nous sur un serpent, qui s'est détourné, a paru le flairer sans le mordre. Il y a des recettes sympathiques et antipathiques; les premières dont je viens de parler ont été, dit-on, indiquées par les reptiles eux-mêmes qui en se battant, vont chercher après le combat, les simples pour la guérison du vaincu: ainsi la couleuvre en France, à la poursuite du crapaud qui lui lance son eau corrosive, court s'essuyer à la feuille cotonneuse du bouillon-blanc. Les secondes nous viennent de l'horreur que ces mêmes animaux ont pour d'autres plantes ou d'autres arbres. Ici un voyageur qui a de l'ail dans sa poche, voit les serpens fuir à son approche; en France, qu'il dorme sous un frêne, jamais reptile n'approchera de lui.

Comme nous nous en retournions, je voulus prendre le poisson et l'agouty, le chef y consentit d'un air dédaigneux. Au milieu de la route, la patte de l'agouty, retournée par les branches d'un bois de panacoco sur lequel reposoient deux oiseaux diables ou noirs, se trouva croisée sur l'ouïe du poisson. «Hyrouca! Hyrouca!» s'écria l'Indien en brisant ses flèches, «grâce, grâce.... punis cet étranger, lui seul a touché ton arbre chéri avec des victimes impures; elles ont reculé d'effroi à ton aspect....» Je ne comprenois rien à cette pantomime et je riois sous cape. Mon guide entre en fureur, et d'un bras vigoureux il me traînoit à l'eau, quand nous entendîmes au loin gronder le tonnerre; un nuage rougeâtre siffloit dans les airs. «Tu es bien heureux, dit-il en me lâchant, le *Tamouzi te protège*, mais prends garde de braver, par un entêtement mal-entendu, la puissance de l'Hyrouca, car il te feroit dormir; c'est lui qui m'avoit ordonné de te jeter à l'eau. Pourquoi contreviens-tu à nos loix? C'est aux femmes à emporter le gibier; si tu avois voulu m'en croire, nous n'aurions pas eu ce funeste présage.» Je me rendis à ses raisons; il lava sa chasse et sa pêche et les jeta aux pieds d'un maripa, magnifique palmier dont les feuilles ornent les colonnes des palais dans l'ordre du corinthien composite.

Nous cheminions au karbet; je suivois mon guide comme un craintif chien de berger, à qui son maître a donné un coup de houlette pour avoir mordu une brebis. Mon indien, en cassant de petites branches de bois, traversoit comme un oiseau les buissons les plus épais. Les piquants des haouaras et des orties sembloient s'émousser sur sa peau, quoiqu'il fût tout nu; ses pieds et son corps étoient sans égratignures; mes habits étoient en lambeaux et mes jambes en sang. Le désir d'apprendre me faisoit oublier mon mal. Je mourois d'envie de savoir pourquoi mon guide cassoit ainsi de petites branches; je n'osois le lui demander, de peur que *l'Hyrouca* ne me fît jeter à l'eau pour ma curiosité.

Nous arrivons au karbet; le mari remet à sa femme quelques branches de halier; elle sort; elle étoit déjà loin, et je disois au Banaret[14]: «Nous ne mangerons point de cette chasse-là aujourd'hui, elle ne trouvera jamais le chemin couvert que nous avons pris.—C'étoit pour lui indiquer la route, que je cassois ces petites branches; je lui en ai remis quelques-unes qui seront ses guides; elle ne se trompera pas, car ce qui échappe à vos yeux ne nous est pas indifférent. C'est à l'aide de ces branches de bois ou des arbres auxquels nous faisons certaines marques, que nous nous frayons des routes au milieu des forêts les plus épaisses; et du fond des déserts nous retrouvons sans peine le même sentier que nous avons tenu six mois auparavant.»

Au bout de deux heures, la femme revient avec la chasse, nous prépare à dîner, et des boissons de vin de palme et de cachiery, liqueur faite avec le poison le plus subtil, que le lecteur connoîtra bientôt.

La vérité et le caractère de l'homme pétillent au bord du verre. Cette orgie va nous donner plus d'une scène pittoresque. Le marmot qui avoit accompagné sa mère, est venu *karbeter* quelque chose à son père. Tous les voisins sont au festin. Les chefs de famille, ainsi que les compères, se bercent dans leurs sales branles ou hamacs dégouttants d'huile de palme ou teints de roucou; les femmes apportent à boire dans de grands couyes[15]. Ces peuples se font un mérite de l'ivresse la plus dégoûtante et la plus furieuse. Quand leurs hamacs sont trempés de la liqueur que leur estomac ne peut plus contenir, leurs femmes les soutiennent. À peine sont-ils un peu déchargés, qu'ils se lestent de nouveau jusqu'à ce qu'ils soient ivres-morts.

Quand la boisson commence à fermenter, les plus vieux karbètent le petit monde, comme je vous l'ai dit plus haut; les jeunes maris querellent leurs femmes, et se battent avec leurs rivaux. Mon Indien, flegmatique comme un Caton avant le repas, n'avoit pas oublié ce que son enfant lui avoit rapporté. Le lecteur devine que c'est quelque tour de galanterie. La femme avoit trouvé un de ses compères en allant chercher notre chasse. Le galant étoit de la fête. «Tu as été attendre ma femme; vous êtes de concert; il faut nous arranger. Tu m'entends.» À ces mots il saisit son boutou; voilà nos lutteurs en défense. Les pieds, les poings, les dents, sont en usage. Le boutou est de côté pour un moment. Ils se tournent, s'embrassent, s'étreignent, se soulèvent, se jettent par terre; le sang et la sueur coulent de leurs membres; ils se relèvent, s'éloignent à des distances égales comme deux coqs, deux béliers, deux fiers taureaux; les yeux étincelans de fureur, ils se précipitent l'un sur l'autre les doigts étendus, se tordent les bras, se déchirent les membres sans pousser aucuns cris; ils sont égaux en force, ils sont épuisés; ils s'en veulent à la mort. Une troisième épreuve doit décider la victoire. Ils reprennent le boutou. «Mon Dieu! ils vont s'assassiner, dis-je à la femme, courons les séparer.—Gardez-vous-en, dit-elle, vous seriez leur première victime.» Tranquille spectatrice, elle ajoute tout bas: «Il m'en reviendra autant tout à l'heure.»—

Le galant, plus adroit que le mari, lui décharge un coup de boutou sur la tête qui le met hors de combat. La femme s'élance sur le vainqueur, lui coupe un bras et lui entr'ouvre le crâne; il tombe mort à ses pieds. L'assemblée pousse de grands cris, et claque des mains en signe de réjouissance et d'applaudissement. Les spectateurs à l'instant, comme s'ils se fussent donné le mot, s'arment tous de leurs boutous pour battre leurs femmes; des cris aigus retentissent au loin; ces malheureuses, loin de fuir, ce qui est un opprobre pour elles, se défendent foiblement, toujours sous les poings de leurs bourreaux. Outré d'indignation et frissonnant d'horreur, j'en arrache une des mains du tigre qui lui avoit ensanglanté le visage et meurtri le sein. Son arme étoit entrelacée d'une poignée de cheveux qu'il lui avoit arrachés; le sang ne pouvoit être étanché par le sable; elle se relève, s'échappe, saisit l'arc de son mari et m'en assène un grand coup sur les épaules. Elle écumoit de rage de ce que je l'avois soustraite à sa fureur, et s'écrioit: *S'il me bat, c'est qu'il m'aime.*

Je n'aimerai jamais les femmes à ce prix-là, dis-je en m'enfuyant, car toutes prenoient le parti de celle-ci. L'auteur des *Lettres Persanes* avoit donc copié la nature, en faisant dire à une jeune Moscovite que son mari traitoit avec douceur: *Il ne m'aime pas, puisqu'il ne me bat point.* Plusieurs Européennes ressemblent en ce point aux Indiennes. Plus on scrute le cœur humain, plus on découvre dans cet amour forcené un principe de sagacité pour émouvoir ensemble toutes les passions. La douleur est le plus puissant aiguillon de l'amour. Qu'un amant infidèle choisisse une rivale sous les yeux de sa maîtresse, celle-ci, loin de passer à l'indifférence, gronde, tonne, éclate, s'apaise, s'adoucit, devient suppliante: elle a trop de fois raison pour ne pas se donner tort. Que l'auteur de ses larmes vienne les essuyer, elle n'aura jamais eu de jouissance plus vive; elle diroit presque à son charmant coupable: *Recommence encore pour donner de l'âme au plaisir.* L'abandon n'est-il pas pour une femme policée le *boutou* des sauvages de l'Amérique? Le charme de la réconciliation et l'espoir de mériter une excuse sont les beaux fleurons de la couronne des femmes. De notre part, l'aveu d'une faute leur suffit pour leur triomphe comme pour leur bonheur; l'un dépend de l'autre. Ne pouvant dompter nos forces, elles affrontent tous les dangers pour enchaîner nos cœurs. On prétend d'ailleurs qu'elles sont plus aimantes que nous: la partie seroit égale si j'en jugeois par moi-même.

Pendant que je philosophois tout seul, cherchant la route pour gagner la côte, celle qui m'avoit corrigé, avoit enivré ses enfans et son mari; les convives étoient plongés dans un profond sommeil; elle s'échappe et m'aborde: jugez de ma surprise!....

«Étranger, vous nous fuyez, dit-elle, parce que vous ne nous connoissez pas; mais soyez sans inquiétude; revenez, et personne ne vous dira rien, pourvu que vous nous laissiez battre ou nous caresser comme nous voudrons... Promettez-moi bien de revenir, dit-elle plusieurs fois en me serrant la main...» Elle fut sensible....

Mon Indien, revenu de son ivresse, visite le village, m'aperçoit, me ramène au Sura, grande galerie couverte en forme de halle, qui sert de cimetière, de temple et de place d'assemblée à la peuplade. J'aperçois le corps de celui qu'il avoit tué le matin; je détourne les yeux. L'Indien donne le rappel avec une corne de bœuf.... La peuplade s'assemble; le capitaine Roi sort de son karbet, accompagné des quatre plus anciens. Un banc de gazon lui sert de trône et de lit de justice; les amis du mort relèvent le cadavre pour le mettre en présence de son juge; le capitaine Roi fait signe aux parties de s'expliquer. (Le mort s'appeloit *Makayabo*, et mon guide Hyroua.)

Hyroua dit: «Ma femme, mon canot, mes flèches, mon boutou sont mes seules propriétés. Makayabo a voulu enlever ma compagne, mon petit Yram m'en a averti. J'en jure par le *Tamouzi* et le terrible *Hyrouca.* Je ne l'ai puni que pour cet outrage. Je maudis ce ravisseur: qu'il n'entre point dans le séjour du grand Lama, s'il peut nier ce rapt; s'il s'en repent, je lui pardonne. Je jure par le Tamouzi, que j'ai dit la vérité. Qu'il me fasse dormir et me mette sous la puissance de l'Hyrouca, si je vous en impose, ô seigneur Roi!»

Quoique Makayabo ne pût répondre, le roi l'interrogea, et son frère qui le soutenoit, lui prêta sa voix... «Je revenois de la chasse; Lisbé est à ma rencontre; je lui aide à passer le torrent voisin... elle me devance au karbet: voilà mon crime». À ces mots, le Roi se lève, et dit aux parties: «J'en connois assez. Makayabo a surpris Lisbé, le Tamouzi le jugera; qu'il ne dorme pas au milieu de nous. Son canot et ses flèches appartiennent à son frère.» À ces mots le cadavre fut traîné dans la forêt et jeté aux courmous[16], oiseaux de proie et de mauvais augure. Un autre indien représenta au roi que son voisin lui avoit brisé son arc.—Qu'il apporte le sien, dit le roi.—Il le donna au plaignant, qui le mit en pièces suivant la loi de l'état qui est celle du *Talion.* Les voleurs, seuls, sont exceptés de cette loi; si le coupable a ôté à son voisin les moyens de subsister, il est condamné à un jeûne de deux jours, ou à mourir de faim. Celui qui attente à la vie de son père ou de son roi, est brûlé au milieu de son champ.

Il ne nous restoit qu'assez de liqueur pour nous mettre en gaieté. Le soir, je m'étends dans un hamac, pour questionner mon indien sur le gouvernement et la religion de son pays.

«Dieu ne se découvre à nous, dit-il, que par ses bienfaits; nos mages nous le font adorer dans l'astre qui éclaire nos abatis. L'ordre qui règne dans tout ce qui nous environne, nous fait remonter à l'auteur; trop impurs pour le voir, nous recevons ses décrets par ceux qui ne se dévouent qu'à son culte. Ceux-là le voient face à face; ils nous annoncent de sa part les biens qu'il nous accorde, ou les maux dont il va nous affliger si nous ne songeons pas à apaiser sa colère par des offrandes que nous remettons à nos *piayes*.—Mais malgré vos offrandes, si vous succombez ou sous les dents du tigre ou sous l'oppression d'un mauvais roi, à qui vous en prenez-vous?—À nous-mêmes, de ce que le sacrifice étoit trop petit en compensation de l'offense. Quand la mort est le prix de notre dévouement, le grand Lama nous reçoit dans son palais, et le chef qui nous a opprimés, devient notre esclave à son tour.—Qui vous a dit que le grand Lama a un palais pour vous recevoir?»

Cette question parut impie au Banaret... Il me regarda quelque tems d'un œil aussi probatif que toutes les démonstrations métaphysiques. Ce regard m'auroit fait revenir sur cette question, quand les matérialistes m'en auroient démontré la fausseté, comme deux et deux font quatre.—«Qui me l'a dit? mon cœur, mes yeux, mes voisins mes amis, mes ennemis. Est-ce que tu n'y crois pas, toi? Est-ce qu'il y a dans ton pays quelqu'un qui n'y croie pas?—Oui, des savans prétendent que cela n'est pas démontré, que personne n'est jamais revenu leur en donner de nouvelles; pour moi, je suis de ton avis, Banaret...—Les nuages s'élèvent dans les airs, tombent et se reforment sans cesse; les plantes se sèment et renaissent d'elles-mêmes; l'homme se reproduit; tout forme un tramail continu. Ce spectacle nous dit que le moi qui est en moi (il vouloit dire son âme) ne périt pas plus que cette graine déposée au milieu des chemins par une liane desséchée, ou par un arbre dont la foudre a brisé le tronc..... L'éternelle durée des bois, des plantes qui m'environnent, me fait jeter les yeux sur moi, sur mon père dont je pleure la mort tous les jours; je sens que le Tamouzy ne m'abandonnera pas, puisqu'il cultive jusqu'au plus petit brin d'herbe. Quand on ne m'auroit pas enseigné ce que je te dis je me le serois imaginé sans peine..... Comment pourrois-je le croire, comment tout le monde le croit-il ici, (*car il n'y a jamais eu* que toi qui m'ais demandé ce *qui m'a dit*), si la chose n'étoit pas vraie..?»

Il me restoit cent questions à lui faire, mais je craignois de le choquer; je m'étendis sur une autre matière qui devoit lui paroître moins sacrée, sur la forme de leur gouvernement monarchique et héréditaire; je croyois que ces lois étoient l'effet du hasard.—«Êtes-vous libres, lui dis-je, sous un chef dont la volonté lui sert quelquefois de règle?—Si nous étions tous maîtres, personne ne nous défendroit contre les méchans; l'enfant au berceau seroit étranglé ou volé par le plus fort; nous serions toujours en guerre.—Mais au lieu d'un maître, que ne choisissez-vous plusieurs Banarets qui seroient chargés tour-à-tour de vous représenter vos lois? par ce moyen vous seriez capitaines tous les uns après les autres.—Nous nous égorgerions sans cesse pour faire des choix. L'un nommeroit *Flamabo* et l'autre *Hyram*: l'envie de commander nous empêcheroit d'être heureux, chacun feroit des lois selon ses intérêts ou ses caprices; à force d'ajouter ou de retrancher, nous finirions par n'en plus avoir et par ne plus nous entendre; c'est pour éviter cette contagion, que certains blancs, venus du côté du soleil levant, ont apportée aux bekets des côtes, que nous nous sommes enfoncés dans les terres. Ils disent qu'ils ont apporté la liberté, mais nous l'avons toujours eue; nous vivons sans ambition, nous aimons la paix, nous ne connoissons pas ces petits morceaux de blanc et de jaune où l'on voit le visage d'autres blancs[17]. Ils ne peuvent se passer de ces rassades, et nous savons nous contenter des plumes que nous arrachons aux aras, aux flammans, aux aigrettes, aux tokokos, aux coqs de bois et de roches, aux cardinaux, aux bluets. Nos colliers et nos bracelets sont des cailloux que nous détachons du sommet des montagnes où le Tamouzy vient se reposer. Nos cœurs nous font un devoir d'aimer celui qui veille sur notre peuplade, et de songer à ses besoins et à sa parure. Puisque nous ne sommes heureux que par lui, il est juste qu'il le soit par nous. Il n'a pas dépendu de vos blancs, venus du côté du soleil levant, de s'emparer de nos volontés pour nous donner des rois de leur main; ils nous ont chargés de promesses, d'habits, de lois nouvelles, mais nous tenons à notre roi; nous n'en voulons pas plus changer que de Dieu.»

Une députation de la peuplade voisine venoit délibérer sur les affaires du gouvernement; le début me parut original, c'étoit un triomphe. Ils avoient remporté une victoire complète sur les Androgos, peuplade de mangeurs d'hommes..... Les Perses et les Grecs, porteurs de bonnes nouvelles, se paroient de chapeaux de fleurs, et se faisoient précéder de fanfares pour entrer à Athènes, à Lacédémone, à Suze ou à Ecbatane.

Leur musique est quelquefois aussi monotone que leur individu: un gros roseau long d'un pied, leur sert de clarinette et de basson; leurs lèvres et leurs gosiers modifient les sons; leur octave se réduit à trois tons; leur flûte n'a qu'un trou près de l'extrémité opposée à l'embouchure; elle ressemble à nos flûtes de berger. Son soupirail est ouvert de quatre doigts. Ils imitent les instrumens à cordes avec des lianes plus ou moins tendues et attachées à des cercles. De ces orgues naturelles et agrestes, ils tirent des sons aigus et plus ou moins agréables. Leur tambour de basque est une peau de tigre autour d'un cerceau percé dans son contour de distance en distance, où ils passent des rocailles percées pour former le son des cymbales; ils attachent encore à deux piquets de petites lianes sèches et flexibles, pour imiter les violoncelles. La cadence, le rhythme, la mesure leur sont naturels; ces cacophonies ne sont pas aussi discordantes qu'on le croiroit.

Le charme que je trouve à ces accords me fait souvenir de ce que Gresset dit de l'harmonie: quand on l'analyse ou qu'on la calcule, la science de l'algébriste est le bourreau de l'oreille. La nature, chez certains hommes, est charmante dans son négligé; si l'art peignoit ses cheveux, elle deviendroit guindée. Ainsi Jacques Borel (dit l'auteur du *Géographe Parisien*, tome 1er.) mourut en 1616, dans la faveur de la reine de France, Marie de Médicis, et des reines de Naples et d'Espagne[18], dont il avoit été le maître de danse. Quoiqu'il fût petit, bossu, borgne, d'une figure des plus hideuses, que ses jambes fussent contournées en cercles, et qu'il ne connût pas une note de musique, il composa plusieurs contre-danses et menuets, qui firent dans le tems l'admiration des plus grands maîtres.

Le sujet de la mission, expliqué par une danse en forme de chaconne, fut suivi d'une réciprocité de politesses. Les envoyés venoient, au nom de leur chef, promettre alliance, amitié, protection à notre peuplade. Le roi ordonna un grand festin, qui devoit durer trois jours, suivant l'usage. Les envoyés reçurent pour présent, des flèches, un arc artistement travaillé, un perroquet tapyré[19] et une peau de tigre, dont les mâchoires desséchées laissoient voir ses dents aiguës et plus blanches que l'ivoire.

La musique, la danse, la table, les liqueurs occupent nos momens de sommeil. Le Sura est entouré de feux dont la fumée sert à chasser les moustiques, insectes qui obscurcissent l'air, et dont la piqûre fait enfler comme un bœuf. J'avois remarqué qu'avant le bal tout le monde s'étoit tenu à l'écart, excepté les jeunes garçons, qui avoient paru seuls au milieu du Sura, préludant comme les athlètes par un gymnase de course et de lutte.

Mon Indien m'avoit fait cacher comme les autres, en disant que si j'avois l'imprudence de regarder avant le moment, je serois affligé de quelque grand malheur. Ainsi nos gens simples en Europe attachent leur destinée aux bonnes ou mauvaises herbes. La superstition a des temples dans les quatre parties du monde.

Comme l'âge n'a point glacé mes sens, je ne suis pas dispensé de danser avec les envoyés. Après avoir choisi celle qui m'a fait le battu content, je me cache auprès de mon guide pour me livrer au sommeil. Mais le spectacle toujours nouveau d'hommes nus en présence les uns des autres, qui de la fureur passent à l'amour, à la joie, à l'ivresse, à la chasse, à la table, à la justice, au concert, suspendoit mes paupières. N'avez-vous jamais entendu les concerts des blancs des côtes? dis-je à Hyroua.—«Je crois que ces blancs descendent du Tamouzy ou de l'Hirouca: par des lignes rouges ou noires tracées sur un petit morceau de blanc, ils se disent ce qu'ils font à vingt et trente journées de chemin; je crois qu'ils mettroient sur leur morceau de blanc jusqu'au langage de nos oiseaux.» Plus je m'efforçois de lui démontrer la simplicité de ces inventions, plus il m'en prouvoit la sublimité par son admiration. Je m'offris de l'instruire; il s'y refusa d'abord, disant qu'il ne méritoit pas de devenir le fils du grand Dieu; quand je l'eus convaincu qu'il pouvoit le devenir sans crime, que le Tamouzy lui accorderoit sa faveur, je m'étudiai à lui faire comprendre que l'habileté de l'homme consiste à distinguer la différence des signes, puis à leur donner un nom, comme à un poisson, à un oiseau, à un arc, à un boutou. Le respect balançoit dans son âme le plaisir de s'instruire.

La familiarité que nous avons avec les sciences nous les rend si usuelles, que nous faisons quelquefois moins d'attention à leur sublimité qu'à la profonde ignorance de ceux qui en sont privés: l'homme de cabinet, circonscrit dans un grand cercle de connoissances spéculatives, ne se figure pas toute la différence qu'il y a d'homme à homme; et l'admiration de mon Indien pour l'écriture, l'étonnera autant que j'admire ses lumières.

Les Chinois, en voyant un de nos musiciens copier et exécuter dans cinq minutes un air qu'ils avoient été plusieurs années à apprendre, tombèrent à ses genoux en baisant son papier, ses mains et ses vêtemens, comme s'il fût descendu du ciel. (*Extrait des Relations de la Chine.*)

Un colon envoya à un de ses amis par un nègre *nove*, un panier de figues avec un billet qui lui en indiquoit la quantité; le nègre se repose en route et mange des figues. L'ami compte.—Tu as mangé des figues?—Non, maître.—Ce papier me le dit.—*Coquin de papier qu'a babillé, tu ne me vendras plus une autre fois*, disoit-il au papier. L'ami rit de la naïveté de l'esclave et le renvoie à son maître avec des sapoutilles et un autre billet où il lui raconte l'histoire des figues. Le nègre s'arrête encore au milieu de la route, prend le billet, le met sous une pierre, mange des sapoutilles. À son retour, le maître s'en aperçoit.—Tu as donc mangé des figues?—Non, maître.—Ce papier me le dit.—Il ment.—Mais il me dit que tu as mangé quatre sapoutilles.—Il ne peut pas vous dire cela, car je l'ai mis sous une pierre, pendant que je me reposois.

La danse fut interrompue par des cris perçans: aux armes! aux armes! voilà les Androgos. Les plus agiles saisissent les boutous et les arcs qui étoient suspendus au Sura, volent à l'ennemi, dont l'approche nous fut annoncée par les cris d'un enfant d'Hyroua, qui étoit entre les mains des espions qui formoient l'avant-garde. Ils l'entraînoient en le dévorant. Son frère aîné l'arrache des mains de ces sauvages et prend un des assassins, l'amène au karbet; ses mains et ses lèvres dégouttent de sang. Lisbé accourt, saisit les restes de son fils, se précipite sur son meurtrier, l'égorge et le déchire.

J'étois resté au karbet, interdit et glacé d'effroi; à l'instant je sors au bruit des combattans....... J'étois armé d'un boutou....... ô Dieu! ce n'est point une bataille, ce n'est point un carnage, c'est quelque chose de plus affreux. Chaque vainqueur emporte son vaincu, le déchire, comme un lion se venge sur le chasseur qui l'a blessé; la tête enfoncée dans les flancs des mourans, ils ne se donnent pas le tems de respirer. Hyroua, mon cher Hyroua, mon cher guide en renverse deux à ses pieds, trente accourent, le saisissent et l'égorgent; les nôtres volent à son secours; je ne puis les suivre. La mère échevelée, se meurtrissant le sein, laisse ses enfans pour voler à son mari. Je la saisis, l'entraîne par les cheveux; elle se résout à fuir avec ses deux filles et son père. Tandis que les nôtres sont repoussés de toutes parts, nous courons au rivage d'un torrent voisin, où notre canot étoit attaché.... Rendus à l'autre rive, nous brisons la nacelle, nous nous enfonçons dans le bois. Je porte le père d'Hyroua sur mes épaules; ce vieillard aveugle et octogénaire disoit à sa fille... «Ô Lisbé, Lisbé, tue-moi donc, tue-moi donc, mon fils est mort...»

Nous gagnons un fourré épais qui forme un berceau; la famille éplorée s'y repose à la lueur argentine de la lune, qui semble éclairer nos malheurs avec complaisance. Nous étions à environ deux milles du village: un tourbillon de fumée nous avertit que l'ennemi étoit vainqueur, que nos karbets étoient brûlés et nos compagnons en fuite ou rôtis au feu de leurs masures. Un moment après, Lisbé étant allée puiser de l'eau au torrent, revint nous dire en pleurant que des monceaux de cadavres flottoient çà et là: l'eau qu'elle avoit apportée étoit rougeâtre; nous en trouvâmes de plus pure à une source voisine qui sortoit à petit bruit de la racine d'un fromager au pied d'une montagne.

À la pointe du jour, Lisbé donne la tâche à chacun; j'étois le plus fort, mon emploi fut de grager le maniok qu'elle avoit mis dans le canot. La racine de cet arbre sert à faire le pain du pays. L'eau qui en découle est un poison des plus subtils, et cette eau bouillie avec la cassave, ou farine desséchée au feu, forme le cachiery, boisson enivrante qui nous a été si funeste au retour de la pêche. Sa peau sert de contre-poison aux animaux qui la mangent dans les abatis. Cette peau est rouge et le dedans blanc; la racine ressemble à nos pommes de terre, si ce n'est qu'elle est longue; sa tige est d'un bois rouge, et sa feuille est longue et d'un vert couleur d'oseille de crapaud, dont elle a la forme. Ma grage est une planche où sont incrustés de petits morceaux de roche en pointe; en France, on l'appelleroit une rape.

Ainsi, je rape ou je grage le maniok, les enfans le grattent, et la mère bâtit à la hâte un fourneau d'argile pour nous servir de platine (ou grand plateau de fonte sur lequel on met la racine après les préparatifs nécessaires).

Au bout de deux heures, j'attache deux couleuvres à une branche pour exprimer l'eau de ma racine. Le lecteur me demande ce que c'est qu'une couleuvre; jamais objet ne fut mieux désigné. On sait que la couleuvre se replie, se rétrécit ou s'allonge à volonté; ainsi mon pressoir ressemble à une peau de serpent. C'est un tissu de jonc flexible et peu serré. À la place de la tête est une anse qui m'a servi à suspendre mon pressoir. Pour ne pas m'épuiser en restant sur le balancier, j'attache deux grosses roches à ses deux bouts; le poids du maniok fait allonger la couleuvre, ainsi l'eau s'échappe dans un sapyra ou plat du pays, y dépose une pâte d'un blanc de neige, qui est le poison dont je vous ai parlé. Cette pâte lavée à plusieurs eaux et séchée au soleil, sera pour nous la fleur de farine, que nous appellerons *cipipa*.

Le lecteur tremble de nous voir si tranquilles à une demi-lieue des antropophages: leur rage est assouvie, et ce torrent a reflué vers sa source. Ainsi le tigre ou la hyenne, après avoir dévoré leur proie, regagnent leur antre pour se livrer au sommeil. Le matin, Lisbé et son vieux père m'avoient rassuré, car je leur témoignois les mêmes craintes que vous éprouvez en ce moment. Pendant que notre maniok s'égouttoit, nous prîmes quelque nourriture; Lisbé attacha un hamac à son père qui s'endormoit, puis elle prit l'arc et les flèches qui nous restoient, et s'éloigna en nous disant de reposer jusqu'à son retour.

Au bout d'une heure d'un sommeil interrompu, je m'éveille en sursaut, mes couleuvres ne dégouttoient plus, j'allume du feu pour faire sécher mon maniok sur une claie de bois nommée *boukan*. Eglano, l'aînée des petites, lave la cipipa. Nous passons ensuite le maniok au manaret, tamis du pays qui est un tissu de jonc carré pour jeter les filandres de la racine que la grage n'a point assez triturées.

Lisbé revient, la joie et la douleur sillonnoient son visage; je cours au devant d'elle, je l'embrasse, elle dépose sa pêche et sa chasse, se jette entre mes bras, et verse un torrent de larmes..... Lisbé, Lisbé, quel nouveau malheur nous menace?—«Nous en avons trop éprouvé, dit-elle, en essuyant ses yeux avec ses beaux cheveux. Je reviens de visiter nos karbets, tout est en cendre: les fourches qui ont échappé aux flammes, supportent des morceaux de cadavres; j'ai reconnu les restes de notre auguste roi, je les ai confiés à la terre en priant le grand Lama de les recevoir tous dans son palais..... J'ai retrouvé aussi le corps sanglant de mon petit Hyram, les courmous se le disputoient. J'ai parcouru le champ de bataille, je n'ai point vu mon cher Hyroua, je l'ai appelé bien long-tems du haut de la montagne où il prioit le Tamouzy de si bon cœur. Quoique nos abatis soient brûlés, il nous reste des vivres pour tant et tant de lunes. Cher étranger, repose-toi, pendant que je vais faire cuire ce poisson et ce hara; j'ai trouvé de la cassave pour aujourd'hui et demain; promets-moi de venir m'aider cette nuit à enterrer nos morts, car le grand Lama nous puniroit de les laisser manger aux corbeaux.»

À la nuit, le bon vieillard s'endormit entre ses deux enfans, et je suivis Lisbé; nous descendîmes le torrent, que nous traversâmes sans peine dans un lieu où son lit étoit plus large. La lune dans son plein, nous montroit son disque ensanglanté, il étoit huit heures du soir, nous remontâmes aux karbets, ou plutôt aux ruines: je m'attendris de nouveau sur ce spectacle d'horreur et de désolation. Après avoir caché les restes des malheureux sous les décombres du *Sura*, nous visitâmes le champ de bataille; amis et ennemis furent couverts de terre ou cachés dans les ravins, que nous comblâmes avec des branches d'arbres. La lune étoit au milieu de son cours, nous étions épuisés, mais ces lieux pleins d'horreur ne laissoient pas approcher le sommeil de nos paupières; je ne craignois ni les ennemis, ni la mort; ses ravages me faisoient frémir, sans que je la redoutasse, et je me croyois immortel au milieu du trépas. Je voulois trouver Hyroua; comment le reconnoître? nous avançons jusqu'au lieu où l'ennemi avoit eu son camp de réserve. Quelque chose fait remuer le feuillage. On vient à nous...... L'oreille aux aguets.... C'est le chien d'Hyroua, il est percé de coups, il nous caresse les jambes, n'ayant plus la force de se lever. *Ô mon cher Hyroua! vis-tu encore? dit Lisbé,.... voilà ton compagnon, ton fidèle Aram; Aram!... Aram! où est ton maître?* Le chien nous conduit sur un monceau d'ossemens mal décharnés..... s'y couche, et pousse des hurlemens entrecoupés par la douleur; il avoit reçu deux coups de flèches, dont la pointe étoit restée dans ses côtes. Nous ne pûmes douter alors de la mort d'Hyroua. Ce moment fut un des plus affreux de ma vie.... Lisbé se saisit de ces restes chéris, les emporte, étouffant tout-à-coup sa douleur par un silence morne.... Le chien nous suit quelque tems. Comme Lisbé marchoit vîte, il retourne au lieu du dépôt.... Je reviens pour le prendre, il étoit mort..... Elle ne s'aperçoit de mon absence qu'au bord du torrent....... La montagne de Tonga étoit en face du passage.

Cette montagne domine une plaine de trois lieues; c'étoit là qu'Hyroua alloit remercier les Dieux de lui avoir accordé quelques bienfaits. Suivant les naturels du pays, le Tamouzy s'y reposa un jour pour donner ses loix aux Indiens.

Cette montagne prête bien à cette sainte illusion; de son pied, planté de cèdres sourcilleux, s'élèvent des nuées épaisses et rouges d'où la foudre gronde, scintille, et descend en traits de feu sur la cime de chaque grand arbre qui s'incline majestueusement comme pour saluer l'Éternel. Je songeois au mont Sina. Chaque étincelle me paroissoit un article de la loi. Cet aspect imposant et sublime m'a souvent fait croire que Dieu parloit à mes sens, quand sa voix ne frappoit que mon cœur.

Lisbé y enferma les restes de son époux, en poussant de longs sanglots; le jour nous y auroit surpris, si le souvenir d'un père aveugle et malheureux ne l'eût rappelée auprès de lui et de ses enfans.

Ce vieillard s'étoit réveillé, il appeloit sa fille, il avoit faim; Eglano et sa petite sœur étoient allées au devant nous, et s'étoient égarées...... Nous tranquillisâmes le père: après qu'il eut mangé, nous prîmes quelque nourriture, et nous nous mîmes en route. Lisbé courut à l'est-sud, le long du torrent, et je remontai à la source.

L'écho des bois silencieux et sombres retentit du nom d'Eglano. Cette petite est la mienne, depuis la fin malheureuse de son père. Lisbé, dont les attraits n'avoient eu rien que de sauvage à mes yeux, est ma compagne, ma maîtresse, ma femme et ma meilleure amie....... Ô nœuds serrés par le malheur et l'innocence, que vous avez de force et de charmes! Pour qu'elles reconnoissent ma voix, je fredonne la chanson qu'elles me font répéter si souvent.

Vos messieurs de la grand'ville
Se bataillent nuit et jour:
Plus heureux dans notre asile,
La paix y fixe l'amour.
Des biens ou de la misère
Nous ne savons que le nom;
À nos bras jamais la terre
Ne refuse de moisson.

LES FEMMES.

On nous bat, on nous caresse,
Nos maris nous font des loix;
Pour un moment de tendresse,
Nous leur cédons tous nos droits.
Le lendemain de l'ivresse,
Ils préviennent nos désirs;
Nous savons avec adresse[20]
Unir la peine aux plaisirs.

LES ENFANS.

Le *petit monde* de France
Est-il plus adroit que nous?
Fait-il avec plus d'aisance,
Des flèches ou des boutous?
Court-il avec ses compagnes,
Chasser au fond des forêts?
Et dans le creux des montagnes,
Sait-il tendre aussi des rets?

De tems en tems je les appelle....... Le morne silence me plonge tout-à-coup dans une sombre rêverie, j'envisage mon sort... L'abandon de la nature entière..... Hélas! que dire à Lisbé? où sont ces pauvres petites? Je ne m'aperçois pas que des lacs à perte de vue m'ont fait perdre le cours du torrent; des taillis épais couvrent des réservoirs d'une eau plus noire que celle du Styx. Les oiseaux n'osent approcher de ces rives effrayantes. J'appelle toujours Eglano, le sommeil m'absorbe, je me blottis dans une grotte obscure; un tronc grisâtre que je prends pour une vieille bâche me sert de degré pour y monter; je ne sais pas quelle heure il est, je ne vois aucun danger, car tout l'est autour de moi. Ô prévoyance humaine, que je serois malheureux, si tu ne m'avois pas abandonné!...

Je m'éveille en sursaut, au bruit d'un reptile énorme qui rôde autour de mon antre; je m'élance pour sortir: une grosse couleuvre d'eau, que j'avois prise pour un tronc d'arbre, étouffoit en se repliant un cerf qui étoit venu se désaltérer; je reste spectateur involontaire, craignant que l'animal ne quitte sa proie pour s'élancer sur moi. Cette couleuvre, plus grosse que le corps d'un homme, entrelace sa proie, la traîne sur l'herbe, l'entoure de plusieurs replis, lui brise les os, s'allonge encore, la serre de nouveau; tout le corps est brisé comme un morceau de viande presque baveux sous les coups d'un lourd marteau; elle s'élargit en se raccourcissant, tourne sa proie qu'elle allonge, la couvre d'une bave grisâtre, l'avale et s'endort. Je n'ai plus de peine à croire ce que disent à ce sujet Valmont de Bomare, Pluche et Buffon. Si Eglano et sa petite sœur étoient près d'ici, auroient-elles eu autant de bonheur que moi?...

Je sors enfin; j'appelle, une voix se fait entendre.... C'est Eglano, avec sa petite sœur et son frère aîné, qui avoit saisi le meurtrier du petit Hyram. Je leur montre à la distance de cent pas la grotte où je me suis endormi; tous trois joignent les mains, me regardent comme si j'étois un revenant; je leur parle de cette couleuvre.... ils sont surpris que je n'aye pas été dévoré par une autre, ou par les tigres qui y cachent leurs petits; je presse Eglano sur mon sein, son frère et sa petite sœur s'attachent à moi; nous avançons quelque tems en nous embrassant, sans pouvoir nous parler; ah! m'écriai-je en sanglotant, que fait Lisbé? sommes-nous loin de la montagne de Tonga? Une immense prairie se découvre à nos yeux; les bords d'un eau claire sont peuplés d'aigrettes de tayaya, de tokocos, d'aiglons ou pagany, de sarcelles aux plumes rouges. Nous sommes à cinq lieues des ruines de nos karbets; le soleil est sur son déclin, et il n'est pas prudent de voyager la nuit, de peur de fouler des serpens ou de tomber dans la gueule du tigre.

L'aîné nous laisse sur une roche, pour aller à la provision. La chasse et la pêche furent très-abondantes; mais il falloit les faire cuire, et nous n'avions pas de feu. Quand le fidèle *Achate* auroit été là avec son pieux Énée, Virgile ne nous auroit pas tiré d'embarras en nous donnant l'expédient de faire jaillir l'étincelle de la veine du caillou, car nous étions entourés de gazon, d'arbres, et de rochers d'un seul morceau et peu propres à faire du feu.

Pendant que notre chasseur est en route, ses petites sœurs cherchent quelques branches de bois sec, enfoncent la pointe du rocher dans un morceau moins dur que les autres; elles en rabotent un autre plus dur. Ravi d'admiration, je les laisse faire; enfin elles ont fabriqué une tarière qu'elles tournent de toutes leurs forces pour échauffer le bois par le frottement; les copeaux servent, et à fermer le trou qui s'agrandit, et d'allumette au feu qui doit prendre, si elles irritent assez fortement les parties ignées. Je supplée à leur foiblesse, une légère fumée s'échappe, le feu prend, il pétille, voilà notre cuisine échauffée. Le chasseur revient; nous pourrons faire rôtir notre gibier, mais nous n'avons point de sel.

Venez avec moi, dit-il, apprendre à ne manquer de rien au milieu des forêts.... Il me conduisit dans un taillis de pineaux et me fit goûter la sève qui en découloit. Elle étoit âcre comme l'eau de mer. J'allois couper cet arbre sans précaution. Il me dit: «Prenez garde d'y trouver des serpens corails ou rouges; leur morsure est mortelle, et ils s'enferment volontiers dans les vieilles pinautières.» L'utilité de cet arbre a pu faire décerner au serpent les honneurs que lui rendent certains peuples de la côte de Guinée, comme au maître d'une si précieuse découverte.

Nos petites ménagères ont préparé notre souper. Notre table est une pierre lisse; à côté, un bassin creusé par la nature, nous présente une eau de cristal; nous sommes à l'abri du serein sous des arbustes dont les racines pressées sur une petite langue de terre, serpentent dans le creux du vallon. Nous mangeâmes du lamentin[21], de la tortue de rivière et de l'anguille tremblante[22].

Je demandai à Ydoman qui lui avoit appris le secret du briquet qui nous avoit donné du feu; il m'en donna l'origine naturelle d'une manière mystérieuse. Leur grand mage monté sur un chariot traîné par des buffles, vit le feu prendre à une des roues et reçut des avis secrets du Tamouzy, qui lui promit de mettre des étincelles de feu dans chaque morceau de bois que toucheroit chaque Indien qui lui feroit des présens: *qu'il l'use par le frottement*, dit le dieu. J'eus beau lui dire qu'il n'y avoit rien là que de fort naturel, que j'en savois autant que lui, il y trouvoit du mystère, et ne vouloit pas se persuader qu'il pût faire du feu sans l'agrément de ses pyayes. Il fallut, par prudence, le laisser dans son erreur. Ainsi certains novateurs relèvent l'origine des découvertes qu'on doit quelquefois autant au hasard qu'à leurs recherches; comme ce marmot qui, en jouant avec ses camarades, s'avisa d'approcher à certaine distance deux morceaux de verre concave et convexe; l'ampleur des objets l'ayant fait crier au miracle, des savans qui s'occupoient de toute autre chose, assurèrent que le résultat de leurs recherches leur avoit donné, avant l'enfant, la découverte des lunettes d'approche.

D'autres cerveaux creux excommunient les savans qui ne croyent pas qu'il n'y a point de vide; Galilée et son disciple sont enfermés à l'Inquisition, pour avoir été plus physiciens que les docteurs d'Espagne; et Copernic, dans les prisons du Saint-Office, pour avoir démontré les antipodes et fait tourner la terre autour du soleil, est condamné à demander pardon aux dominicains, d'avoir eu plus de raison et de lumière qu'eux. Les visionnaires entêtés sont plus difficiles à éclairer que le père Mallebranche qui, à force de voir le monde parfait, crut voir un gigot de mouton pendu à ses naseaux; un de ses amis s'arma d'un grand couteau, lui pinça le nez en s'écriant: *voilà le gigot coupé*. Mallebranche revint de sa folie et embrassa son ami qui écrivit le lendemain sur le manche du gigot:

Lui qui voit tout en Dieu, n'y voit pas qu'il est fou.

Ydoman reprit la suite de nos désastres; il avoit vu égorger son père avec qui il avoit été pris. Ses vainqueurs l'avoient attaché à un arbre, pendant qu'ils égorgeoient ses compagnons. Il s'est sauvé, a erré à l'aventure aux alentours des karbets où il revenoit, quand il a trouvé ses deux sœurs qui se désoloient au bord d'un étang, et il nous conduit à la montagne de Tonga. La nuit nous surprit, nous allumâmes de grands feux et nous criâmes pour épouvanter les animaux voraces. Quand le sommeil gagna mes guides, ils voulurent aller dormir loin de moi. Je les retins.—«Mon Banaret, dit Ydoman, je ne veux pas mettre ta vie en danger. L'odeur du roucou dont nous nous frottons, attire le tigre; s'il est seul et que je dorme auprès de toi, il te laissera pour me prendre; mais s'il vient en troupe, il ne fera pas de choix.» Son observation est juste; qu'un Indien, un noir et un blanc dorment à côté l'un de l'autre, le blanc, parce qu'il n'a point d'odeur, sera le pis aller de ces animaux carnivores.

À la pointe du jour, nous regagnâmes nos karbets. Lisbé en revoyant ses enfans, poussoit des hurlemens de joie. Son père qui se chauffoit auprès du fourneau où rôtissoit la cassave, se leva, vint à nous, tomba dans nos bras épuisé de douleur et de plaisir; ses membres claquoient, il étoit attaqué d'une fièvre violente.

Ydoman courut chez les Ytauranés dont les envoyés étoient venus nous voir avant le combat; ils vinrent nous consoler. Au bout de quinze jours, ils eurent rebâti nos karbets à notre insu. Comment peindre nos transports de joie à cette délicieuse surprise? Ces lieux nous rappelleront nos pertes, mais nous y verserons de douces larmes; la douleur et la réflexion sur ces ruines, auront des charmes pour nous, car tous les hommes ont une patrie.—«Dieux justes, dit notre bon vieillard, étendant au ciel ses mains décharnées!.. j'expirerai avec joie. Je reposerai dans le *Sura* avec mes pères: que je meure sur le sol qui m'a vu naître! Ô ma Lisbé! fais moi traverser le torrent; mes forces s'épuisent.» Quatre Indiens vigoureux l'étendent sur un palanquin, et le portent sur leurs têtes. «Ma fille, et toi, Ydoman, laissez-moi serrer chacun une de vos mains.» Nous le suivîmes, car un Indien porte tout son avoir avec lui.

Voilà nos chers karbets, il n'y manque que les anciens habitans, tout est disposé comme auparavant; les ravages des barbares sont effacés partout, excepté dans nos abatis; la terre est sarclée et replantée; nos architectes libérateurs ont pourvu à nos besoins par une bonne quantité de cassaves. Comme leur peuplade étoit trop nombreuse, ils saisissoient cette occasion de s'éloigner sans se séparer. Le fils du roi est chef de cette nouvelle colonie: il a un frère qui ne compte que seize abatis et lui dix-sept. Ils demandèrent à Lisbé la main de ses petites: Ydoman est promis à leur jeune sœur; le mariage sera conclu le jour que le grand mage aura ordonné ses aspirans; on désigne pour époque le quatrième jour de la lune du Lama, qui répond au 20 décembre.

Depuis notre résurrection, chacun aimoit à se rapprocher et à former sa peuplade particulière; mais deux mortelles ennemies se trouvoient en présence l'une de l'autre, Lisbé et Barca; l'une alloit être alliée au roi, l'autre étoit l'épouse du grand mage, et la sœur du malheureux Makayabo, assommé par Lisbé dans notre première fête. Barca n'avoit point oublié l'injure faite à ses mânes, que le roi avoit fait jeter aux oiseaux de proie; elle cachoit son ressentiment en étouffant la mémoire de son frère. Lisbé gardoit le même silence, sachant l'une et l'autre ce qu'elles avoient à craindre et à venger. Lisbé ne m'en avoit rien dit, mais elle étoit sur ses gardes pour elle, sa famille et moi.

Le récipiendaire des pyayes et l'épreuve de puberté des filles, sont des cérémonies trop singulières pour n'en pas dire un mot.

L'ordination se fait la veille des mariages. Le grand mage, assis dans son branle, fait prendre chaque aspirant par quatre Indiens qui lui gauffrent les bras, le dos, les reins avec un caillou tranchant comme l'acier. Le sang coule sous les doigts des graveurs qui lui impriment des signes hiéroglyfiques; s'il lui échappe de pousser un cri, ou de froncer le sourcil, il est regardé comme profane, et les jeûnes qu'il a observés d'avance ainsi que les autres épreuves deviennent inutiles. Cette douloureuse opération est la troisième du même genre, toutes sont précédées d'un jeûne des plus rigoureux. Pendant trois jours l'aspirant ne se nourrit que d'une petite quantité d'herbes crues. Les sculpteurs sont plus de deux heures à martyriser les patiens, après quoi on fait un grand festin aux frais des aspirans à demi initiés. Ils sont au milieu du banc de gazon; chaque convive les invite à y prendre part; s'ils acceptent autre chose que des herbes crues, l'épreuve est nulle; pendant qu'on apporte des liqueurs à plein couye, ils boivent près de deux pintes de jus de tabac; cette dernière épreuve, qui est la plus rude, en fait mourir un très-grand nombre. Mais ce noviciat est une règle sans exception. Un spartiate avoit-il plus de courage? les exercices du Gymnase d'Athènes étoient-ils plus pénibles? Si on compare les prêtres de Cybèle avec ceux-ci, ne se ressemblent-ils pas pour la patience? Les premiers corybantes se donnoient des coups de couteau dont ils mouroient, quoique le dieu qu'ils avoient élevé dût les rendre invulnérables.

Le tour des filles de Lisbé vint. Ces victimes sont entre les mains des pyayes qui leur liment les dents en forme de mèche, leur gravent certains signes sur le sein et sur le front. Lisbé les anime par sa présence. Elles restent moins de tems entre les mains des bourreaux; elles gardent un rigoureux silence, et après l'opération, observent le jeûne des pyayes. Les voilà sanglantes, nues et confuses: Lisbé leur attache à la ceinture une bandelette remplie de fourmis flamandes ou brûlantes, grosses comme des lentilles dont la morsure brûle comme du feu et donne la fièvre. Elles montent au sommet du Sura, qui ressemble à nos greniers, pour y rester jusqu'au lendemain soir.

Le repas se prolonge tout le long de la nuit: au premier chant du coq, les pauvres petites, tremblantes et rouges comme du sang, descendent à la dérobée pour manger dans un angle du Sura, quelques racines crues, que les mages et la mère leur ont préparées, suivant la coutume[23]. À cinq heures les pyayes s'assemblent; le père de Lisbé donne la main à ses petites; Ydoman, Ysacar et son frère, parés de plumes et de couronnes de fleurs, mettent chacun une main dans la droite du mage, qui leur fait jurer de s'aimer, de se défendre de leurs ennemis jusqu'à la mort; se tournant du côté de l'époux, il lui enjoint de creuser un canot, d'aiguiser des flèches et de fournir aux besoins de sa femme et de sa famille; il prescrit les mêmes lois à l'épouse, ajoutant qu'elle doit suivre partout son maître et son roi. Il appelle les dieux témoins de la promesse des deux parties, et fait signe aux aspirans à la pyayerie de sonner la fête dans toute la peuplade. Une danse courte et expressive prélude le repas du triomphe, où les nouveaux pyayes et mariés peuvent s'asseoir. Les femmes sont à part, et n'ont jamais l'honneur de manger avec leurs maris.

Je remarquois que Barca, la femme du grand mage, n'avoit jamais été aussi assidue auprès de Lisbé. Je pris cette politesse pour une courtoisie intéressée; mais j'étois loin de deviner juste. Lisbé, qui accueilloit tout le monde avec un égal intérêt, me paroissoit hautaine à l'égard de celle-ci, je lui en voulois presque de son peu de prévenance. Les convives, chacun de leur côté, se livroient au plaisir de la table; Lisbé se trouve ivre, plus que les autres, de joie et de cachyeri; elle avoit toujours servi à boire au roi et à ses enfans; son implacable ennemie saisit ce moment pour verser à boire dans deux couyes à Ydoman, à son frère, à Ysacar et à moi. Je le refusai, car je me trouvois heureusement incommodé....... Elle remplit le couye d'Ydoman; je le présentai aux deux sœurs; elles burent, puis Eglano, par un souvenir de tendresse, courut embrasser sa mère et lui présenter le vase. Lisbé acheva de le vuider.

Au bout d'une demi-heure, Eglano, sa sœur, sa mère et le pauvre Ydoman pousssoient des cris affreux; une soif ardente les consumoit; leurs lèvres étoient violettes et arides; elles se rouloient par terre, vouloient s'ouvrir les flancs pour arracher ce qui leur déchiroit les entrailles; leurs yeux hagards, et les crises qui les agitent ne permettent plus de douter qu'elles ne soient empoisonnées.

Ces quatre victimes se roulent sur le sable en confondant leurs larmes et leurs bras; Lisbé et ses enfans sentent quelque relâche, se soulèvent pour s'embrasser en pleurant; Eglano et sa sœur tendent une main défaillante à leurs époux consternés et stupéfaits. «Hélas! dit la mère à Ysacar, auguste prince, prenez soin de cet étranger, je lui dois la vie;» puis s'adressant à moi: «et toi, Banaret, veille sur mon vieux père, ne laisse jamais Barca approcher de lui; elle venge sur nous la mort de son frère Makayabo.» Pendant ce discours, le roi tenoit Eglano entre ses bras, elle expira; un dernier accès prit à Lisbé, qui suivit ses enfans.

Cette affreuse nouvelle vint aux oreilles du bon vieillard; il m'appelle; j'arrive après avoir enseveli les cadavres dans une natte de jonc.—«Cher étranger, approche-toi: ma fille est morte, ma famille est éteinte; je ne puis verser de larmes; donne-moi la main, embrasse-moi; adieu; je t'adopte pour mon fils; que le Tamouzy et le grand Lama prennent soin de tes jours. Fuis ces déserts et ces nouveaux Indiens, ils sont aussi méchans que ces révolutionnaires dont tu parlois à Hyroua; il est mort, Hyroua; Lisbé et mes petits enfans ne sont plus.... Adieu, Banaret...» En achevant ces mots, je sentis foiblir sa main, qui avoit placé la mienne sur son cœur; il s'éteignit, et je m'éloignai en sanglotant....

La femme du grand mage fut mise à mort malgré les imprécations de son époux qui nous menaça du Tamouzy et de l'Hyrouca. Elle avoit aussi empoisonné les deux jeunes rois, qui furent sauvés par les soins d'un autre pyaye, qui leur donna secrètement du contre-poison; la pâleur de la mort étoit sur leur front; ils restèrent long-tems plongés dans un sommeil léthargique. Le lendemain ils revinrent à eux, firent poursuivre le grand mage et ses enfans, qui s'étoient sauvés dans un canot. La peuplade revint ensuite à mon karbet pour rendre les derniers honneurs aux morts. Le roi les appela plusieurs fois; voyant qu'ils ne répondoient pas, il leva le coin de la natte et commença à se douter qu'ils étoient morts. Les Indiens se persuadent difficilement que ceux qu'ils aiment se séparent d'eux; souvent ils n'enterrent leurs morts que quand ils sont à moitié pourris.

Il découvrit les cadavres, qui étoient noirs, infects et méconnoissables. Ysacar ne voyoit Eglano que dans sa fraîcheur; il l'embrassoit, l'appeloit, lui serroit la main:—«Eglano, Eglano, pourquoi m'as-tu quitté? Est-ce que tu ne m'aimois pas? Je ne voulois vivre que pour toi.» Chaque Indien s'approchoit à son tour de chaque mort pour lui faire la même prière. On lava les cadavres; le roi les fit embaumer et mettre dans des hamacs blancs. J'ensevelis Lisbé avec son père, Eglano avec sa sœur, et je mis Ydoman au milieu, comme le restaurateur du village et des malheurs de sa famille.

Les hamacs des morts étoient chargés de mets; on les invita à manger; le repas continua dans un morne silence; la cérémonie funèbre commença ensuite. Les jeunes filles, parées comme aux jours de fêtes, portoient les deux princesses, et formoient des ronds de danse autour des hamacs. Les jeunes gens couronnoient Ydoman de fleurs, et formoient les mêmes chœurs. Les vieillards seuls marchoient lentement autour du corps de Lisbé et de son vieux père. Le Sura leur sert de cimetière. Une musique agreste forme de lugubres accords sur les marches du tombeau. Avant de confier les corps à la terre, on leur demande encore pourquoi ils veulent quitter leurs amis; on les met ensuite dans leur canot, avec leurs flèches, leurs boutous, leurs rassades; puis la musique entonne un hymne sépulcral où l'on récapitule les actions du mort; cet hymne se nomme *le Tombeau*; en voici le modèle, adapté à nos usages:

TOMBEAU

DE LISBE ET DE SA FAMILLE.

VOYAGEUR égaré dans ces vastes déserts,
Ne marche plus à l'aventure!
Au couchant de Tonga s'il reste une masure,
Viens-y sécher tes pleurs et compter tes revers.
Le mortel qui l'habite, au doux nom de Lisbé,
Au nom de sa triste famille,
Te dira: «Vous cherchez ou son fils ou sa fille;
»Ici, dans un seul jour, ils ont tous succombé!»

Le chœur répéta trois fois cette strophe, et chacun jura de n'oublier jamais Ysacar et Lisbé. Ces premiers vers servirent de ritournelle, ou plutôt de mineur.

Lisbé, contre son cœur écoutant son devoir,
Ne sauve un époux qu'elle honore,
Qu'en abrégeant les jours de l'amant qu'elle adore.
Bientôt l'amour contre elle arme le désespoir.
Hiroua, cet époux, avec son jeune fils,
Sont dévorés par les Sauvages.
Un étranger l'arrache à ces sanglans rivages;
Ydoman, son aîné, vient revoir ces débris.

Voyageur égaré, etc.

Il court chez ses amis, il court chez ses voisins:
«Venez voir nos karbets en cendre,
Venez nous consoler, nous aider, nous défendre;
À vos heureux succès unissez nos destins!»
Aux cris des malheureux l'Indien n'est jamais sourd:
On leur députe une ambassade;
Au village brûlé, la sensible peuplade
Accourt pour travailler sans attendre son tour.

Voyageur égaré, etc.

Les karbets sont couverts; on l'annonce à Lisbé,
À ses enfans, à son vieux père.
Ils sont cinq malheureux fugitifs sur la terre,
Reste de la peuplade au carnage échappé.

«Unissons, dit le roi, nos enfans, nos dangers;
Lisbé, sois ma sœur et leur mère:
Ma fille aime Ydoman; Ysacar et son frère
Préféreroient ton sang à des nœuds étrangers.»

Voyageur égaré, etc.

«Tant de gloire t'aveugle, et ce fatal moment
Où tu crois que ton bonheur touche,
Cet aveu de ton cœur, trop tardif dans ta bouche,
Sera pour nous, Lisbé, le plus cruel tourment:
Ton ami, sous tes coups, certain jour succomba;
L'hymen à l'amour fit outrage.
La sœur de cet amant est l'épouse du mage;
Sa haine est un brasier qui nous consumera.»

Voyageur égaré, etc.

«Hélas! tu luis trop tôt, trop tôt pour mon malheur,
Jour fatal de leur hymenée!
De gloire et de trépas ta fille est enivrée,
Et tu bois à ton tour la mort avec l'honneur.
Lisbé succombe, ses membres torturés,
Sur sa famille anéantie:
Banaret, C'EST BARCA QUI M'ARRACHE LA VIE,
Dit-elle; adieu!...» Couvrons leurs corps défigurés.

À ces mots, la douleur brisa les instrumens, un morne silence fit place à des cris, ou plutôt à des hurlemens..... Jamais pompe funèbre ne fut plus imposante, plus sincère et moins fastueuse. On approcha les canots du caveau; les tablettes où j'avois inscrit les épitaphes, furent attachées sur la poitrine des morts, et enveloppées d'une cage de bois de fer; enfin on les descendit; alors la musique reprit:

Voyageur malheureux, etc.

Lisbé et son vieux père disparurent les premiers; on lisoit sur leur canot:

La mort de mes enfans termina ma carrière;
Je n'eus qu'un étranger pour fermer ma paupière.
L'hymen contre l'amour avoit armé mon bras;
L'amour contre l'hymen avança mon trépas.

Ydoman passa ensuite.... Il disoit aux grands hommes:

Le poison que Barca déverse sur ma vie,
Doit faire envier mes destins:

Amans, héros, guerriers, c'est celui de l'envie;
Je meurs sous les karbets relevés par mes mains.

Ysacar et son frère étoient attachés au canot où reposoient les deux sœurs; leur sort étoit celui des illustres infortunés français, dont la destinée malheureuse a tant fait de victimes.... Elles disoient *mors erat in solio.*

Nous, comme tant de rois à qui le sort la donne,
Avons bu le trépas en touchant la couronne.

Cette terrible sentence confondit les jeunes monarques; la crainte, l'amour, et la pâleur de la mort qui couvroit encore leurs visages, firent couler leurs larmes avec plus d'abondance. Ils tombèrent, le corps à moitié renversé, sur les marches du caveau; le grand mage les releva, et voulut les éloigner. Ils s'y précipitèrent de rechef; on les en arracha, on ferma la tombe, et le chœur reprit:

C'en est fait! le tombeau les arrache à nos yeux;
Ils ne sont plus rien sur la terre,
Ils occupent déjà l'éternel sanctuaire.
Illustres malheureux, recevez nos adieux!
Bons cœurs, pleurez Lisbé; rois, pleurez Eglano.
Patriote, amant de la gloire,
Fais revivre Ydoman au temple de mémoire;
Nous suivrons le vieillard dans la nuit du tombeau.

Voyageur égaré, etc.

Le reste du jour, la peuplade fit des libations sur les tombeaux, se réunit le soir pour pleurer encore, et passa la nuit dans une fête brillante, qu'on appelleroit chez nous la noce de la résurrection.

Je me retirai vers le roi, à qui je témoignai le désir de quitter ce séjour de douleur; il y consentit avec peine.

Le lendemain, à la pointe du jour, un petit canot m'attendoit au bord de la rivière de Konanama, qui roule une eau noire dans un lit resserré par des montagnes et couvert d'arbustes épais et croisés les uns sur les autres. Nous suivions le fil de l'eau; quand nous fûmes auprès du premier saut, les Indiens qui m'accompagnoient me chargèrent sur leur dos pour me mettre à terre. Nous entendions l'eau qui tomboit avec un bruit affreux; le lit de la rivière étoit obstrué par des montagnes, qu'elle franchissoit en formant des cascades qu'on appelle sauts. Mes guides se laissèrent aller au courant, et tombèrent en riant dans le vortex écumeux.

J'allois moins vîte que mes plongeurs, et j'observois avec effroi les immenses prairies qui m'environnoient. Je vis un cadavre arrêté par les cheveux dans les roches du saut; j'appelai mes Indiens; ils reconnurent le fils du grand Barca. Nous trouvâmes son père fracassé dans sa barque, qui s'étoit perdue dans un *recoude* couvert de roseaux. Mes guides les maudirent, et moi je les plaignis en pleurant Lisbé.

Nous mouillâmes sur les bords de Konanama: je m'y arrêtai quelque tems à fixer les ruines des karbets de mes compagnons; j'en pris le plan. Les Indiens retournèrent à leur village, et moi à Synnamary, et de là à Koroni, sur les bords de la mer, à 14 lieues au N. E. de Cayenne.

Fin de la quatrième partie.

CINQUIÈME PARTIE.

Per varios casus, per tot discrimina rerum,
Tendimus in Latium.

VIRGIL. *Æneid. Liv. I, v. 16.*

Après tant de hasards, après tant de revers,
En essuyant nos pleurs, un Dieu brise nos fers;
Nous reverrons la France!...

Arrivée de H.... Révolution du 18 Brumaire. Coup-d'œil sur la France. Nouvelle de rappel. Départ de MM. Barbé-Marbois et Lafond-Ladebat. Arrivée de la frégate la Dédaigneuse, *venant chercher les déportés, et partant sans les emmener. Départ de l'auteur par New-Yorck. Portrait des Américains. Arrivée en France. Nouvelles persécutions de l'auteur: il doit sa liberté au premier consul Bonaparte.*

Depuis vingt mois la France a disparu à nos yeux, et chaque minute d'exil allume en nos cœurs l'impatience de la revoir. Pour peindre les tourmens d'un déporté, il faut l'avoir été soi-même. Oh! la peine du dam n'est point une chimère à ses yeux. Qu'on le suppose dans l'aisance, le miel pour lui se change en absinthe; il défeuille les roses par ses larmes; la table la plus somptueuse n'est chargée que de poisons; il dit à ce qu'il voit, à ce qu'il touche, à l'air qu'il respire, à la feuille qui grandit, à la fleur qui éclôt, aux fruits qui mûrissent, aux troupeaux qui paissent, aux agneaux qui bondissent: vous n'êtes point la France...... Il dit aux forêts, aux échos, aux montagnes, aux vallons, aux gazons, aux ruisseaux: votre ombrage est moins frais, votre voix moins douce, votre cime moins belle, votre site moins riant, votre tapis moins lisse, votre murmure moins doux, votre roucoulement moins tendre qu'en France. Un déporté est l'habitant d'*Othayti* dans le Jardin des Plantes de Paris, flairant sa patrie dans ce qui l'environne, s'élançant au pied d'un palmier de son pays, qu'il arrose de pleurs: Othayti! Othayti! mais tu n'es pas *Othayti*, dit-il en s'éloignant. Un déporté frappé de cette sentence terrible: *retire-toi de ta patrie*, s'écrie sans cesse: voilà l'enfer..... voilà l'enfer!.... je le sens..... le voilà, ce brasier, il brûle mon cœur, il le dévore et ne le consume pas! Quand l'infortune, la misère, la crainte attisent encore ce feu, l'exil n'est-il pas le plus cruel supplice?

La terreur fait place à la justice; nous n'aurons plus à lutter que contre la misère; un rayon d'espérance luit déjà pour nous; après avoir dépassé le cratère du volcan, nous frémirons autant de son explosion et de nos dangers, que de notre préservation.

Nous sommes au 13 décembre 1799. Monsieur Franconie est reconnu vice-agent à la tête du bataillon, au milieu des cris d'alégresse.—«Mes amis, dit-il, vous me chargez d'un emploi bien lourd à mon âge; la crise est forte, mes lumières sont foibles: le timon du gouvernement seroit beaucoup mieux en des mains plus énergiques. Le citoyen Burnel nous a laissé bien des dettes; pour moi, je n'en ferai pas; je fais don à la république des honoraires de la place que vous me confiez; c'est peu de chose, mais les secrets du gouvernement seront les vôtres; les personnes et les propriétés seront respectées; chacun pourra visiter les magasins et les caisses; je ne veux que votre estime et votre amitié, et je serai trop heureux de mériter votre reconnoissance.»

1er. janvier 1800.—Une proclamation des plus sinistres paroît avec l'année 1800. Les soldats vont manquer de vivres et de vêtemens, les magasins et les caisses sont entièrement à sec. Le sixième du revenu et un emprunt forcé ne suffiront pas pour les frais de l'année. Franconie termine par inviter tous les colons à venir se convaincre par eux-mêmes de la vérité, en visitant les caisses, les magasins et les registres du contrôle et des administrations; il les prie de se réunir à lui dans le courant de la décade, pour lui communiquer leurs lumières.

7 janvier 1800.... 17 nivôse.... Grandes nouvelles.

Ce matin, à neuf heures, une longue salve d'artillerie a retenti dans les airs, nous avons compté vingt et un coups de canon; à 11 heures, le même salut recommence...... Nous sommes quatre déportés voisins les uns des autres..... Éloignés de quatorze lieues de la capitale, chaque matin, au lever du soleil, nous nous réunissons sur les bords de la mer, pour nourrir l'espoir de notre retour... L'écho des ondes et des forêts a retenti dans nos cœurs.... Desvieux, que Burnel avoit déporté, revient revêtu du grade de général de la colonie; il amène un agent de France.... Victor H....., qui étoit à la Guadeloupe; nous recevons les nouvelles suivantes:

Tout est changé en France depuis le 18 brumaire, 9 novembre 1799. Le directoire ne savoit plus que faire; la guerre civile ravageoit la république; personne ne couchoit en sûreté dans son lit. Tous les partis étoient en présence; tous les hommes étoient mécontens; tous étoient las de révolution; le peuple n'étoit pas plus tranquille que les gouvernans; l'anarchie et le despotisme s'entre-culbutoient chaque jour. Bonaparte est parti d'Alexandrie, a débarqué incognito, s'est rendu à Paris, a médité son coup, s'est présenté aux deux conseils.... Celui des cinq-cents a crié sur lui *hors la loi*; il s'est retourné vers les grenadiers qui l'avoient suivi en Italie. Ces braves l'ont entouré. L'un d'eux, en le couvrant de son corps, a reçu un coup de poignard pour lui. L'entrée subite des soldats, a mis les conseils en fuite. Un nouvel ordre de choses a été organisé, et ce grand mouvement s'est opéré sans secousse, le dieu de la victoire et de la fortune couvrant de ses ailes le pacificateur du Tibre et du Rhin. La renommée, qui grandit en marchant, nous amplifia ces détails; et chaque habitant, effrayé de l'arrivée du nouvel agent, se plut à les commenter à son tour, pour lui montrer et se convaincre soi-même qu'il n'avoit plus que le pouvoir impératif de faire le bien.

Dans ce moment, H..... étoit en rade pour venir remplacer Burnel. La marine française étoit si pauvre à cette époque, que depuis six mois, la frégate n'avoit pas pu être équipée. H..... avoit ses expéditions..... Et quelles expéditions, grand Dieu!..... et en quelles mains! Le 18 brumaire arrive: tout change de face; les brouillons rentrent dans le néant; les gens en place sont épurés; le consulat remplace le directoire (Bonaparte, Sieyès, Roger-Ducos sont consuls). H..... est encore en rade et pâlit d'effroi; quelques agens qui le protègent, sont encore dans les bureaux; avant d'en sortir, ils lui font changer ses expéditions, il paye le surplus de l'armement de sa division; il met à la voile le 13 frimaire an 8 (4 décembre 1799), apporte des passe-ports à M[rs]. Lafond-Ladebat et Barbé-Marbois, seuls restans de la première déportation. Ils peuvent partir quand ils voudront.... Il assure que nous les suivrons de près.. Que de crises nous avons passées!

La naissance de la révolution française fut annoncée par les présages les plus sinistres. En 1783, la Calabre fut bouleversée par le Vésuve embrasé. Les brumes de la Scythie consolidèrent les zones tempérées... Un déluge de feu fut éteint par un océan de pluie.... La Pologne anarchisée, devint le partage de la Russie, de la Porte, de la Prusse et de la maison d'Autriche. Les deux rives de la mer Adriatique et les anciennes bornes de l'Europe furent jonchées d'un côté de cadavres, de l'autre, de cendres et de ruines; la nature sembloit voir avec douleur la révolution des *États-Unis*, prélude de celle de l'univers. En 1786, la Bretagne se révolte sans savoir ce qu'elle veut. L'Angleterre souffle le feu pour se venger de la paix de 1783. L'année 1788 nous amène la famine et la grêle. 1789 commence par un hiver des plus froids. La famine reparoît quatre fois à la fin de cette année, et immédiatement après la moisson. Tant de prodiges sembloient nous prédire les périodes de 1792, 93, 94, 98 et 99. Ne serions-nous pas tentés de croire que ce passage d'un auteur connu depuis 18 cents ans, est composé de nos jours?

... Solem quis dicere falsum
Audeat? Ille etiam cæcos instare tumultus
Sæpè monet, fraudemque et operta tumescere bella.
Ille etiam extincto miseratus Cæsare Romam,
Cùm caput obscurâ nitidum ferrugine texit,
Impiaque æternam timuerunt sæcula noctem.
Tempore quamquam illo tellus quoque, et æquora ponti,
Obscœnique canes, importunæque volucres
Signa dabant. Quoties Cyclopum effervere in agros,
Vidimus undantem ruptis fornacibus Ætnam,

Flammarumque globos, liquefactaque volvere saxa?
Armorum sonitum toto Germania cœlo
Audiit, insolitis tremuerunt motibus Alpes.
Vox quoque per lucos vulgo exaudita silentes
Ingens, et simulacra modis pallentia miris
Visa sub obscurum noctis, pecudesque locutæ;
Infandum! sistunt amnes, terræque dehiscunt,
Et mœstum illacrymat templis ebur, æraque sudant.
Proluit insano contorquens vortice sylvas
Fluviorum rex Eridanus, camposque per omnes
Cum stabulis armenta tulit; nec tempore eodem
Tristibus aut extis fibræ apparere minaces,
Aut puteis manare cruor cessavit; et altè
Per noctem resonare lupis ululantibus urbes.
Non aliàs cœlo ceciderunt plura sereno
Fulgura, nec diri toties arsere cometæ.
....
Quippe ubi fas versum atque nefas, tot bella per orbem
Tam multæ scelerum facies; non ullus aratro
Dignus honos; squalent abductis arva colonis,
Et curvæ rigidum falces conflantur in ensem.
Hinc movet Euphrates, illinc Germania bellum;
Vicinæ ruptis inter se legibus urbes
Arma ferunt: sævit toto Mars impius orbe.

VIRGILE, Georg., liv. 1.

Je ne veux expliquer ce morceau en l'honneur de la mort de César, que par la révolution depuis 1780. Alors elle avoit pris naissance dans le nouveau monde.

En 1784, l'aurore boréale qui couvrit le disque du soleil, fit présager aux peuples la guerre et les rumeurs qui éclatèrent dans les années suivantes.

L'éclipse de 1793 fut assez sensible.....

En 1794, la mer gela; le Zuiderzée en Hollande vit des rues, des boutiques et des feux sur ses flots consolidés.

En 1794, les fleuves furent rougis de sang et remplis de cadavres.

En 1794, les loups suivoient les camps dans la Vendée, et hurloient dans l'attente du combat; ils avoient des villes entières pour retraite.

En 1784, une comète avoit précédé ces événemens. Je me conforme au texte, non par superstition, mais pour m'exempter de traduire.

Au milieu de tant de guerres, nous nageons dans le meurtre et dans le sang: amis et ennemis tombent sous nos coups; nos campagnes sont désertes, nos guérets sont en friche; nos faulx sont redressées en piques, et les socs de nos charrues fondus en épées. *L'Euphrate*, *le Tibre*, *le Danube*, *le Rhône et le Rhin* portent aux deux mers des bataillons armés; toutes nos villes se soulèvent, et tout l'univers est en armes.

Auguste, à la fleur de son âge, part d'Alexandrie pour fixer le bonheur du monde. Cette époque aussi chère à la religion qu'à l'histoire, renaît pour nous, et les deux Continens redisent avec effusion:

> Dî patrii, indigetes.....
> Hunc saltem everso juvenem succurrere sæclo
> Ne prohibete: satis jam pridem sanguine nostro
> Laomedonteæ luimus perjuria Trojæ.

H..... profita des transports de joie auxquels on se livroit, pour mettre pied à terre. Il étoit si connu et si décrié, que son entrée fut celle d'une bête fauve, se glissant dans une bergerie même pacifiquement si possible est. Les transports d'alégresse firent place à l'effroi: il eut besoin de confirmer lui-même ces nouvelles pour gagner quelques habitans; il étoit si convaincu de tout l'odieux qui l'entouroit, qu'il prit une lettre de recommandation de Jeannet qui lui succédoit à la Guadeloupe. Voici la teneur de cette pièce, qu'il fit circuler dans les cantons pour calmer les esprits:

«Bons habitans de Cayenne, calmez vos frayeurs; je sais que le citoyen H..... paroît à vos yeux sous un aspect terrible. Il fera le bonheur de votre colonie, il n'a plus rien à demander à la fortune; il vous fera oublier, par sa clémence, les catastrophes qui ont eu lieu à la Guadeloupe pendant qu'il la gouvernoit. Croyez-en celui qui emporta vos regrets, et qui s'honorera toujours d'avoir mérité votre confiance et vos suffrages.»

Quelques-uns prirent cette lettre pour une ironie amère, très-peu de monde y ajouta foi. Voici le début, l'administration et le caractère de ce troisième agent.

Il rend visite à Billaud, il l'appelle à Cayenne. Les autres déportés y pourront venir également avec des permis limités; ils entreront même à l'hôpital. Le gouvernement lui a ordonné, dit-il, de les traiter avec égard; il donne des éloges aux habitans qui les ont retirés. Il demande l'ordre et la paix; il ne change rien au dernier réglement de police de Burnel, parce qu'il n'est que provisoire comme le gouvernement consulaire qui l'a délégué. Il acquitte les dettes de la colonie; il rédime les fautes de son prédécesseur dont il plaint déjà l'embarras; il se répand en bals et en repas somptueux. La troupe qui a débarqué avec lui, est un amalgame de déserteurs de toutes les nations, gens propres à tous les coups de main, si le thermomètre redescendoit à l'anarchie. Il a aussi amené une musique incomplète, qui, par ses accords, prend les Cayennais aux gluaux. En promettant de rembourser l'emprunt forcé, fait par Burnel, il le fait acquitter provisoirement par ceux qui sont en arrière. Des prises lui arrivent, il les répartit justement; il acquitte une partie des dettes de la colonie, qui se montoient à huit ou neuf cent mille francs. Il traite les soldats noirs comme les blancs; il réforme la discipline; il moleste et punit les fonctionnaires publics, les habitans et les officiers qui ont démasqué Burnel; il paroît affectionner Franconie, parce que ce vieillard qu'il remplace, réunit à juste titre les suffrages de ses concitoyens: voilà sa conduite durant les six premiers mois qu'il s'est attendu à son rappel. Malgré ce début, il n'avoit encore captivé personne; il a eu soin de se faire préconiser à Paris dans quelques journaux qui n'ont pas de lunettes de 1800 lieues. La suite nous l'a mieux fait connoître, et le voici *au physique et au moral.*

Victor H....., originaire de Marseille, est entre deux âges, d'une taille ordinaire et trapue; tout son ensemble est si expressif, que le meilleur de ses amis n'ose l'aborder sans effroi; sa figure laide et plombée exprime son âme; sa tête ronde est couverte de cheveux noirs et plats qui se hérissent comme les serpens des Euménides, dans la colère qui est sa fièvre habituelle; ses grosses lèvres, siège de la mauvaise humeur, le dispensent de parler; son front sillonné de rides, élève ou abaisse ses sourcils bronzés sur ses yeux noirs, creux et tourbillonnans comme deux gouffres..... Son caractère est un mélange incompréhensible de bien et de mal: il est brave et menteur à l'excès, cruel et sensible, politique, inconséquent et indiscret, téméraire et pusillanime, despote et rampant, ambitieux et fourbe, parfois loyal et simple; son cœur ne mûrit aucune affection; il porte tout à l'excès: quoique les impressions passent dans son âme avec la rapidité de la foudre, elles y laissent toutes une empreinte marquée et terrible; il reconnoît le mérite lors même qu'il l'opprime; il dévore un ennemi foible; il respecte, il craint un adversaire courageux dont il triomphe. La vengeance lui fait bien des ennemis. Il se prévient facilement pour et contre, et revient de même. L'ambition, l'avarice, la soif du pouvoir, ternissent ses vertus, dirigent ses penchans, s'identifient à son âme; il n'aime que l'or, veut de l'or, travaille pour et par l'or; il se fait un si grand besoin de ce métal, quoiqu'il en ait déjà assez, qu'il voudroit que l'air qu'il respire, les alimens qu'il prend, les amis qui l'approchent, fussent de l'or: les parcelles qu'il en a semées à Cayenne, sont les actes de générosité de Persée ou de Mithridate semant l'or dans les plaines de Cisique pour éblouir et arrêter leur vainqueur. Ces grandes passions sont soutenues par une ardeur infatigable, une activité sans relâche, par des vues éclairées, par des moyens toujours sûrs, quels qu'ils soient. Le crime et la vertu ne lui répugnent pas plus à employer l'un que l'autre, quoiqu'il en sache bien faire la différence. Crainte de lenteur, il prend toujours avec connoissance de cause le premier moyen sûr que lui présente la fortune. Il s'honore de l'athéisme, qu'il ne professe qu'extérieurement.

Au reste, il a un jugement sain, une mémoire sûre, un tact affiné par l'expérience; il est bon marin routinier, administrateur sévère, juge équitable et éclairé quand il n'écoute que sa conscience et ses lumières. C'est un excellent homme dans des crises difficiles où il n'y a rien à ménager. Autant les Guadeloupiens et les Rochefontains lui reprochent d'abus de pouvoir et d'excès révolutionnaires que la bienséance et l'humanité répugnent à retracer, autant les Anglais (j'en suis témoin) donnent d'éloges à sa tactique et à sa bravoure.

De mousse, H..... est devenu pilotin, puis boulanger à St.-Domingue; a repassé en France à la première insurrection de cette colonie, a été membre de la société populaire et du tribunal révolutionnaire de Rochefort, s'est fait nommer agent de la Guadeloupe par le comité de salut public, a repris cette colonie aux Anglais et s'est acquis dans les Antilles et l'estime des Anglais et l'exécration de tous les colons. Le tourbillon au milieu duquel il a vécu, a révolutionné son esprit, et la vie paisible et douce est pour lui une mort anticipée.

Il visite la colonie jusqu'à la rivière de Maroni qui nous sépare d'avec les Hollandais; en route, il reçoit des dépêches et des nouvelles.

À son allée et à son retour, il mouilla à Synnamari, et rendit visite aux déportés. La première fois, ce fut pour insulter à leurs malheurs. «Vous vous flattez, leur disoit-il, d'un rappel *qui ne viendra jamais.*» Il assaisonna ces paroles accablantes de sarcasmes indécens et orduriers.

Deux jours après, ce n'étoit plus le même homme; il les plaignoit, leur assuroit un prompt retour, il donneroit même, disoit-il, 200 louis pour les voir partir: pour leur faire oublier sa première visite, il envoie à chacun, deux chemises et une paire de souliers de magasin. Il laisse transpirer quelques nouvelles; un des officiers de sa suite qui a servi sous le premier consul, en fait l'éloge et se réjouit de la tournure que le gouvernement prend en France. Des déportés mangeoient dans la même maison où H..... s'étoit arrêté pour se rafraîchir, il ne put se contenir.

En s'en retournant, il ne s'entretenoit que des mesures énergiques qu'il avoit employées à la Guadeloupe.

Pour lui faire la cour, il falloit applaudir à ses expédiens, qu'il appeloit petites espiègleries. Il trouva des apologistes dans certains colons, et je n'ai pas pu retenir mon indignation, en entendant un de mes anciens compagnons de la case Saint-Jean, Pavy, avec qui je me suis brouillé pour cela, vouloir me forcer de louer certains traits abominables; j'avoue qu'il se trouvoit dans la détresse et sous la férule d'un propriétaire qui flattoit tous les goûts des agens: s'il m'eût fallu exister à pareil prix, je serois mort. Je sais me taire, mais le crime n'aura jamais de ma part, même un faux signe d'approbation.

Au bout de six mois, la famine se fit sentir, parce que l'agent avoit donné une égale ration de pain, aux soldats noirs comme aux blancs; les déportés furent réduits les premiers à la racine de maniok, et au poisson salé. H..... ne leur a jamais rien restitué de ce que Burnel leur avoit soustrait. Plus il a fait de prises, moins il a adouci leur sort. Il nous a fait pleurer ses prédécesseurs.

Il poursuivoit les habitans qui donnoient asile à certains déportés contre qui on l'avoit injustement irrité. MM. Michonet et Casimir Bernard furent exilés dans le fond du désert; il en arrache un d'eux de l'habitation qu'il régissoit, le menace de l'envoyer à Vincent Pinçon avec une main de maïs, une pelle et une pioche pour creuser sa fosse. L'autre tombe dangereusement malade, il lui refuse la permission de revenir à Cayenne. Son hôtesse sème adroitement le bruit de sa mort pour éprouver H....., il en fait un festin de joie; le lendemain, en voyant qu'on l'a abusé, il destitue le maire pour lui avoir donné, dit-il, une fausse joie. Quelques mois après, à la mort de M. Colin, me trouvant sans asile, je lui demandai la permission d'aller au dépôt de Synnamari; il me fit répondre par le citoyen Franconie:

«Le citoyen agent est instruit que ceux d'entre vous qui se sont soustraits d'aller à Konanama, ont renoncé à la ration; je vous conseille de ne pas le tourmenter, vous feriez peut-être votre mal et celui des autres. Je vous engage à prendre patience.» La misère ne me permit pas de patienter long-tems, je demandai un permis pour aller à Cayenne solliciter cette justice. Je vis H..... qui, après m'avoir dit mille injures pour ce que j'avois répondu jadis à Burnel, termina ainsi: «je ne vous aurois pas menacé comme lui de la fusillade, mais je vous aurois attaché à quatre piquets, et coupé de 500 coups de fouet.» (Il ne vouloit venger ni l'individu Burnel qu'il méprisoit, ni les droits de l'agence, mais il dévoroit une victime de l'ostracisme du 18 fructidor.) «Nous ne resterons pas éternellement à Cayenne, lui dis-je.—Sur quoi fondez-vous votre retour?—Sur celui de nos prédécesseurs: notre exil est pour la même cause, nous attendons les mêmes effets de la justice du premier consul.—*Ne vous honorez pas du titre d'exilés; vous êtes proscrits et non exilés. Si quelqu'un peut attendre son rappel, c'est Billaud.*» Je lui peignis ma détresse: les habits qui me couvroient ne m'appartenoient pas. Il insulta long-tems à ma misère, et me renvoya sans rien m'accorder. À Cayenne, je logeois chez un ami charitable qui étoit marchand; il lui dit mille invectives, parce qu'il m'avoit donné des habits, le força de me faire partir, entrava son commerce, et le réduisit à abandonner la colonie. M. Aimé a dit quelque chose d'obligeant de madame Audifredi, H..... l'a spécialement molestée pour cette raison. Il appesantissoit chaque jour sur nous une main si terrible, que nous pâlissions d'effroi en entendant tirer le canon, ou en voyant un bâtiment au large, de peur qu'il ne nous annonçât l'assassinat du premier consul. Ceux qui sont encore dans la Guyane, vivent depuis trois ans dans ces transes. Il paroît difficile de concilier tant de rigueur avec le bien que H..... a fait à la colonie, encore moins avec les éloges qu'il se fait donner dans certains journaux. Il a ravivé le commerce en faisant lui-même la hausse et la baisse, en ouvrant en son nom une maison de commerce où il figure tantôt comme un marchand pour vendre, tantôt comme agent pour se faire adjuger les denrées au prix qu'il veut y mettre.

Malgré son activité, il a essuyé des pertes, et la famine s'est fait sentir trois fois sous son agence; il ne s'est jamais déconcerté, il a tenu la police avec sévérité, a contenu les nègres dans la crainte, plus par la terreur de son nom que par ses proclamations, car il n'a rien dit pour défendre ou ordonner le travail; il a affermé à ses amis les habitations des colons absens.

L'année 1800 s'avançoit, et nous étions toujours dans l'attente. Depuis six mois Messieurs Barbé-Marbois et Lafond-Ladebat étoient en France; nous les invoquions comme nos Dieux tutélaires. La dureté de H..... donnoit plus de ferveur à nos prières. La crainte d'une réaction en France nous inspiroit presque à tous des projets d'évasion dont l'agent s'inquiétoit fort peu. Je m'ouvris à Margarita et à Rubline sur les moyens de passer à Surinam dans un canot indien. Nous fûmes quelques jours à mûrir ce projet; je voulus en informer Pavy pour me réconcilier avec lui. Il nous dénonça au maire du canton, qui nous surveilla de plus près; je ne le croyois pas capable d'un trait aussi noir contre un ancien ami, qui n'étoit coupable que de n'avoir pas applaudi le *bastringage* de H.....

Le 28 juillet, nous reçûmes enfin des nouvelles de France qui nous annonçoient notre prochain retour.

Le 1er. août (13 thermidor), un bâtiment marchand apporte le rappel individuel de plusieurs déportés. H..... reçoit en même tems la loi du 13 frimaire an 8, que le ministre de la marine lui ordonne d'appliquer aux *déportés de la Guyane.*

Le ministre lui enjoignoit implicitement de nous renvoyer en France, s'il en avoit les moyens; ils ne lui manquoient pas, car le port regorgeoit alors de munitions et de bâtimens de prise.

Il nous laissa dans le désert errer comme des squelettes affamés, et le séjour de Konanama devint un paradis que H..... fit pleurer à mes compagnons.

Son préposé, Boucher, nous entrava de plus en plus. Ce personnage, qui se pique d'être un connoisseur, vouloit faire une collection de raretés pour les envoyer en France. Les déportés du dépôt, pour avoir quelques vivres frais, se traînoient dans les habitations voisines. L'un d'eux, nommé André, trouva chez un colon une ruche de mouche carton que le citoyen Boucher convoitoit; André l'achète, la porte à son karbet, Boucher la lui marchande, insiste, éprouve un refus, écrit à H..... des calomnies atroces contre André, le fait traîner à Cayenne au cachot, et reléguer avec les lépreux aux îlets du Malingre (d'où il est parti sur *la Dédaigneuse*).

Les mémoires de MM. Ramel et Aimé, où Jeannet et Burnel sont peints d'après nature, rendoient H..... ombrageux et vindicatif; il nous reléguoit dans le désert pour n'avoir pas d'argus, pour nous faire désespérer, pour nous y faire mourir: car la guerre mettoit pour cela une assez forte barrière entre lui et la France!

Le 24 décembre 1800 (4 nivôse an 8), la frégate *la Dédaigneuse* mouilla à 2 lieues de Cayenne, et apporta notre rappel. Le capitaine, M. de la Croix, écrivit laconiquement à H..... de lui envoyer promptement les déportés, ajoutant qu'il avoit ordre de remettre à la voile sur-le-champ. Cette nouvelle pétrifia l'agent et toute sa cour. L'officier porteur des dépêches, fut surpris de ne voir aucun déporté à Cayenne. H..... fit parvenir promptement l'arrêté dans les cantons. Il invita le capitaine à descendre à terre; celui-ci le refusa en lui reprochant, dit-on, la mort de ses proches. H..... entra en fureur; au bout de cinq jours, il embarqua seulement dix-huit déportés après des instances réitérées.

Cependant nous arrivions tous à Cayenne, couverts de haillons et ivres de joie; nous fixions le bâtiment libérateur qui nous attendoit avec impatience; nos parens, nos amis nous exprimoient le désir qu'ils avoient de nous embrasser, nos chaînes étoient tombées; M. Barbé, notre illustre compagnon d'exil, nous en convainquoit par cette lettre.

LIBERTÉ. ÉGALITÉ.

Paris, 2 fructidor an 8 de la République française.

«Vous voilà prêts à revoir votre patrie, mes chers amis, puissiez-vous tous recevoir en bonne santé la nouvelle qui vous en est portée! Ma joie est plus grande que je ne puis vous l'exprimer de savoir que vos peines vont finir. Vos amis, vos parens vous attendent avec la plus grande impatience; vous jugerez des dispositions humaines et justes du gouvernement, en apprenant qu'il envoie une frégate qui aura tous les *aménagemens nécessaires* pour faciliter et rendre moins pénible votre traversée.

»Le premier consul s'est porté à cet acte de justice avec un empressement qui renouvelle l'attachement que lui ont voué tous les gens de bien.

»Que le lieu où vous devez être débarqués (l'île d'Oléron provisoirement), ne vous effraye point; partout où vous aborderez sur nos côtes, vous trouverez des Français et des amis; après un aussi cruel bannissement, on ne vous en fera pas éprouver un nouveau.

»Puisse votre retour être aussi prompt et aussi heureux que l'a été celui de Lafond et le mien!

»Adieu, donnez ces bonnes nouvelles à nos amis; je crois pouvoir donner ce nom à tous les déportés du 18 fructidor.

»*Barbé-Marbois.*»

Une goëlette est préparée pour nous, et demain Ier. janvier 1801, nous devons mettre à la voile pour revoir notre patrie....... Quelle année!

Nous soupirons après le jour..... Ce matin la frégate lève l'ancre au moment où nous allons sortir du port; elle est chassée par des croiseurs anglais; elle a ordre d'éviter toute rencontre....., nous lui tendons les bras.....; est-ce un songe? elle disparoît.....

Pendant quinze jours, notre joie, nourrie par la certitude, s'épanouit peu-à-peu; le soupçon la défeuille, l'inquiétude la fanne, le chagrin la brûle; la frégate a disparu pour toujours; nous avons quitté nos habitations, nos malles sont là, nos fonds sont épuisés, l'agent déconcerté ne prend encore aucun parti; qu'allons-nous devenir?

Il nous fera partir dans un mois, dit-il, si elle ne reparoît point.... Plus le tems s'éloigne, moins il tient sa parole.

La corvette la Bergère, qui croisoit depuis un an, reparut, et apporta 70 mille piastres. H...... la croyant trop endommagée pour repartir en croisière, résolut d'abord de la renvoyer en France chargée des déportés, il les en informa; cinq jours après, il n'en fut plus question; il nous a leurrés ainsi tous les mois.

Le consul n'a reçu nulle part de vœux plus sincères pour sa conservation qu'à Cayenne, dans les karbets des déportés, sous la férule d'un pareil agent. La nouvelle de l'explosion de la machine infernale, en nous glaçant d'effroi, nous fit redoubler de ferveur. Chacun se sauvoit à quelque prix que ce fût; un bâtiment alloit à vide à New-Yorck, je me concertai avec certains amis, je leur fis part de mes craintes, je me mis en mesure pour partir. Ce n'étoit pas une petite affaire; jadis j'étois débarqué à Cayenne avec quarante sols, je n'avois pas eu trois louis en ma possession depuis trente mois, j'étois tout nu, et je voulois partir pour New-Yorck, c'est-à-dire, pour un pays où je ne connoissois personne, où je ne pouvois pas demander mes besoins. Ces ancres de misère ne purent me retenir à Cayenne. Nous étions à la moitié de l'année, je séchois d'impatience. Sept de mes camarades étoient déjà sur la feuille du départ, je fis le huitième. H..... nous délivra des passe-ports, où il inséra une clause qui nous dénuoit de tout secours auprès des consuls français dans les États-Unis. La voici:—*Laissez passer les citoyens déportés rappelés, retournant volontairement en France, par les États-Unis, où il ne leur sera rien dû pour frais de séjour et de passage*, etc. Plus il semoit d'épines devant nous, plus nous franchissions les obstacles.

Nous mîmes à la voile trois jours de suite, sans pouvoir sortir du port; le quatrième, en voulant gagner le large, nous échouâmes six pieds dans la vase à l'embouchure de la rivière de Cayenne. C'étoit le tems de l'hivernage, nous fûmes assaillis d'une tempête, et d'un raz de marée si fort, que nous pensâmes être moulus sur ces côtes que nous avions tant de désir de quitter. Le bâtiment avoit éprouvé de si violentes secousses, que deux passagers se débarquèrent, Monsieur Tournachon, colon de Cayenne, et Dechapelle Jumignac, déporté comme nous; quatre autres, pour assurer leur vie, vouloient faire de même le sacrifice de leur passage qui nous revenoit à près de 500 francs.

Enfin, le 26 mai 1801 (7 prairial an 9), le capitaine Prachet nous remit à flot à cinq heures du soir; nous mouillâmes en face de Makouria, et, le lendemain à midi, nous mîmes à la voile...... Nous ne restions plus que sept déportés, un habitant de Cayenne et un Rochefortain, bijoutier, venu sur *la Dédaigneuse* pour s'établir dans la Guiane.

MM. *Bodin*, curé de Voide; *Dezanneaux*, vicaire de Nuel; *Naudeau*, curé de Tessonière; *Laisné*, curé de St. Julien de Vouvantes; *Duchevreux l'Ecreviche*, minime desservant de Changi près Châlons-sur-Marne; *Deluen*, âgé de 64 ans, prêtre de Nantes; *Doru*, âgé de 70 ans, chanoine de Châteaudun; *Pitou*, de la même ville, résidant à Paris; *Badoir*, soldat retiré, colon repassant en France pour sa santé et pour recueillir une succession, et *Leroux*, bijoutier, venu librement à Cayenne.

Tendimus in Latium... nous voilà en route pour France; une brume épaisse nous dérobe déjà Cayenne; il vente bon frais, nous rangeons la côte; l'embouchure des rivières de Kourou, Synnamari et Konanama nous laissent un sombre dans l'âme. Les manes des martyrs pour la religion disent à nos cœurs: «Vous quittez donc ces climats où nos cendres reposent en paix! dites à nos familles de pardonner à nos ennemis; nous vînmes ici 329, la moitié a été moissonnée en un clin d'œil; portez nos noms en France, et n'oubliez pas que vous laissez dans ces déserts des compagnons d'infortune qui sécheront encore ici long-tems en soupirant sans jalousie après votre bonheur.......»

Le lecteur effrayé des listes qu'il a vues, seroit tenté de croire que la Guyane est l'antre du Cyclope où personne ne peut aborder sans être dévoré. Le désert est affreux; mais tout pays qui n'est pas défriché, où les hommes entassés, se croient envoyés à la mort; où le chagrin, poison subtil, les étreint en arrivant; ce pays, fût-il les silencieux vallons chantés par nos poètes, moissonnera toujours la moitié de ses colons. Cayenne et la Guiane, par leur site embrasé, exigent plus que les autres climats, de ménagement et de résignation de la part des arrivans; mais on y vit comme ailleurs, quand on est sobre, et qu'on ne se frappe pas de l'idée d'une mort infailliblement prochaine. La consomption nous avoit presque tous atteints. On va voir que les déportés répartis chez les habitans, loin de Konanama et de Synnamari, ayant le vivre et une espèce de liberté, n'ont pas été plus ménagés que les autres. Ce sombre tableau sera bientôt nuancé d'une lumière douce à tous les cœurs sensibles. Ceux que leur courage et la Providence ont fait demeurer après nous, lors du traité d'Amiens, ont presque tous abordé à la Martinique, où la famille de notre auguste souveraine leur a tendu les bras, et fourni les moyens de revenir dans leur patrie.

Premiers déportés par la loi du 19 pluviose an V.

Sur la corvette *la Vaillante.* Arrivés à Cayenne, le 12 novembre 1797.

Seize généraux et représentans, dont huit évadés, et deux morts en route. (Voyez leurs noms à la fin de la seconde partie.) Six morts à Synnamari; deux rappelés à Paris:

BARBE-MARBOIS (François), de Metz, 53 ans, député au conseil des Anciens, aujourd'hui ministre du Trésor public.

LAFOND-LADEBAT (André-Daniel), de Bordeaux, 50 ans, député au conseil des Anciens; aujourd'hui à la tête de la Banque Territoriale.

Seconds déportés par la même loi.

Embarqués, 1°. sur *la Charente*, le 12 mars 1798; ensuite sur *la Décade*, le 25 avril suivant; débarqués à Cayenne, le 15 juin 1798.

Cent quatre-vingt-treize, dont soixante-quatre morts à Konanama et à Synnamari. (Voyez la liste dans la 4e. partie.)

Morts à Cayenne et dans les cantons.

ADAM (Jean-Nicolas), bernardin de Paris, département de la Seine, âgé de 50 ans, né à Nigent-Corni, département de l'Aisne; mort à Gros Sou dans la Guyane, chez M. Vidier, canton de Makouria, dans les derniers jours de brumaire de l'an 7 (20 novembre 1798). La religion et les gens de lettres lui doivent des pleurs.

AGAISSE (Henri), âgé de 25 ans, clerc tonsuré, de Rezé, près Nantes, déporté pour la seconde fois, toujours comme prêtre; la première, pour s'être sauvé de la noyade; envoyé dans la Guyane pour être rentré à la faveur des loix de 1795; mort de misère à la pointe de Cayenne, chez Sevrin, le 22 septembre 1798.

BECHEREL (Augustin), vicaire de Villepot, Rennes, Ille et Vilaine, âgé de 45 ans, né à Rennes; mort chez *la Borde* à *Roura*, en octobre 1798.

BELOUET (J. B.), âgé de 47 ans, curé de Cramey-sur-Ourse, Langres, département de la Côte-d'Or, né à Touerne. Il s'étoit retiré avec trois autres infortunés dans une masure de la Guyane, dans le canton de Makouria, pour se soustraire à la peste de Konanama: les vapeurs de cette terre homicide, qu'il retournoit pour la fertiliser, l'ont suffoqué le 20 septembre 1798.

BOSCAULT (Victor), bernardin, 40 ans, Alby, Tarn, comm. de Cordes. Mort en frimaire an 8 (déc 1799).

BREMONT (Antoine), âgé de 52 ans, curé de Sury, Bourges, département du Cher, né à la Valette, département du Cantal: il avoit une loupe grosse comme les deux poings au genou. Quand il débarqua, sa loupe étoit plus grosse que la tête; on la lui extirpa, il parut guéri; se plaça chez Poulain, père, aux cataractes de la rivière d'Oyapok: il étoit industrieux, spirituel et extrêmement sociable; mort de chagrin, en nov. 1798.

CAILHIAT (Calixte), âgé de 36 ans, professeur de l'Université, d'une profonde érudition, prêtre de Cahors, lieu de sa naissance, départem. du Lot; mort à Approuague chez M. Tournachon, en vendémiaire an 7 (octobre 1798).

CARDINE (J. B.); mort à Kourou, le 19 vendémiaire an 7 (10 oct. 1798), un de nos compagnons à la case S. Jean.

CLERC-DE-VAUDONE (Étienne-Mamert le), né à Langres, bernardin, compagnon de malheur de Belouet; mort de misère et d'une fièvre putride dans la même hutte, le 30 octobre 1798.

COLUS (Jean-Nicolas), âgé de 47 ans, curé de Vomecours, dép. de la Meurthe, Nancy, né au même lieu, homme d'un caractère inappréciable; mort à Approuague, de chagrin et de misère, en décembre 1798.

DELESTRE (François), âgé de 37 ans, rentré en vertu de la loi du 7 fructidor an 5 (1796), qui rappeloit les prêtres insermentés; né à Neuchâtel, près Rouen; principal du collège de sa ville natale; placé chez M. Lane, dans le canton de Makouria; mort d'une fièvre putride, en thermidor an 6 (août 1798).

DENOINVILLE (Albert), curé de Vincy, Laon, Aisne; mort en décem. 1798, canton de Makouria, chez M. Vidier.

DESROLAND (J.-Jacques-Alexandre Rabaud), âgé de 36 ans, né à Marsilly, département d'Indre et Loire, chanoine d'Airvault, de Poitiers; mort dans la Guyane à la fin de 1798, victime, avec Clavier, du terrorisme de Robespierre. Sur le vaisseau *le Washington.*

DUBOIS (Jean), âgé de 60 ans, né à Richelieu, départ. d'Indre et Loire, curé de Pierrefite, diocèse de la Rochelle; mort à l'hospice de Cayenne, à la fin de brumaire an 7 (novembre 1798).

DULAURENT (Jean-Jacques), né à Quimper, département du Finistère, conseiller d'état au parlement Maupeou; mort de chagrin et de dyssenterie à l'hospice, le 5 avril 1800 (15 germinal an 8.)

DUVAL (Jean-Claude), âgé de 49 ans, né à Dormans, département de la Marne, chanoine de Soissons; mort chez Regis, aux cascades de la rivière de Cayenne, canton de Roura, le 30 vendém. an 7 (21 octobre 1798).

ENIS (Louis-Pierre), 40 ans, prêtre de Besançon; mort à l'hôpital de Cayenne, le 18 vendémiaire an 7 (9 octobre 1798).

EVERARD (Jacques), âgé de 40 ans, chanoine de Chartres, sa patrie, a été volé dans la traversée; mort à Makouria, le 26 frim. an 7 (17 déc. 1798).

FOURNIER (Hugues), âgé de 42 ans, né à Saint-Saudoux, Puy-de-Dôme, Chartreux, habile physicien et mécanicien, avoit l'estime de tous ceux qui l'ont connu; mort d'une hydropisie, chez madame Lavatte, à Kaux, le 30 pluviose an 7 (18 février 1799).

FRERE (Jean-François), chanoine de St[e].-Radegonde de Poitiers, Vienne; mort de misère dans la Guyane, au commencement de septembre 1798.

GAILLARD (Julien), âgé de 26 ans, eudiste de Coutances, né à Couberville, d'une piété rare, brûlé du désir d'aller en mission aux Indes-Orientales; mort chez madame Lavatte de Kaux, au commencement de frimaire an 7 (décembre 1798).

GARNIER (Jacques); sur le registre est écrit: *Prêtre dont on n'a pu savoir ni les prénoms, ni le lieu de naissance, parce qu'il étoit sans connoissance, au moment où nous, commissaires, nous sommes transportés à bord de la corvette mouillée dans la rade de Cayenne.* Il étoit vicaire de Bevrand, de Langres, Haute-Marne; il est mort en touchant la terre.

GEMIN (Pierre-Joseph), 56 ans, curé de Rambergen, Malines, Dyle; mort de chagrin à la fin de décembre 1799.

GERIN (Jean-Nicolas), âgé de 41 ans, né à Metz, bénédictin, placé chez Marie-Rose; mort à Cayenne, en octob. 1798.

GIBERT-DESMOLIERES, représentant du peuple au conseil des anciens, né à Paris, commissaire de la Trésorerie en 1797. L'arrivée de Burnel lui causa la mort: sa mémoire sera toujours chère aux honnêtes gens, qui prisent la probité d'Aristide; mort chez Lavatte, canton de Makouria, le 17 niv. an 7 (6 janvier 1799).

JUDET (Nicolas), 32 ans, chanoine de Saint-Martial, de Limoges, département de la Haute-Vienne; mort en février 1799.

HUON AIME, âgé de 29 ans, officier de marine, et cordonnier depuis la révolution, placé dans le canton de Makouria; mort le 3 vendémiaire an 7 (24 septembre 1798).

HURACHE (Louis François), âgé de 60 ans, natif d'Amiens, département de la Somme; mort chez Breton, à Oyapok, en vendémiaire an 7 (septembre 1798). Il étoit couvert d'ulcères avant la traversée, il avoit 60 ans, rien n'a pu le soustraire à la déportation; on l'a hissé avec un palan comme une bête de somme, pour le porter de *la Charente sur la Décade.*

HURET (Jean), perruquier, âgé de 56 ans, déporté pour émigration, né à Versailles, département de Seine et Oise; mort dans le canton de Roura, à la fin de 1798.

KERAUTEM (Joseph-Louis), âgé de 50 ans, officier de port, natif de Carnot en Bretagne, résidant chez Methero, à la pointe de Cayenne, canton de Makouria; mort d'un coup de soleil, en allant toucher 50 louis qui lui étoient adressés de France, le 1er. fructidor an 7 (18 août 1799).

KERICUF (Guillaume-Nicolas), né à Morlaix en Bretagne, chanoine de S. Denis, près Paris: depuis la révolution, marchand épicier à S. Denis; arrêté sur une dénonciation faite au ministre Sotin. Kericuf, confronté avec son dénonciateur, fut condamné sur cette déposition: S'il n'a pas tenu le propos de *vive le Roi, au diable le ministre Sotin*, il l'a pensé. Mort à Approuague à la fin de 1798.

KERCKOFF (Guillaume), vicaire de Montaigu, Malines, Dyle; mort de la dyssenterie à l'hospice de Cayenne, en thermidor an 6 (août 1798).

LAPANOUSE (Gabriel), vicaire de Rabasteins, né à Alby, département du Tarn; mort dans la Guyane française, en frimaire an 8 (déc. 1799).

LAUDIER (Nicolas), né à Neauphle, département de l'Orne, inscrit sur la liste des émigrés; instruit et misantrope. «J'ai servi les républicains que j'aime, disoit-il, ils m'ont assassiné......»

Décédé à l'hospice de Cayenne, en thermidor an 6 (juillet 1798).

LEROI (André), 47 ans, prêtre de Clinchamp, département du Calvados; il s'étoit mis à la tête d'une habitation dans le canton de Roura. Mort de trop de travail le 12 décembre 1800, cinq jours avant l'arrivée de la frégate qui devoit nous rendre dans nos foyers.

LEROUX (François), domestique de M. l'évêque du Mans, né au Mans; mort de chagrin dans le canton de Kourou, sur l'habitation de M. Terrasson, le 26 fructidor an 6 (12 septembre 1798).

LOYAL (Charles), âgé de 67 ans, né à Bitche, département des Forêts, apothicaire, prévenu d'émigration pour avoir été chercher, avec un passe-port en règle, une succession que son épouse avoit en pays ennemi; il fut rayé de la liste des émigrés par son département; il avoit 67 ans, il étoit infirme. Mort, du 16 au 24 fruct. an 6 (10 septembre 1798), de la gangrène aux jambes; il demeuroit chez Mlle Lacour, canton de Makouria.

MENTEL (Claude), 58 ans, prêtre de Chambéry, Mont-Blanc; mort le 12 floréal an 7.

NOIRON (Hilaire-Augustin), âgé de 49 ans, curé de Mortier et de Crécy, diocèse de Laon, instruit, guindé dans sa personne et difficile à vivre; mort à Approuague, en brumaire an 8 (nov. 1799), à la suite d'une partie de chasse où il avoit été pour son plaisir.

NUSSE (Jean-François), âgé de 47 ans, curé de Chavignon, Soissons, départ. de l'Aisne, ci-devant grand-vicaire de M. l'évêque Grégoire; mort à Approuague, chez Dole, en fruct. an 6, au commencem. de sept. 1798. Nusse étoit né à Fave, diocèse de Soissons; les sciences, les hommes sensibles et les pauvres, ont fait une perte dans ce digne ministre, chéri de tous ses confrères.

OUDAILLE (François-Augustin), âgé de 39 ans, curé de Lusarches, près Paris, surnommé *le grand prêtre*, parce qu'il avoit six pieds un pouce, bon et beau.

En 1793, il fut condamné à la déportation pour avoir fait la procession de Notre-Dame d'août ou du vœu de Louis XIII; il resta dans les cachots de Bicêtre jusqu'au commencement de 1795. Mort en brum. an 7 (novembre 1798), de chagrin de survivre à Cardine.

PILLON (René-Pierre), âgé de 48 ans, né à Laval, départ. de la Mayenne, curé de S. Marc-sous-Balon; mort chez Martinot, à Roura, à la fin de 1798, de peste et de chagrin.

PRADAL (Joseph), âgé de 32 ans, d'Alby, département du Tarn, prêtre, déporté la première fois en 1794 à l'île d'Aix; mort chez M. Logois, canton de Kourou, le 15 vendémiaire an 7 (6 octobre 1798); il travailloit jour et nuit à l'histoire de la Déportation; il a laissé des notes qui m'ont été fort utiles.

ROSSIGNOL (Louis-Bernard), n'a jamais su ni comment ni pourquoi il étoit déporté; né à Couci-le-Château, diacre d'office à S. Paul de Paris. Mort de misère chez Dolé, à Approuague, en fructidor an 6 (août 1798).

ROUSSEL (François-Geneviève), âgé de 57 ans, génovéfin, né à Soissons, curé de Saint-Front de Neuilly: l'agent Jeannet eut des égards pour lui; il fut d'abord bien accueilli à Oyapok chez Domingé, qui le maltraita ensuite sans raison, et lui causa la mort, en le laissant à la merci des autres colons, qu'il fut obligé d'implorer. Roussel étoit érudit, religieux et tolérant. Mort à la fin de 1799, presque sans asile, regretté de tous ses confrères.

ROUX (Jean), 46 ans, né à Fontbonne, département du Cantal, chanoine de Lezé, diocèse de Bourges, sans prétention et non sans génie, tolérant et bon; mort chez Mlle Lacour, canton de Makouria, d'une fièvre putride, le 18 septembre 1798.

SAINT-PRIVE (J. François), curé de Champ, département des Vosges, natif de Chaune. Il s'est trouvé déporté avec celui qui lui avoit pris sa cure lors du premier serment; il l'a traité comme l'Évangile le commande. Mort chez Malvin, de Cayenne, à la fin de 1798.

SENEZ (Louis), 47 ans, curé de l'Échelle-Lefranc, Soissons, Aisne; mort en décembre 1799.

SONGEON (Dominique), 29 ans, prêtre d'Anneci, Mont-Blanc; mort en décembre 1799.

SANTERRE (Julien-Mamert), 47 ans, curé de Grand-Champ, natif de Feret, du département du Morbihan; mort à Oyak, à la fin de 1799.

THOMAS (François-Thomas), 48 ans, né à Cuisan, département de Saône et Loire, chanoine de Saint-Maximien, de Besançon, à peu de lieues de Ferney; a été un des amis de Voltaire dans ses dernières années. Mort le 20 prairial an 7 (8 juin 1799), de la suite d'une indigestion, de chagrin et un peu de folie.

VATELIER (J. B.) 48 ans, né à Chantilly, département de l'Oise, musicien de M. le duc d'Uzès; mort à Roura, à la fin de 1798.

VILLETTE (J. Louis), boutonnier, 46 ans, natif de Lyon, l'un des mauvais sujets de *la Décade*; mort à Cayenne, d'excès de boisson, en fructidor an 6 (septembre 1798).

Liste des évadés et des rappelés.

ANDRE (Jean-Nicolas), 83 ans; chanoine régulier de Nanci: Hugues l'avoit relégué aux islets du Malingre, il fut le premier embarqué sur *la Dédaigneuse.*

AUBERT (Pierre), 47 ans, curé de Fromentière, Châlons-sur-Marne; parti par *la Dédaigneuse.*

AUDIN (Hilaire), 33 ans vicaire de Saint-Prix d'Auxerre, Yonne; celui-ci étoit très-malade en sortant de Rochefort, il avoit perdu connoissance; on le reporta sur *la Bombarde*, pour le remettre à Rochefort. Le commissaire le fit recharger de suite sur *la Bayonnaise*; en mouillant dans la rade de Cayenne, il tomba à l'eau, d'où on le hissa avec un palan; il est revenu sain et sauf en France sur *la Dédaigneuse.*

AYME (Jean-Jacques), 46 ans, représentant du peuple, né à Montélimart, département de la Drôme; évadé le 5 brumaire an 8, naufragé en Écosse avec M. Perlet, et sauvés tous deux miraculeusement.

BEAUVAIS (Daniel de), 47 ans, officier du génie, du Mans, condisciple du directeur Carnot, savant et simple; parti sur un suédois, capitaine Gardner, le 3 mars 1801, à ses frais, pour cent cinquante piastres, sans vivres.

BEGUE (Jean), 33 ans, prêtre de Lombés, du Gers, évadé le 12 mai 1799.

BERNARD (Casimir), 26 ans, de Chartres, officier, parti par *la Dédaigneuse*.

BODIN (Mathurin), curé de Voide, la Rochelle; relégué en Espagne, savant sans ostentation, et pieux sans cagotisme; parti à ses frais par les États-Unis, pour seize cents francs; 7 prairial an 9 (26 mai 1801).

BOSCAUT (Jean Raimond), 51 ans, chanoine d'Alby, Tarn; parti à ses frais, pour mille francs, sur la goëlette de M. Duperrou, le 12 fév. 1801.

BRODIN (Pierre-Julien), 34 ans, vicaire de Piré, de Rennes; parti sur *la Dédaigneuse*.

BROCHIER (Hugues-Joseph), 20 ans, domestique, de Grenoble; l'un des mauvais sujets de *la Décade*; évadé en fructidor an 8 (août 1800).

BRUMANT BEAUREGARD (Jean-B.), 51 ans, vicaire-général de Luçon, Vendée, né à Poitiers; parti à ses frais pour mille fr., sur *le Victorieux*, à la fin d'août 1798.

BUFFEVANT (Jean-Aimé), 37 ans, vicaire de Sainte-Marguerite de Paris, est neveu de M. d'Argental, à qui Voltaire a tant écrit. Cet exilé, en me donnant des détails sur l'intimité de son oncle avec le philosophe de Ferney, dont M. d'Argental, dit-il, baisoit les lettres, comme un amant dans le délire, les rubans ou les cheveux de sa maîtresse, n'a pas oublié le soufflet qu'il reçut de cet oncle moribond, pour lui avoir parlé de prêtre et de confession. Parti à ses frais pour la somme de cent cinquante piastres, sans vivres, sur un suédois, le 3 mars 1801.

CLAIRE (Michel), 25 ans, domestique, de Chambéry, Mont-Blanc; parti sur *la Dédaigneuse*.

COLLIN (Claude), 38 ans, vic. de Vovincourt, Toul, Meuse; parti sur *la Dédaigneuse*.

COLLOQUIN (Pierre), 37 ans, vicaire de Vienne, né à Vienne-le-Château; parti à ses frais au commencement de vendémiaire an 10 (septembre 1801).

COURTAUD (Pierre-Alexis), vicaire de Lugsans, Besançon, Jura; évadé le 12 mai 1799.

COP (Michel), 50 ans, curé de Sundrecht, Gand, Escaut; évadé le 12 mai 1799.

CORMIER (J. B.), 40 ans, bénédictin de Vendôme, né à Yèvre, département d'Eure et Loir; parti sur *la Dédaigneuse.*

CUSTER (Nicolas), prêtre récollet de Namur, âgé de 30 ans; évadé à Surinam avec Brochier.

DAVI (Jean-Alexandre), 32 ans, vicaire de Ville-l'Évêque-d'Angers, né à Châlons-sur-Loire; parti sur *la Dédaigneuse*, le 1er. janvier 1801.

DEBAY (Jean), 41 ans, régent de l'école des pauvres, Bruges, la Lys; évadé le 12 mai 1799.

DELUEN (J. François), 60 ans, prêtre, de Nantes; parti à ses frais, par les États-Unis, pour la somme de seize cents francs, le 7 prairial an 9 (26 mai 1801).

DENEVRE (Jacques), 54 ans, prêtre, commune d'Ectous, Bruges, Escaut; évadé en mai 1799.

DENOOD (Jacques), 34 ans, oratorien, Malines, Dyle; évadé le 12 mai 1799.

DEYMIE (J. François), 42 ans, vicaire de Trac, né à Cordes, près Alby, département du Tarn; parti par *la Dédaigneuse.*

DEZANNEAUX (Joseph), 46 ans, vicaire de Nuel; parti à ses frais par les États-Unis, pour la somme de seize cents francs, le 26 mai 1801 (7 prairial an 9).

DORU (Pierre-Guillaume), 70 ans, né à Châteaudun, principal du collège et ensuite chanoine de la Sainte-Chapelle; déporté pour avoir consulté un grand-vicaire de Chartres, sur sa conduite à tenir pour recevoir dans le giron de l'église un prêtre qui avoit abjuré Dieu par crainte; parti à ses frais, par les États-Unis, pour la somme de seize cents francs, le 7 prairial an 9 (26 mai 1801).

DROUET (Pierre-François), 38 ans, natif de Beaulieu, sur la Roche, en la Vendée, vicaire de Luçon; parti sur *la Dédaigneuse.*

DUCHEVREUX LECREVICHE (Jean-Adrien), 40 ans, minime, desservant de Changi, de Châlons-sur-Marne; parti avec le précédent.

DUMONT (J.-B.), 45 ans, curé de Bergerac, Dordogne; parti sur *la Dédaigneuse.*

DUMONT (Philippe), 46 ans, curé de Mannelheusveert, Bruges, la Lys; évadé le 12 mai 1799.

FEUTRAY (Jean-Marie), trinitaire de Fontainebleau, né à Vannes, département du Morbihan, d'un excellent caractère; parti à ses frais, pour mille francs, sur *la Jeune-Annette*, le 28 frimaire an 11 (18 décembre 1800).

FLOTTEAU (Hubert), 34 ans, prêtre de la commune d'Hectou; évadé le 12 mai 1799.

GAYET (Jean-Pierre-Guillaume), 33 ans, prêtre de Lyon, sa ville natale; parti à ses frais, pour la somme de mille francs, sur *le Rocou*, à la fin d'août 1800.

GERMON (Jean-Mathias), 40 ans, vicaire de Talmont, Luçon, Vendée; parti avec le précédent, et pour le même prix.

GODET (Charles-Louis), 32 ans, vicaire de Coin, Laon; parti pour mille francs sur *le Rocou*, en fructidor an 8 (août 1800).

GUERI DE LA VERGNE (Gabriel-Marie-François), 52 ans, Luçon, Vendée, ancien gendarme de la gendarmerie du roi; parti à ses frais pour cent cinquante piastres, sur un suédois, capitaine Gardner, le 3 mars 1801.

HUISENS (Marc-Ant.), 37 ans, prêtre de S. Jean-de-Maurienne, Mont-Blanc; parti à ses frais au commencement de vendém. an 10 (sept. 1801).

JULIEN (Louis), 38 ans, laïque; hors de la colonie depuis 1800.

KEUKEMAN (Jean), 46 ans, chapelain de Saint-Evalburg, Anvers, Deux-Nèthes; évadé le 12 mai 1799.

LAINE (Jean), 52 ans, curé de Saint-Julien de Vouvantes, de Nantes; parti à ses frais, par les États-Unis, pour la somme de seize cents francs, le 7 prairial an 9 (26 mai 1801).

LEDIFFON (Charles), 38 ans, vicaire de Chrac, lieu de sa naissance, près Vannes, Morbihan; parti sur *la Dédaigneuse.*

LE JOLY (Jean), 54 ans, curé de Saint-Brieux, Côtes-du-Nord; parti sur *la Dédaigneuse.*

MARGARITA (Gaston-Marie-Cécile), curé de Saint-Laurent, de Paris, âgé de 39 ans; déporté pour avoir agi contre les théophilantropes; né à Avenay, département de la Marne. Parti à ses frais pour la somme de mille francs, sur *la Jeune-Annette*, le 28 frimaire an 9 (18 déc. 1801).

Margarita, doué de talens supérieurs, d'une imagination ardente, d'une mémoire vaste et bien meublée, avantagé d'une belle taille et d'une figure angélique où se peignoient la bonté de son cœur, et sa trop grande franchise, avoit été, avant la révolution, vicaire, maître des enfans de chœur de S. Nicolas-des-Champs de Paris; ensuite curé de S. Laurent de la même ville, et quelque temps après son retour, curé de la Villette.

La calomnie l'a poursuivi dans les Deux Mondes: personne ne méritoit plus que lui de faire des envieux, et personne mieux que lui ne pouvoit les confondre, s'il eût eu un caractère plus prononcé.

Après six mois de langueur, suite d'une révolution terrible qu'il avoit eue dans sa succursale, il est mort au milieu de septembre 1804, âgé de 42 ans, aimé et pleuré dans toutes les paroisses où il avoit été en fonctions.

MASSIOT (Jean-François), 41 ans, vicaire de Saint-Hélier, Rennes, Ille et Vilaine; parti par *la Dédaigneuse*. Celui-ci, avec MM. Moulisse et Brumeau de Beauregard, étoit chargé de fonds pour tous les déportés; la calomnie ou la médisance les ont accusés d'une répartition partiale, non point à leur profit, mais pour se faire des créatures, contre l'intention des donateurs.

MICHONNET (Jean-François), 33 ans, officier d'infanterie, doué d'un bon cœur et d'un esprit conciliant, étoit à la tête d'une habitation appelée Saint-Philippe, où il a servi les déportés de son crédit et de sa bourse. Parti à ses frais par Saint-Barthélémi, en pluviose an 9 (février 1801).

Aujourd'hui (1805), secrétaire de la sous-préfecture de Gien (Loiret).

MISSONNIER (Claude), 36 ans, vicaire de Mayra, de Clermont, domicilié au départem. de la Haute-Loire; parti à ses frais, sur *la Jeune-Annette*, pour la somme de mille francs, le 28 frim. an 9 (18 décembre 1800). Celui-ci, étant à Sinnamari, a été volé par Paviot et Julien, deux des cinq voleurs déportés sur *la Bayonnaise*, avec tant d'honnêtes gens, dans l'intention de les flétrir.

MOONS (Jean-Bapt.), 43 ans, vicaire de Boorn, Anvers, Deux-Nèthes; évadé le 12 mai 1798.

MOULISSE (Pierre), 54 ans, curé de Vindran, Alby, Tarn; parti à ses frais pour la somme de mille francs, le 12 févr. 1801, sur la goëlette du cit. Duperon.

MOREAU DUFOURNEAU (L. M.), 40 ans, vicaire du Mont Saint-Sulpice, parti à ses frais pour la somme de mille francs, sur *le Victorieux*, à la fin d'août 1798; celui-ci a écrit l'histoire de la déportation, que je regrette de ne pas avoir.

NAUDAUD (Pierre), 50 ans, curé de Tessonière, de la Rochelle, parti à ses frais, pour la somme de seize cents francs, par les États-Unis, le 7 prairial (26 mai 1801).

NERINKS (Jean), âgé de 22 ans, novice-capucin, de Malines, Dyle; né à Ninove, département de l'Escaut; arrêté et pris comme curé, pour son frère qui étoit prêtre, quoiqu'il ne fût lui-même que tonsuré; évadé le 12 mai 1799.

PAIGNE (Guillaume-Jean), 48 ans, curé de Saunières, Rennes, Ille et Vilaine; mauvaise tête et bon cœur, a été très-malheureux dans la Guyane, par sa trop grande franchise envers quelques habitans à qui il reprochoit leurs cyniques amours. Les créoles libertins, qui n'aiment la morale qu'en peinture, lui ont fait pleurer ses justes applications; parti à ses frais pour la somme de mille liv., en fructidor an 8 (août 1800).

PARES (Pierre), 39 ans, curé de Tentavel, Narbonne, l'Aude; évadé le 12 mai 1799.

PARISOT (André), 50 ans, chantre et chanoine d'Auxerre; déporté pour avoir poursuivi, en 97, les jacobins à coups de bâton. Celui-ci a marié clandestinement l'agent Burnel, qui l'a persécuté pour avoir ébruité ce mystère. Il étoit très-instruit, et d'un caractère sociable. Évadé le 5 brumaire an 8, naufragé et mort en Écosse, le 9 janvier 1800.

PAVY (Jean-Hilaire), 32 ans, vicaire de Faye, Angers; parti à ses frais pour la somme de mille fr., sur *le Rocou*; excellent musicien, ayant beaucoup de génie naturel, et encore plus de prétentions. Il étoit un de nos compagnons à la case S. Jean; il avoit été déporté pour avoir fait ou prêché un sermon qui déplaisoit au commissaire du directoire; il a été vivement regretté de quelques amis au milieu desquels il se retrouve aujourd'hui 1805. Parti à la fin de fructidor an 8 (septembre 1800).

PERLET (Charles-Frédéric), 41 ans, journaliste de Paris, évadé le 5 brumaire an 8. Son exil l'a ruiné; il a fait naufrage avec Parisot. À son retour, il a été accueilli par M. Maradan; aujourd'hui, il est libraire à Paris, rue de Tournon. Ses malheurs et sa franchise doivent lui concilier l'estime et la confiance des honnêtes gens.

PILOT (Adrien-Henri), 33 ans, vicaire de Niort; rappelé spécialement, et parti à son compte sur la *Jeune-Annette*, le 28 frimaire (18 décembre 1800).

PITOU (Louis-Ange), dit *le Chanteur*, âgé de 37 ans, laïque, né le 10 avril 1767, à Valenville, paroisse de Moléans et Molitard, ci-devant marquisat de Prunelay, comté de Dunois, à deux lieues de Châteaudun, aujourd'hui sous-préfecture du département d'Eure-et-Loir; déporté à Cayenne le 21 janvier 98, pour avoir composé et vendu des chansons royalistes. Parti à ses frais, par les États-Unis, pour la somme de seize cents francs, le 7 prairial an 9 (26 mai 1801).

PLANCHAN (Antoine), 35 ans, né à Alby, desservant de Saint-Salvi, département du Tarn; parti par *la Dédaigneuse*.

REYPHINS (Joseph), 39 ans, vic. de Vesfleteren, Ypres, la Lys; évadé le 10 oct. 1798; vicaire de l'église catholique romaine des Irlandais de New-Yorck, dans les États-Unis.

ROMELOT (Jean-Louis), 47 ans, sous-chantre de la cathédrale de Bourges. Celui-ci, d'une naïveté sans pareille, nous demandoit, pendant la traversée, si nous trouverions de grandes routes et des phaétons dans la Guyane. Cette question ne doit pas plus surprendre que celle de certain déporté de bien meilleure foi, surnommé par nous Pont-Euxin, pour avoir cru aller en Amérique par la Morée, et celle de cet autre qui demandoit où étoient les relais de vaisseaux, servant d'auberge.

Parti à ses frais, pour la somme de 1000 francs, sur *le Rocou*, en fructidor an 8 (août 1800).

RUBLINE (Jean-Baptiste-Joseph), 41 ans, curé de Chingi près Orléans, département du Loiret; parti à ses frais, pour la somme de mille francs, à la fin d'octobre 1799. Il est rentré dans sa même cure, chéri et aimé de ses paroissiens, pour ses vertus et ses talens. Il prêche d'exemple. Dans la Guyane, il a édifié le canton de Kourou par la sainteté de ses mœurs, et l'a égayé par sa franchise et sa cordialité.

SAINT-AUBERT (Louis), 52 ans, maréchal-expert, né à Rumaucourt, département du Pas-de-Calais; il étoit notre jardinier et notre compagnon d'infortune à la case S. Jean; il a été criblé d'ulcères; son existence est un prodige. Déporté pour émigration, étant cocher d'un grand prince. Parti par *la Dédaigneuse*; aujourd'hui résidant à Paris.

SAINTUBERY (Jacques), 42 ans, vicaire de Rulains, Tarbes, Hautes-Pyrénées; parti sur *la Dédaigneuse.*

SERGENT (Pierre), 30 ans, sans état, de Lyon; l'un des cinq mauvais sujets de *la Décade*; prisonnier à la Barbade; aujourd'hui en France.

TAUPIN (Pierre), 46 ans, distillateur, Tréguier, Côtes-du-Nord; évadé le 12 mai 1799.

WAGNER (Jean-Michel), 30 ans, prêtre de Trèves, Forêts; évadé avec Brochier.

VAUTRAUD (Claude-Étienne), 68 ans, prieur des bénédictins de Besançon, natif d'Epneau; parti sur *la Dédaigneuse.*

Liste des déportés établis à Cayenne; de ceux qui sont revenus en France par la Martinique, accueillis par la famille de Sa Majesté l'Impératrice; et enfin, de ceux pris par les Anglais, et revenus par le Canada (tous à la suite du traité d'Amiens).

ABEILARD (Pierre-Joseph), 40 ans, né à Lauron, dans la Vendée, vicaire de Noire-Terre, diocèse de la Rochelle. Rentré par la Martinique.

BASSIERE (Louis-Raphaël), 32 ans, cocher, de Caen; établi cultivateur à Cayenne.

BONNERYE (Pierre-Vincent), 50 ans, curé de Béziers, l'Hérault; né à Rougeant, même département. Parti par la Martinique.

BONNIER (Claude), 31 ans, fondeur, Chambéry, Mont-Blanc; mal famé, un des Barbets envoyés sur *la Bayonnaise*; évadé après le traité d'Amiens.

BOUCHER (Jean), 50 ans, curé de Saint-Albe, Metz, Moselle. Parti par la Martinique, où il est resté long-temps.

BRIDEAUT (J.-B.), homme instruit, laborieux, bon habitant, bon ami, bon cultivateur; resté à Cayenne chez M. Dubois. Cocher, né à Paris, dép. de la Seine; déporté pour émigration.

BRUS (Jacques), 50 ans, curé de Pichaudière, né à Bruyères, département du Tarn. Parti par la Martinique.

CAPON (Michel), 28 ans, menuisier, Paris, Seine; resté à Cayenne. Celui-ci nous a prouvé par l'exercice de son métier, combien Rousseau raisonnoit juste, en invitant les parens à donner un état manuel à leurs enfans. Tandis qu'on lui faisoit la cour, et qu'on le payoit généreusement pour qu'il fît ou des canots ou des meubles, nos casuistes et nos lettrés mouroient de faim, ou demandoient humblement asile aux hommes de la nature, qui n'ont besoin que de pêcher et de chasser pour vivre sans bibliothèque et sans prêtre.

CARVAL (Jean), 45 ans, vicaire de Planchant, de Quimper, Finistère. Revenu par la Martinique.

CHABASOL (Denis-Hugues), 51 ans, curé de la Duz, Sens, Yonne. Accueilli à la Martinique; revenu en France en 1802; il est parti de Cayenne avec soixante autres, sur une mauvaise goëlette, où ils ont été exposés à de très-grands dangers. Aimé et chéri pour son érudition, son esprit conciliant et ses mœurs. Aujourd'hui, 1805, curé en titre de Seignelei, près Auxerre.

CHACHAI (Laurent), 36 ans, chanoine régulier, Saint-Diez, Vosges; né à Beaude-Supt. Parti par la Martinique.

CHAVET (Joseph), 31 ans, prêtre d'Orgelet, Besançon, Doubs. Parti par la Martinique.

CLAVIER (Xavier), 54 ans, frère Trapiste de Sept-Fons. En 1792, il fut déporté comme prêtre réfractaire, mis en rade devant l'Isle-d'Aix, avec les 800 victimes si cruellement torturées par Lalier; déporté encore cette fois comme prêtre, sans jamais se plaindre, sans cesser d'offrir ses peines à Dieu, en bénissant ses persécuteurs, vivant du travail de ses mains, prêchant d'exemple par sa piété, et partageant son strict nécessaire avec les indigens. Accueilli à la Martinique.

CLAUDON (Jean-Claude), dit père Ananie, gardien des Capucins de Toul, Vosges, âgé de 67 ans; celui-ci ne s'est pas levé de son lit depuis deux ans. La vieillesse et les grandes infirmités qui semblent chaque jour ouvrir son tombeau, ne lui ont rien ôté de sa gaieté. Ce vénérable vieillard, voûté et impotent, a été spécialement accueilli à la Martinique, par la famille de Sa Majesté l'Impératrice. Il bénit Dieu, l'empereur, sa famille, et ne désespère pas de revoir la France.

COLENO (Jean-Louis), 48 ans, né à Vannes, Morbihan; revenu en France par la Martinique.

COLNE (Dieu-Donné), 45 ans, vicaire de Saint-Diez, Vosges; né à Saint-Diez. À la Martinique.

COMPOINT (Jean-Philippe-François), 34 ans, prêtre de Vendôme, Blois. Parti par la Martinique.

CORNEVILLE (Jacques), curé du Poilay, Chartres, Eure et Loir. Parti par la Martinique.

DARGENT (Christophe), 43 ans, ouvrier, Paris, Seine. Parti par la Martinique.

DAVIOT (Denis), 34 ans, bénédictin, Besançon, Haute-Saône. Parti par la Martinique.

DE LA CROIX (Julien), 39 ans, principal du collège de Dol, Ille et Vilaine, instruit, tolérant et doux, vivant à Cayenne du travail de ses mains. Mort dans cette île en 1802.

DUJARIER (Jean-Julien), 45 ans, curé de Javron, Mans, Mayenne, né à Amme. Le malheur lui avoit un peu aliéné l'esprit. Pendant la traversée, lorsque nous passâmes le détroit des îles du cap Vert, il alla dire au capitaine, avec ce flegme déchirant d'un malheureux qui va au supplice: Monsieur, cette île de Saint-Vincent est déserte, il y a un volcan; veuillez bien m'y débarquer, et que j'y meure en paix. Le capitaine le renvoya, en se retournant pour pleurer. Parti par la Martinique.

DUPUIS (Jacques), 48 ans, oratorien de Beauvais, né à Soissons, départem. de l'Aisne. Parti par la Martinique.

DUVAL (Guillaume), 40 ans, surnommé le Bon et le Brutal, par M. Gilbert-Desmolières avec qui il avoit eu une violente rixe. Dans la Guyane française, il gardoit les vaches au canton d'Yracoubo. Vicaire de Sainte-Pazane de Nantes, natif de Saint-Dolet, de la Seine-Inférieure. Parti par la Martinique.

GARNIER (Jacques-François), 35 ans, vicaire de Gant-au-Perche, diocèse de Chartres; né à Chaulnes, départem. de l'Orne; secrétaire de M. de Marbois à Synnamari; d'une piété exemplaire.

Il étoit de mon cours de rhétorique; nous l'appelions l'écolier vertueux. Revenu en France par la Martinique.

GENTEL (Jean-Pierre), 47 ans, curé de Meyriés, Vienne, Isère. Parti par la Martinique.

GIVRY DES TOURNELLE, (Jean-Charles-Juvenal-Henri, de), 35 ans, chevalier, Laon, Aisne; a épousé par reconnoissance la fille de M. Colin qui lui a sauvé la vie. Repassé en France en 1803.

GRAFF (Bernard), 34 ans, prêtre, Metz, Moselle. Parti par la Martinique.

GRANDE-MANGE (Hyacinthe), 42 ans, chapelain de Gigué, Vosges. Parti par la Martinique.

GURLIAT (Pierre-Louis), 51 ans, vicaire d'Aillou, Annecy, Mont-Blanc. À la Martinique.

HAYES (Julien de la), 51 ans, curé de Pont-l'Évêque, Lisieux, Calvados; né à Vire, même département. Parti par la Martinique. Celui-ci avoit été nommé à sa cure, par Louis XVI, dans son voyage de Cherbourg. La paroisse dont il n'étoit alors que vicaire, venoit d'être ravagée par la grêle; il dit au monarque, avec ce zèle évangélique digne d'un bon ministre et d'un prince qui aime la vérité: Sire, les rois et les prêtres ne doivent exister que pour le bonheur des peuples; nos paroissiens sont ruinés par la grêle, ils n'ont point de pain; ils soupiroient après votre arrivée; ils pourront dire: Nous l'avons vu, et par lui, nous vivons.—Oui monsieur, répondit le roi, ils seront secourus, et ils le seront par vous; tous ces infortunés sont mes enfans; que par vous ils aiment leur religion et leur prince.

JARDIN (François), 51 ans, desservant de Bolange; né à Bourges.

Celui-ci a été mis au cachot par Burnel, qui l'a relaxé sans raison comme il l'avoit fait arrêter.

JUMILLAC (René-Félix-Chapelle de), 49 ans, né à Fontaine dans la Vendée, chanoine de Toul, départem. de la Meurthe; il débarqua le 5 prairial du brick *l'Assistance*, qui échoua au sortir de la rade. Revenu en France, en 1802 avec M. Tournachon, ils ont été pris par les Anglais, conduits à Hallifax, aux isles Miquelon, et de là à Québec, dans l'Amérique septentrionale.

LAFOND (Antoine), 43 ans, curé d'Epannes, Saintes, Charente-Inférieure. À la Martinique.

LA MALATHIE (Bernard Marc-Gabriel), 40 ans, vicaire de Salleiches, Comminges, Haute-Garonne. À la Martinique.

LAY (Antoine), 35 ans, vicaire de Luzarches Comminges, né à Lordet, département des Hautes-Pyrénées. À la Martinique.

LECLERC (Nicolas), 29 ans, cordonnier, Chambéry, Mont-Blanc, l'un des cinq voleurs de *la Décade*. À Cayenne.

LEGUEULT (Thomas), 49 ans, né à Vire, département du Calvados, vicaire de Dourdan, près Chartres. À la Martinique.

LHUILLIER, 42 ans, augustin de Paris, lieu de sa naissance; neveu de M. Parent, curé de Saint-Nicolas-des-Champs de Paris; détenu à Bicêtre, en 1794, avec l'auteur, et tous les curés de Paris. Mort en 1802. Lhuillier est repassé en France par la Martinique en 1802.

MARDUEL (Humbert), 36 ans, Augustin, Rennes, Ille et Vilaine. À la Martinique.

MATERION (Toussaint-Pierre), 51 ans, curé d'Ignogles, Bourges, dép. du Cher. À la Martinique.

MAURI (Gabriel), 45 ans, curé de Montomier, Bourges, Cher; celui-ci a été l'avocat des déportés indigens; il a fait sortir des mains rapaces les fonds qui nous étoient envoyés de Surinam, et dont une grande partie avoit été antérieurement mal distribuée, pour ne rien dire de plus. Chéri à la Martinique, et revenu en France au frais de la famille de S. M. l'Impératrice.

MAZURIER (Jean-Bapt.), 42 ans, marin de Saint-Pol-de-Léon, Finistère, né à Landernau, près Brest. Il a éprouvé de grands chagrins de famille, en revenant en France.

MIQUELOT (Marguerite), 33 ans, servante, de Nancy, Meurthe. Mariée à Cayenne. Celle-ci est la seule femme qui ait été déportée avec les prêtres. C'étoit une voleuse. Pendant la traversée, elle faisoit société avec quelques bandits chargés sur *la Bayonnaise*. Une montre fut volée; visite faite, la montre se trouva sur la Miquelot, dans certain endroit qu'on devine plutôt qu'on ne le soupçonne. Elle a fait mentir le proverbe qui dit qu'une coquine ne devient pas honnête femme.

MONNEREAU (Jean-Pierre), 33 ans, sous-diacre, Rieux, Arriège; déporté comme prêtre réfractaire. À la Martinique.

MONTANGERAN (Pierre), 33 ans, prêtre, Mâcon, Saône et Loire. Décrié pour ses mœurs. Parti par la Martinique.

NECTOUX (Claude), 40 ans, curé de Sainte-Radegonde, Autun, Saône et Loire. À la Martinique.

NOGUE (René), 46 ans, curé près Saint-Malo, né à Saint-Mange, Ille et Vilaine. À la Martinique.

NOURRY (Jean), cordonnier, né à Rennes en Bretagne, placé chez Delpont, à Cayenne.

PAVEC (Yves), 47 ans, vic. de Plogonac, Quimper, Finistère. Parti par la Martinique.

PAVIOT (Martin), musicien, Bourges, Cher; l'un des voleurs de *la Bayonnaise.* Resté à Cayenne.

PELLETIER (Félix), 42 ans, né à Romorantin, départ. de Loir et Cher, curé de Prugniers, Loiret; celui-ci possède un remède infaillible pour la rage. Parti par la Martinique.

PIERRON (Jean-Pierre), 52 ans, curé de Villers-le-Sec, Châlons, Marne, né à Bievelle, département de la Haute-Marne, déporté en vertu de la loi du 30 vendémiaire an I. En 1789, M. Pierron étoit lié avec M. Drouet, qui a arrêté le roi à Varennes, le 23 juin 1791. Parti par la Martinique.

PILON (Nicolas), chanoine de Saint-Victor, de Paris, 43 ans. Parti par la Martinique.

PLOMBAT, (Antoine-Pierre), 50 ans, curé de Salvignac, Rhodez, Aveyron. Parti par la Martinique.

POIGNARD (Jacques-Denis), 41 ans, curé de Lumeau en Beauce, Orléans, Loiret. Parti par la Martinique.

PORTE (Guillaume), 52 ans, curé d'Esmolette, Chambéry, Mont-Blanc. Parti par la Martinique.

POITHIER (Nicolas), 22 ans, laïque, Metz, Moselle; l'un des mauvais sujets de *la Bayonnaise.* Je ne sais rien de positif sur son sort.

PRIGEANT (Jean-Guillaume), 41 ans, vicaire de Glomel, Finistère, né à Rongé-Neuvil, Côtes du Nord. Parti par la Martinique.

PRODON (Charles), 52 ans, né à Vire, dans le Calvados, prêtre, chanoine de la Sainte-Chapelle de Dijon, commissaire du pouvoir exécutif à Lyon. Établi à Cayenne.

Celui-ci a été jugé le même jour que moi; il fut absous, remis en prison, et déporté pour avoir écrit une lettre virulente contre l'ex-directeur Barras.

RAGUENEAU, 49 ans, capucin de Blois, Loir et Cher. À la Martinique.

RENARD (Joseph), 34 ans, perruquier, de Saint-Malo, Ille et Vilaine. Celui-ci, en repassant en France, en 1801, a été pris par les Anglais, conduit aux îles Miquelon, de là à Québec dans l'Amérique septentrionale. Les Français demeurés dans cette partie du Canada, l'ont accueilli avec une joie inexprimable. Quoique ces colons soient soumis à l'Angleterre depuis plus d'un demi-siècle, leurs vainqueurs n'ont jamais pu se les concilier; ils dédaignent même d'apprendre leur langue. Renard a été si fêté chez ces bons Français, que le gouverneur britannique l'a fait repartir au bout de trois semaines, de peur que le souvenir du nom français, réveillé par sa présence, ne fît fermenter les esprits contre la Grande-Bretagne. Il m'a confirmé un fait que je savois déjà par des Américains dignes de foi: aux sources du Missouri et près du saut de Niagara, se trouvent plusieurs villes où le gouvernement anglais est si exécré, qu'il est obligé de traduire en français ses réglemens constitutionnels. Les vieux Francs qui habitent ces villes se sont révoltés plusieurs fois. Le nom de Moncalme leur arrache des larmes. Depuis peu, un émigré français qui portoit ce nom, ayant été mis à terre, a été enlevé par les Canadiens caraïbes, qui l'ont entraîné dans les terres, en baisant ses vêtemens avec la naïve expression des hommes de la nature.

ROUX (Étienne), 52 ans, curé de Coulange, Clermont, Puy-de-Dôme. Parti par la Martinique.

TENEBRES (Alexis-Charles-François), 57 ans, curé de Croix-de-Vic, Luçon, Vendée. Parti par la Martinique.

THEVENET (François-Thomas), 48 ans, chanoine de Besançon, Jura, né à Cuisan, département de Saône et Loire; parti à ses frais, en vendémiaire an 10 (24 septembre 1801). Revenu en France avec Renard, par le Canada.

Celui-ci étoit notre cantinier à Rochefort. L'auteur a été détenu, en 1802, à Sainte-Pélagie, avec son neveu: il seroit à souhaiter qu'il ressemblât à son oncle.

TOREL (Nicolas-Aubin); 46 ans, vicaire d'Arcaney, Rouen, Seine-Inférieure, celui-ci étoit moribond au moment de notre départ. C'étoit un prédestiné pour le ciel; il est mort pulmonique à Cayenne, en 1801.

TROLLE (Charles), 40 ans, vicaire de Nancré, né à Poissy, département de l'Yonne. Celui-ci étoit du cours des deux Robespierre, dont il ne partageoit point les opinions, mais sur le compte desquels il nous a donné des renseignemens précieux. Revenu en France par la Martinique.

VAILLANT (Jean-Pierre), 43 ans, curé de Vierson, lieu de sa naissance, Bourges, Cher; spécialement accueilli par la famille de S. M. l'Impératrice. Il a souffert des maux inouïs dans la Guyane.

VERMOT (François), 37 ans, commis-marchand, né à Paris, Seine. Revenu en France par la Martinique en 1803. Le gouvernement n'a pas d'amis plus sincères. En 93, il étoit employé dans l'état-major de Dumouriez qui l'enveloppa dans sa fuite. En 97, il fut condamné à mort comme émigré, par une méprise de nom; ensuite déporté; aujourd'hui, il est écrivain-copiste au palais de Justice à Paris, méritant à tous égards une meilleure place.

Fin des listes.

Sur le soir, Cayenne et la Guyane sont loin de nous; adieu, colons sensibles, adieu, amis généreux qui avez brisé mes fers.

Nous sommes à soixante-dix lieues de Cayenne entre le ciel et l'onde.

Au moment où nous embarquions pour revenir dans notre patrie, 71 déportés, pour une cause opposée à la nôtre (la machine infernale), mettoient à la voile pour se rendre au lieu de leur exil, *Mahée-les-Séchelles.* Nous nous sommes rencontrés en route; que nous sommes-nous dit? Quelques-uns de ces exilés avoient été plus que spectateurs du 18 fructidor; ils s'étoient même trouvés au passage de quelques-uns de nos premiers déportés à la suite de cette fameuse journée: ils ont suivi la même route, conduits par les mêmes gendarmes à qui ils avoient donné des ordres pour notre exil trois ans auparavant. Que nous sommes-nous dit?

«Vous êtes exilés, nous vous plaignons; une leçon d'exil est une leçon de sagesse et de modération; quels que soient vos griefs, nous vous plaignons encore; quand on revient d'un tombeau comme le nôtre, le pardon et l'oubli des injures n'est plus une lutte du cœur et de la nature contre la raison et la vertu, c'est un doux penchant qui n'a de retour sur nous que par le souvenir de nos plaies, dont les cicatrices, si elles font couler nos pleurs, nous pénètrent d'une douce philosophie pour tous les hommes, et d'une compassion vertueuse, même pour les coupables qui vont subir leur sort.

»Le gouvernement est un bon père qui ne punit qu'à regret et qui pardonne avec plaisir. Quelquefois on lui en impose, ou il doit au peuple pour sa sûreté des actes d'une justice rigoureuse. Vous vous réjouissiez de notre exil, nous sommes sensibles au vôtre, et nous voudrions que vous n'eussiez pas eu besoin de cette épreuve pour acquérir notre expérience; allez à votre destination. Si quelques-uns de vous reviennent en France, qu'ils aient du plaisir à dire avec nous: *Après douze années de malheurs, enfin la révolution est finie, tous les partis sont éteints, tous les Français s'embrassent, l'univers est en paix; soyons tous unis, travaillons tous en commun à la tranquillité de notre patrie et à l'édification de nos familles; que notre bonheur individuel découle de la félicité publique!*»

Voici quelques notions sur Mahée-les-Séchelles, extraites des lettres de ces déportés. Je crois que ces détails, qui sont un tableau comparatif de ce qu'on a lu dans cet ouvrage, intéresseront tous les Français.

Cette parité est la roue de fortune de la révolution, dont nous avons tous occupé un rayon; aujourd'hui que la morale, la religion et la paix nous en font descendre et nous ouvrent les yeux, racontons-nous sans aigreur les nuances différentes de ce terrible songe: puissions-nous tous nous attendrir ensemble, nous pourrons tous nous pardonner ensemble!

À Mahée-les-Séchelles, le 25 vendémiaire an X.

Ma chère épouse, tu n'as tardé à recevoir de mes nouvelles que par un événement malheureux qui nous est survenu dans la traversée. Nous avons été six semaines à réparer les avaries faites au bâtiment de *la Chiffonne* sur laquelle j'étois embarqué.

Notre départ précipité nous a fait faire plusieurs conjectures; nous ne savions si c'étoit pour profiter du bon vent, ou pour éviter les Anglais, qui nous observoient depuis long-tems avec deux frégates de 18 et deux vaisseaux rasés, que le mauvais tems avoit obligés de gagner la côte. Cette nuit fut terrible, je crus qu'elle seroit la dernière de ma vie; la mer étoit si houlleuse, que l'équipage, dans un morne silence, sembloit entendre sonner sa dernière heure; enfin nous en fûmes quittes pour l'effroi: un vent favorable enfla nos voiles jusqu'à la hauteur de Cayenne où nous croyions aller. (Ils y étoient attendus, et l'agent nous a dit qu'il comptoit les envoyer de suite dans le désert, sans leur permettre de mettre le pied dans l'île.) Nous prenions patience; mais quelle fut notre surprise et notre douleur, lorsque, le 9 prairial, nous longeâmes sa hauteur! que de pensées, que de troubles agitèrent notre cœur, bouleversèrent, confondirent, comprimèrent nos facultés, notre âme! nous ne savions si nous existions encore..... si nous devions exister.... Ô incertitude!... ô incertitude! oui, tu es un enfer, tu es tout un enfer!.... En passant le tropique du cancer et la ligne, nous ne savions pas n'être encore qu'au quart de notre route, quoique nous fussions à plus de 1,600 lieues du sol français. Nous devions dépasser le tropique du capricorne, le cap des tempêtes, dit de Bonne-Espérance, et remonter à l'Est, à 9 degrés de latitude au-dessous de Cayenne. Le 24 floréal, nous aperçûmes une goëlette portugaise dont nous eûmes bon marché: cette prise fut estimée 15,000 fr., et chaque matelot eut 40 fr. de part.

Le 14 prairial, une frégate portugaise vint à notre rencontre; le combat s'engagea à midi: l'affaire fut chaude de part et d'autre, on se battit à portée de pistolet; la Portugaise, démâtée, et ayant perdu 48 hommes, amena à huit heures du soir. De notre côté, nous n'avons perdu qu'un matelot.

Le 28 prairial, notre *Chiffonne* s'empara, sans coup férir, d'un navire anglais venant des Grandes-Indes, chargé d'une cargaison estimée cinq millions. (Ils étoient près du canal de Mosambique). La mer étoit si houlleuse, que nous ne pûmes l'amariner. Le navire anglais le *Bellony* vint nous enlever cette riche capture; nous faillîmes succomber. Le feu du ciel et celui de l'ennemi nous rasèrent deux mâts; la nuit nous fut favorable. Nous nous sauvâmes à l'aide d'une voile que nous attachâmes comme nous pûmes aux débris pendans de notre misène fracassée; l'ennemi disparut, nous ne faisions pas d'eau, nous nous réparâmes comme nous pûmes avec quelques bouts de mâts; nous prîmes et relâchâmes le *Bellony* qui fila vers l'Isle de France (ils ont passé entre Madagascar et l'Isle de Bourbon), conduit par des officiers et des matelots détachés de notre bord, tandis que nous fîmes voile pour *Mahée-les-Séchelles*, où nous débarquâmes le 25 messidor (14 juillet 1801). Que nous aimons à payer un juste tribut de reconnoissance au capitaine et à l'état-major de *la Chiffonne*! Oublie mes ennemis comme je les oublie moi-même, pardonne-leur, tais leurs noms, mais prononce avec ivresse celui du capit. *Guieysse*; il est bon guerrier, bon marin, il nous a sauvé la vie; grave son nom dans tous les cœurs sensibles, mets-le à côté du mien.

En arrivant à Mahée-les-Séchelles, lieu de notre destination, nous logeâmes au gouvernement, espèce de caserne. Le tableau de nos malheurs, appuyé des témoignages que l'équipage rendit de notre conduite, pendant notre traversée, nous gagnèrent la bienveillance du gouverneur, le citoyen Guieysse; il consentit à nous recevoir dans l'archipel, en nous surveillant, et bientôt il nous protégea contre plusieurs habitans qui redoutoient notre présence, et qui s'opposoient à notre débarquement.

Depuis notre arrivée, ces mêmes habitans sont un peu revenus sur notre compte; plusieurs en ont pris plusieurs de nous chez eux, principalement ceux qui ont des états utiles pour la colonie; les autres sont nourris aux frais du gouvernement français qui, à ce qu'on assure, a fait, pour cela, passer des fonds à l'Isle de France. Voici notre nourriture:

Du riz crevé, en place de pain et de soupe; de la tortue, poisson dont la chair ressemble beaucoup à celle du bœuf, meilleure à mon goût, et beaucoup plus rafraîchissante (on en trouve qui pèsent jusqu'à 400 liv.); enfin, du poisson, du riz; mais pour boisson, de l'eau, et seulement de l'eau. Voilà la vie que nous avons menée pendant un mois. La tortue nous a manqué pendant 15 jours, et nous étions fort embarrassés pour y suppléer, car le lieu de notre exil est une colonie naissante, dont nous sommes presque les fondateurs, ou du moins des premiers habitans. Il n'y a à Mahée qu'environ soixante habitations de blancs, distantes de quelques lieues les unes des autres. Le long séjour que la frégate a fait dans cette île a consommé beaucoup de denrées, quoiqu'elles y soient abondantes, même en volailles.

Mahée est peuplé de plusieurs déportés de l'Isle de Bourbon qui ont malheureusement figuré dans les terribles révolutions de ce pays. Ils ont été aussi à plaindre que nous dans un lieu inculte comme celui-ci, où ils ont été déposés, ou plutôt jetés, sans vivres et sans instrumens aratoires, accompagnés seulement de quelques nègres avec qui ils ont fait quelques plantages. Aujourd'hui plusieurs de ces nouveaux Robinsons se trouvent dans l'aisance, nous donnent asile, et nous racontent en pleurant combien ils ont souffert. Le tableau des erreurs révolutionnaires et de l'industrie humaine, n'est pas moins sensible ici que dans la métropole de France. Au bout de deux ans, des Suédois, poussés par un coup de vent, ont abordé sur ces îles qui font partie des Maldives. Ces points de terre oubliés, sont devenus un lieu de relâche et un point de mire pour tous les navigateurs qui prennent la route des Grandes-Indes par le canal de Mosambique. Ainsi les colonies se forment et se peuplent quelquefois sans grever la mère-patrie. Nos îles, qui n'avoient acquis quelque célébrité qu'en 1783, deviendront peut-être un comptoir important. Si leur étendue est très-bornée d'un côté, de l'autre elles sont en assez grand nombre et assez voisines et de Madagascar et de l'Isle-de-France, et des côtes de la Cafrerie et du Zanguebar, pour mériter l'attention du Gouvernement. Les Anglais les convoitent déjà, et nous avons eu à nous défendre contre leurs invasions. Le gouverneur nous anime, nous protège, et désire qu'on lui envoie du monde.........

L'auteur de cette lettre, en comparant ses désastres avec les nôtres, nous apprend que lui et ses compagnons ont absolument couru les mêmes chances. Dans le golfe de Gascogne, ils furent assaillis par les Anglais; leur bâtiment eut le même sort que notre *Charente*, à l'embouchure de la rade du Verdon[24]. Après le combat, ils relâchèrent dans un des ports d'Espagne, d'où ils conçurent, comme nous, l'espérance illusoire de rentrer sur le sol français. Ainsi, l'expérience du mal qu'on fait aux autres, nous corrige en nous rendant plus circonspects et plus sensibles.

S'ils ont été repoussés d'abord par les habitans des Isles-de-France et de Bourbon, aujourd'hui on leur tend une main secourable; car le malheur a expié, ou leur délit, ou leur erreur, aux yeux des Français d'outre-mer. L'auteur de cette lettre annonce qu'il espère passer à l'Isle-de-France, pour succéder à l'imprimeur qui vient de mourir. Un créole fortuné lui a confié l'éducation de ses enfans. Du reste, ils n'ont perdu personne dans la traversée; mais le climat qu'ils habitent étant à-peu-près au même degré de chaleur que Cayenne, leur a occasionné les mêmes maladies.

La teneur de cette lettre prouve que l'âme de celui qui l'a dictée est fondue de douleur et de sensibilité. Les réflexions qu'il fait sur le cours de la vie, et de la révolution à laquelle il ne fut point étranger, prouvent que les circonstances et la fougue des événemens ont plongé quelques hommes honnêtes dans une ivresse frénétique, que leur repentir doit nous faire oublier, comme les coups que nous donneroit un somnambule. Ma profession de foi n'est pas douteuse à l'égard de celui-ci: en 1793, il étoit un des membres les plus zélés du comité révolutionnaire de la section Marat, aujourd'hui l'Odéon; il m incarcéra pendant huit mois, et me fit passer au tribunal révolutionnaire. Après le 9 thermidor, la chance ayant tourné contre ceux qui avoient incarcéré les autres, ma conduite à son égard m'assura son estime, sans jamais concilier nos opinions. Son exil, comme le mien, m'a fait réfléchir de nouveau sur les vicissitudes des révolutions et des empires qui, comme de grands fleuves, courent au gouffre de l'éternité, en charriant dans leurs lits des atomes, tristes jouets des ondes qu'ils croyent gouverner.

29 mai, nous sommes à 120 lieues de la Guyane.

Le brik que nous montions, nommé *l'Assistance*, voguoit sur son lest, à l'adresse de M. Johel, sous le nom de M. Schmit, à New-Yorck. C'étoit une ancienne prise qui avoit changé de nom, et que l'agent, sous le nom de Beauregard, avoit revendue, et envoyoit à vide avec des déportés indigens, pour qu'elle ne fît pas envie aux Anglais. Les premiers huit jours de cette traversée s'écoulèrent comme un songe. Au défaut de pouvoir converser avec notre équipage, qui ne nous entendoit pas, nous nous concertions pour savoir comment et quand nous nous embarquerions de là pour France. La passe étoit neuve et critique. Aller à la grâce de Dieu, sans fortune, sans moyens, dans un pays où on ne connoît personne, et dont on n'entend pas la langue, c'est errer comme des fantômes au milieu des vivans. Cette pénible sollicitude, jointe au motivé de nos passe-ports, en redoublant l'ardeur que nous avions de revoir notre patrie, comprimoit dans nos cœurs le plaisir du départ. Quoique nous fussions tous également bornés à des moyens pécuniaires insuffisans pour parer aux moindres retards et aux plus petites chances, les moins à l'aise étoient les moins inquiets ici comme à notre arrivée à Cayenne: la Providence met un trésor dans le cœur de l'honnête homme que la fortune disgrâcie.

Nous ne songions qu'au bonheur de toucher le sol des zones tempérées. New-Yorck étoit tout ce que nous désirions. Au bout de douze jours, le capitaine nous fit entendre que nous relâcherions à Newport pour ne pas faire quarantaine à New-Yorck, parce que c'étoit le tems de la fièvre jaune ou de la peste, et que nous venions des pays chauds. Cette nouvelle nous consterna; nous pouvions rester un mois dans ce petit port, faire encore quarantaine à New-Yorck, manger nos fonds, manquer l'occasion du départ et nous voir réduits à une condition pire que celle dont nous sortions. Nous ne présumions pas que les étrangers pussent s'intéresser à nos malheurs et à nos personnes, qui leur étoient inconnues. L'univers depuis long-tems étoit concentré pour nous sur les fronts rébarbatifs, dédaigneux ou indifférens des affidés de H.....; et malgré que l'expérience et la raison réclamassent contre cette misantropie locale, l'habitude du malheur nous enveloppoit sans cesse d'un nuage d'effroi. Nos haillons et nos mines déconcertées, servoient de jouet au capitaine et à l'équipage, qui nous molestoient grossièrement, parce que nous ne nous entendions pas.

Le 18me jour de notre départ, nous nous trouvâmes par le travers de la Vermude, assaillis d'une violente tempête. Le pont étoit couvert d'eau; les secousses que le bâtiment éprouva pendant deux jours au passage du Strim, furent si violentes, que nous nous attachâmes par la ceinture et par les bras; nos liens cassoient par le choc. Un vieillard de 64 ans, M. Deluen, qui s'étoit amarré dans l'entrepont avec plus de précaution que nous, fut libéré malgré lui et jeté sur des caisses et des bouteilles cassées.

Au milieu de la route, nos provisions furent consommées ou gaspillées par la négligence du capitaine et l'insubordination de l'équipage, qui jetoit chaque jour une trentaine de livres de viande à la mer, et autant de biscuit. Quoique nous eussions payé séparément notre passage et nos vivres, ils faisoient main-basse sur ce qui nous appartenoit, le mangeoient en cachette ou en notre présence, et souvent sans nous permettre d'en goûter.

Le 19 juin, nous fûmes arrêtés par un calme et une brume si épaisse, que nous nous touchions sans nous voir; nous étions près de terre; le brouillard venoit des grands lacs de l'Amérique septentrionale, qui ne finissent de dégeler qu'au milieu de juillet. Les 20 et 21 il gela sur le pont; le 23, le tems se leva; la plus excessive chaleur succéda tout-à-coup au froid le plus cuisant. À midi nous vîmes la terre, à sept heures nous mouillâmes à Newport.

Cette jolie petite ville est bâtie sur les bords d'un bras de mer qui s'avance en tournant à plusieurs milles dans les terres. Elle est défendue par des forts, de distance en distance; on ne la voit qu'en y abordant, et le premier aspect de cette place n'offre que des montagnes incultes, ou des écueils indiqués par des phares. Le pavillon flotte toujours au haut des forts. De jolies maisons de campagne bien peintes et galamment bâties, sont entourées d'arbres et de jardins lucratifs et enchanteurs; c'est un sol neuf, des hommes nouveaux, des loix et des habitudes nouvelles. Les Américains ont leurs jardin à côté de leurs demeures, leurs champs derrière leurs maisons; et leur comptoir en face sur le tillac de leurs vaisseaux, qui sont tous à quai sous leurs fenêtres. Le capitaine descend à terre, nous laisse en rade et veut nous consigner. Un officier de santé nous visite, nous obtenons la permission d'aller à terre pour faire des vivres..... Nos cœurs étoient bourrelés de nous voir esclaves sur un sol où tout ce qui respire jouit de la plus grande liberté.

Quoique Newport ne fût pas notre patrie, nos cœurs tressaillirent de joie en y abordant, parce que ce n'étoit plus le sol de Cayenne.

Il faudroit pouvoir peindre la contenance d'étrangers comme nous, errans dans les rues et fixant les habitans de la ville, pour qui nous ne sommes que des machines ambulantes, et qui ne nous paroissent que des automates vivans. C'est bien Nicodème débarqué dans la lune, disant aux habitans: «Je ris d'être risible; vous riez de me voir si niais; rions donc de nous voir sans nous entendre.» En gesticulant au lieu de parler, nous fîmes bientôt comprendre que nous demandions à dîner, et un interprète. Un marchand nous conduisit chez M. William Eins, qui parle toutes les langues. Il nous questionna beaucoup sur Cayenne, sur nos malheurs, et nous fit rafraîchir. Quand nous voulûmes trinquer avec lui il nous dit en riant que nous étions chez un quaker, que cette cérémonie puérile leur étoit interdite par leur loi; qu'ils étoient tous frères, et que l'amitié ne croissoit ni ne diminuoit par ces choquemens de verres.

Ces moralistes méditans ne sont exagérés que dans la simplicité de leurs mœurs, de leurs habits et de leur conduite. Leur vie s'écoule dans une contemplation du bien qu'ils font avec un flegme imposant, sans austérité; ils mettent leur orgueil à n'en point avoir. Plus on les approfondit, plus on les révère, sans vouloir les imiter, non parce qu'ils dissimulent leur conduite, car personne n'est plus loyal qu'un quaker vraiment fidèle au catéchisme d'Houard, mais parce qu'ils n'entourent le palais de la vertu que de cyprès et de saules pleureurs; qu'ils ne la couvrent que d'habits funèbres, et qu'ils la croient défigurée quand elle se montre parée de fleurs et entourée de grâces. Ils ne rient, ne chantent, ne dansent jamais, ne saluent personne; ils ont toujours la tête couverte aux temples comme aux assemblées et aux palais. Ils ne prêtent aucun serment en justice, on ne leur en demande point; ils disent *oui* ou *non*, ils exécutent à la lettre le précepte du plus sage des législateurs, qui ordonne de n'affirmer une chose que par *oui* ou *non*; ils tutoient tout le monde, mais cette régularité grammaticale ne diminue rien du respect qu'ils portent aux dignités et aux personnes.

Ils sont eux-mêmes leurs prêtres et leurs interprètes des dogmes; leurs temples sont des salles simples, sans ornement, peu éclairées, ouvertes à tout le monde, où chacun se rend le dimanche, pour méditer, dans le recueillement et dans le silence, sur la Bible et le Nouveau Testament. Quelquefois ils se retirent comme ils sont venus, sans avoir rien dit, parce que l'esprit n'a illuminé aucun fidèle de la société. Un autre jour, une jeune fille ou un enfant aura médité sur certain passage, il monte en chaire, pérore plus ou moins long-tems, et voilà l'office et le culte. Ce prédicant se nomme quaker ou trembleur inspiré; mais cet inspiré n'est agréable à Dieu qu'autant qu'il n'a pas préparé d'avance ce qu'il va dire: il doit être, comme les apôtres, rempli subitement du saint esprit. Cette religion, dégagée de l'obéissance à l'autorité du Saint Père, unit chacun de ses membres par une charité aussi douce que celle des premiers fidèles de l'Église, qui vivoient en communauté de biens sans anarchie, et qui ne souffroient point de mendians parmi eux.

L'habit des quakers est sans boutons, de couleur sombre; ils ont les cheveux plats, des chapeaux ronds ou relevés sans agrafes et sans boutons. Les quakeresses sont mises comme nos veuves, en demi-deuil; leurs bonnets sont de petites toques garnies de linon sans plis, simples, à pattes attachées sous le menton. Tous les quakers de chaque état se réunissent deux fois l'année dans les villes, aux fêtes solennelles, pour faire une collecte pour les indigens *de la famille*; aucun ne descend à l'auberge; ils ont tous des asiles chez les quakers des villes: comme ces religionnaires sont les plus nombreux, et les premiers colons de l'Amérique septentrionale, connue aujourd'hui sous le nom d'États-Unis, ils ont fait des réglemens de police, qui font loix coërcitives. Ainsi le dimanche est consacré tout entier à méditer, à s'enivrer sans bruit, ou à rouler en voiture dans les rues ou dans la campagne.

Les quakers ont horreur du sang, ne font point la guerre, paient des remplaçans, et ne marchent jamais sans contrainte. Cette dernière clause les a rendus impeccables quand ils se sont bandés en 1777 contre leur souverain, le roi d'Angleterre, pour se soustraire à son obéissance et se déclarer indépendans. Au reste, toutes les religions et toutes les sectes sont tolérées et protégées. Chacun peut adorer Dieu à sa manière, dire, publier et afficher tout ce qu'il pense du gouvernement et des gouvernans.

Ce peuple semble né dans l'eau; les enfans de six ans ne font que des bateaux, ne connoissent que les rames et les avirons; les petites filles, au lieu de faire des poupées, bordent les quais, descendent dans des canots, et sont en même tems pilotes et rameurs; en été, les élégans des deux sexes montent seuls dans un batelet, se promènent à la voile, sur l'eau, en lisant avec autant de sécurité que s'ils étoient à l'ombre dans un bosquet.

Ici tous les enfans savent lire et écrire; les écoles sont assez multipliées pour que personne ne manque d'instruction. Les pères et mères en mourant s'inquiètent peu de la modicité de la fortune qu'ils laissent à leurs enfans; quelque nombreux qu'ils soient, l'état fait inventaire, se charge des orphelins qui sont adoptés par les autres citoyens chez qui ils restent forcément jusqu'à l'âge de vingt et un ans, et souvent le reste de leur vie par reconnoissance. Cette bonne coutume dont l'habitude fait une douce loi, sert l'état et ses membres, en augmentant la population qui se trouve décimée tous les ans par la peste et la mortalité. La marine et la culture manquant toujours de bras, la certitude d'être à l'abri de l'indigence, jointe à la liberté que tout homme y respire, sont des amorces enchanteresses pour y faire affluer l'étranger; l'état qui en a besoin leur assure une existence; par cette loi d'adoption, ils se font naturaliser américains: voilà des défenseurs contre les projets hostiles de la Grande-Bretagne et de l'Europe. Les mœurs moitié simples et moitié dépravées, servent également les projets du premier auteur de la révolution de ce pays. Le législateur Franklin enjoint de faire marier les filles jeunes; pour y parvenir, on leur donne la plus grande liberté de courir seules nuit et jour avec les jeunes gens, et de s'absenter des semaines entières de la maison pour aller s'amuser; s'il en arrive quelqu'accident naturel, la fille somme le garçon de l'épouser; l'état s'en mêle, et voilà le mariage forcé. Cette même personne devenue femme, est un modèle de chasteté et de décence; elle est bonne mère, bonne épouse; elle est femme ce qu'elle auroit dû être fille. Quand elle est enceinte, elle se dérobe à tous les yeux, ne mange point à table avec son mari, et rougit par préjugé du plus glorieux de ses titres, de celui de mère. Toutes les filles sont passionnées pour les romans; les peintures et les situations lascives des personnages ne les effarouchent pas à la lecture: qu'un cavalier, en leur faisant la cour, nomme quelques ajustemens qui voilent les parties sensuelles du corps, elles rougissent et boudent; s'il parle innocemment de jarretière, de jambe, de taille, elles lui tournent le dos, se mettent sérieusement en colère, par simplicité ou par pruderie, tandis qu'elles oublient de se défendre d'un agresseur ingénu qui, en allant à son but par degré, parle de morale et de continence. Le luxe et la coquetterie, en gagnant du terrain, amènent avec eux la galanterie, et la fable d'Eriphile pourroit bien s'y réaliser un jour.

Le gouvernement est républicain représentatif et oligarchique. Chaque état, autrefois canton ou province d'Angleterre, se gouverne intérieurement suivant ses loix particulières, consenties par lui, et se fait représenter par un mandataire qui se rend au congrès, centre commun où toutes les volontés se réunissent tous les six mois, sur le bureau du président qui tient les états aujourd'hui à Washington. Le chef suprême ne reste en place que trois ans, et est ensuite remplacé ou continué en fonctions par chaque section du peuple qui se réunit pour donner son vote. Les élections y sont très-tumultueuses, car on compte presqu'autant de sectes politiques que de religieuses. Ceux qui ont fait la révolution et qui se voient ruinés, veulent rétablir l'ancien système; ceux qui ont fait leur fortune ou qui sont en place, tiennent pour le gouvernement actuel; ceux qui aiment le changement parce qu'ils y gagnent, veulent des innovations. Les jacobins de France y intriguent à leur manière; j'ignore s'ils se battent comme autrefois dans nos sections. Un voyageur qui a demeuré dans la Virginie, m'a assuré que les représentans de ces états arrivoient souvent au congrès avec un œil de moins.

M. Eins, en nous annonçant que M. Jefferson remplaçoit M. Adams, émit son sentiment sur les deux présidens; ce dernier est l'ami du peuple et surtout des Français. Quelques-uns disent que son prédécesseur ne leur pardonnoit pas d'avoir négligé de faire attention à lui lorsqu'il accompagnoit Franklin venant en France pour mûrir sa révolution.

Il est peut-être aussi difficile de savoir la vérité sur ce fait, que de la démêler dans les journaux de ce pays; car l'un fait des pièces officielles, l'autre les dément par d'autres pièces officielles qu'il fabrique de même. Les partisans des Anglais culbutent la république française et le consul; les autres détrônent le roi Georges, et nous n'avons rien pu savoir de positif de France: car M. Eins nous donna des nouvelles qui furent contredites un moment après par d'autres Français, qui nous accueillirent avec bonté.

Nous séjournâmes cinq jours à Newport, et nous en mîmes autant pour nous rendre à New-Yorck, par le bras de mer nommé le Sund. La distance de Newport dans l'état du Connecticut à New-Yorck, ville capitale du New-Yorck, est de 60 lieues ou 180 milles.

Les environs de cette ville offrent le coup d'œil le plus ravissant. Plus les rives s'approchent, plus l'art et la nature s'entendent pour embellir le site, distribuer les arbres, semer les jardins, émailler les prés, jeter de petits rochers, des cavernes, des collines, des déserts, de jolis hermitages et des maisons de plaisance toutes voisines, toutes régulières et toutes d'un goût différent. Là, ce sont de petits boudoirs au milieu de peupliers, de sapins et de saules pleureurs; à côté, des hôtels, des palais où Psyché attend l'amour; la pointe de la roche, battue par les flots, menace ruine, et soutient un joli pavillon que l'architecte a bâti à moitié renversé, pour faire crier à l'écroulement; tout près, une eau claire jaillit et forme une fontaine et une petite cataracte qui fait vaciller la pointe de l'herbe tendre et mouillée des pleurs de la fécondité.

Nous arrivâmes devant New-Yorck le 3 juillet, et nous passâmes à la visite le 4; nous fûmes heureusement quittes de la quarantaine pour la peur: c'étoit le jour de l'anniversaire de la liberté américaine, époque également heureuse et beaucoup plus récente pour nous. À midi nous mouillâmes en rade. Nous étions presque honteux de paroître sur un mauvais coffre qui déparoit trois cents bâtimens, tous peints et pavoisés. Le port est un des plus beaux des États-Unis; il est baigné d'un côté par la mer; de l'autre, par les rivières de l'Est et du Nord ou d'Hudson: toutes deux portent bateau. À toutes les heures du jour, des convois montent et descendent, partent et arrivent de tous les ports du monde. On peut juger de la magnificence de cette nouvelle Tyr par son accroissement de population depuis vingt ans. En 1782, elle ne comptoit que douze mille âmes; en 1801, elle en compte soixante-douze mille.

J'allai à terre le premier pour chercher de quoi manger à mes deux commensaux, MM. Doru et Deluen. Après avoir fait quelques tours dans les rues, j'entrai chez M. Michel, tailleur, dont l'enseigne est en français et en anglais. «Vous êtes français, je le suis aussi; je viens de Cayenne; je ne puis me faire entendre, soyez mon interprète pour me faire avoir des vivres pour moi et mes compagnons, qui sont des vieillards de 70 ans.» Ces mots lui arrachèrent des larmes; il me fit asseoir à sa table, m'envoya chercher ce que je demandois, me retint long-tems, et me fit reconduire à notre bord, que j'eus beaucoup de peine à reconnoître et à rejoindre, parce que nous n'étions pas à quai, et que c'étoit un jour de fête où les passagers ne travailloient pas. Nous ne pouvions pas débarquer nos effets avant la visite de la douane, qui ne fait rien le dimanche ni les jours de fêtes nationales.

Le cinq juillet se trouvoit un dimanche: nous allâmes à terre de bon matin; la régularité, l'élégance des maisons, la propreté et la grandeur des rues, où plusieurs voitures passent de front sans incommoder les gens de pied, qui marchent sans se coudoyer sur deux grands trottoirs parallèles, pavés de grandes dalles, nous donnèrent une idée avantageuse de la police, du commerce, de l'industrie et de l'activité des habitans. Toutes les boutiques étoient fermées, et les rues étoient pleines de personnes qui alloient au prêche dans les églises de leur culte. Les temples y sont presque aussi multipliés que les magasins, et l'on élève toujours autel contre autel: si cette manie religieuse dure, il y aura bientôt plus de temples que de sectaires. Une vingtaine de flèches de clochers, en bois peints, et autant de tours, dominent sur toute la ville. Chaque temple est d'une simplicité et d'une propreté admirables. Les morts sont plus gênans que les vivans; on a la pieuse ferveur de les inhumer dans la ville. Chaque religion a besoin d'une église et d'un cimetière; chaque famille achète cinq pieds de terrain, et fait tailler une grande dalle de marbre ou de grès, où le nom des morts est inscrit. Cette pierre est debout au chevet des défunts.

Ces champs de mort, encombrés chaque année par l'agrandissement de la ville, et en été par la fièvre jaune, exhalent des miasmes pestilentiels.

Nous traversâmes New-Yorck pour aller à l'église des Irlandais: un déporté de *la Bayonnaise*, M. Reyphyns, qui s'étoit sauvé de Konanama, achevoit la messe au moment où nous entrâmes; nous le reconnûmes; il nous mena déjeûner chez des dames religieuses, dont le directeur, M. Joulins, exilé volontaire, est prêtre du diocèse de Blois, ami de monsieur Doru, mon compatriote et compagnon d'études d'un de mes oncles. Il nous accueillit comme un ami, comme un père; nous versâmes quelques larmes..... ô! qu'elles étoient douces! que nos mauvais habits, nos mines plombées, nos yeux caves furent d'éloquens interprètes de nos longues infortunes! Notre misère devint un porte-respect; il sembloit que nous étions attendus depuis long-temps: on nous trouva un logement, une pension. Notre mise, qui contrastoit avec l'élégance des habitans, dont le luxe et la somptuosité sont portés à l'excès, sembloit dire à tout le monde: *ces respectables exilés viennent de Cayenne*. Nous étions bien, mais nous n'étions pas en France.

MM. Reyphyns et Joulins nous firent oublier nos chagrins. Le dernier partit au bout de quelques jours pour faire un voyage de trois cents lieues, chez les Indiens du fond des terres. Il nous recommanda à des amis généreux, et nous quitta en pleurant. Son souvenir sera éternellement gravé dans ma mémoire. MM. Vincendon et Labitche le remplacèrent, et mirent tant de délicatesse dans leurs procédés, qu'ils attribuoient à leurs amis tout ce qu'ils faisoient eux-mêmes. La bienfaisance est une si douce habitude chez eux, que s'ils étoient à côté de moi au moment où j'écris ceci, ils m'en demanderoient sincèrement le secret. J'en dirai autant de M. J. B. Forbes à qui je remis une lettre de recommandation de M. Tonnat de Cayenne. J'allai le voir avec M. Bodin. Il avoit éprouvé des revers de fortune; mais plus elle le disgrâcie, plus il est sensible et bon: nous nous trouvâmes presque compagnons d'infortune.

En 1793, il avoit été emprisonné à Paris, dans le collège des Quatre-Nations, avec M. Raffet: le système de la terreur lui est connu, il compatit aux maux qu'il a soufferts. Il nous donna l'espoir d'un prompt départ, sollicita tous ses amis en notre faveur; ses qualités et son bon cœur lui donnent tant d'ascendant sur eux, qu'ils préviennent ses désirs. C'est un jeune homme franc, aimable, instruit, sensible, bon mari, et ami trop généreux.

Le peu de temps que nous avons passé à New-Yorck, ne nous a montré les Américains que sous des jours favorables: s'ils ont des défauts, ils les rachètent par de grandes qualités. Les Français qui les connoissent, sont partagés sur leur compte; ils leur reprochent leur ambition, leur témérité dans les entreprises, leur mauvaise foi dans les engagemens, leur déloyauté dans le commerce; ils en donnent pour preuve et les grosses et fréquentes banqueroutes frauduleuses qui s'opèrent tous les ans, et le silence, la foiblesse et la complication des loix qui semblent tolérer ce brigandage. Cela peut être, mais ces fautes sont-elles personnelles aux Américains ou bien aux Européens dépaysés? Je crois que les uns et les autres n'ont rien à se reprocher à ce sujet. Les uns viennent avec peu de moyens pour faire fortune en peu de temps; les autres s'en aperçoivent et les devancent. Ceux qui vont aux États-Unis les mains vides, avec de l'industrie et l'amour du travail, réussissent presque toujours, tandis que les autres s'y ruinent en n'y apportant qu'un petit avoir. C'est un jeu de loterie, où le grand capitaliste est sûr de doubler ses fonds, tandis que le petit marchand fond son comptoir en remplissant la caisse publique. Ce jeu de hausse et de baisse est un véritable cartel de bourse, que les négocians se font en présence de la Fortune qui distribue en escamoteur la besace et la corne d'abondance. Qu'un malheureux arrive, la scène change; on vole à son secours, on lui donne les moyens de gagner sa vie et de se suffire à lui-même; rien n'est épargné pour le tirer d'embarras: commence-t-il à faire fortune et à spéculer? il joue à la hausse et à la baisse, il est ruiné en voulant faire des dupes; alors il crie au brigandage, tandis qu'il devroit se taire pour son honneur.

Les Français ont autant lieu de se louer que de se plaindre des Américains; les émigrés qui s'y sont réfugiés avec de la fortune, en voulant éclabousser les autres, ont promptement dissipé leur avoir, sont tombés dans la misère, ont éprouvé des revers, n'ont point retrouvé d'amis et ont maudit le pays. Les colons qui se sont sauvés tout nus du Cap et des autres possessions Françaises, ont trouvé dans les Américains, et sur-tout dans les Quakers, des amis généreux qui ont partagé gratuitement avec eux leurs fortunes, leur table et leurs maisons. Plus de soixante-dix mille Français rendront témoignage de ceci; le mal est donc compensé par le bien. Je crois ces mutations de fortune presqu'inévitables dans un pays aussi commerçant que celui-ci, où les naturalisés sont vingt fois plus nombreux que les originaires du pays. La bonne foi et la probité ont rarement des balances justes pour celui qui va sous un autre climat que le sien, dans le dessein de faire une fortune rapide, et de reparoître chez lui avec éclat: il débarque avec lui les vices qu'il croit retrouver dans le pays où il arrive.

Les protêts de billets, les transactions, les cessions, les ventes simulées, les emprunts, les faillites, les banqueroutes scandaleuses ne sont pas déshonorantes: qu'un homme fausse son serment, manque à sa parole, mente en témoignage, fraude les droits de la douane, c'est un infâme qui a perdu la confiance de tout le monde; on le montre au doigt, on le fuit comme un pestiféré; ainsi l'antique bonne foi dort à côté de la friponnerie moderne. Les loix ruinent ou emprisonnent à perpétuité celui qui, avec le meilleur droit possible, provoque son ennemi par des voies de fait. C'est un moyen sûr de contenir les mécontens et de maintenir la police sans beaucoup de dépense: aussi la tranquillité et la sûreté ne sont plus grandes nulle part qu'à New-Yorck, à toute heure de jour et de nuit. La ville est bien éclairée, et gardée par des soldats armés seulement de bâtons, dont vous êtes le prisonnier aussi-tôt qu'ils vous ont touché du bout du doigt, la résistance étant un crime de lèse-nation. Quoique le duel soit sévèrement puni, on s'y bat souvent à l'épée et au pistolet; les champions éludent la loi en passant sur les terres d'un état voisin pour vider leur différend: ils sont braves d'homme à homme et timides dans les rangs. Quoique libres depuis vingt ans de la domination anglaise, ils tremblent encore devant leurs premiers maîtres, comme un affranchi devant son ancien possesseur. Leur pays, devenu l'entrepôt du monde pendant la révolution de l'Europe, ne songe qu'au commerce et à la culture; et les révolutions dans les états du vieux continent ont acquitté les Américains à bon marché des capitaux et des arriérés qu'ils devoient à la France. Les richesses immenses dont ils sont dépositaires depuis quelques années ont prodigieusement fait augmenter le prix de la main-d'œuvre; un journalier gagne douze francs, et ils ne trouvent pas encore à ce prix tous les bras dont ils ont besoin pour satisfaire leurs besoins et leurs caprices; car leurs cités, leurs ports, leurs maisons de ville et de campagne semblent être faits par les mains des fées; il ne leur manque, pour être heureux, que de savoir borner leurs désirs; mais l'ambition et la cupidité imprègnent l'air qu'ils respirent; et le bonheur qu'ils veulent saisir, fait toujours un pas devant eux.

Les Anglais se sont rédimés de la perte de ce beau pays, en y étouffant les manufactures par le rabais des marchandises qu'ils y ont portées; le prix de la main-d'œuvre devenu excessif d'un côté, de l'autre le rabais des marchandises données à perte aux Américains, les ont dégoûtés de l'industrie; et la Grande-Bretagne, plus nécessaire que jamais aux États-Unis, fait et fabrique tout pour ces nouveaux consommateurs, qui lui portent leur or sans aucun retrait, depuis qu'elle n'a plus de gouverneurs ni de troupes chez eux.

J'ai dit que la fraude des droits de *Douane* est un crime national; en voici la raison: ce droit est le seul revenu de l'état, il ne se perçoit que sur les marchandises étrangères qui doivent être vendues sur les lieux: si le possesseur n'en trouve pas l'entier débit dans le courant de l'année, on lui rend ce qu'il a payé de droits pour ce qui reste invendu; les denrées du pays ne payent rien, à moins qu'on ne les exporte d'un état dans un autre. Cette assiette d'impôt seroit très-fragile, si la bonne foi n'y tenoit la main; elle seroit même souvent onéreuse par le nombre d'employés qu'il faudroit avoir dans la rade, où les bâtimens arrivent à toute heure et de tous côtés.

La vente et la culture des terres sont encore des spéculations de banqueroute et de grande fortune. Les Indiens, de qui William Penn acheta autrefois une portion de terrain près la Delaware pour former la colonie en 1681, sont aujourd'hui repoussés dans le derrière des terres; les états empiètent, s'approprient les déserts, les vendent aux particuliers, qui les revendent ou les louent à d'autres à si bas prix, que les nouveaux fermiers deviennent propriétaires à leur tour, en reculant toujours les limites du pays qu'ils rendent de plus en plus habitable dans la partie de l'Ouest. Par ce moyen, les États-Unis peuvent se passer de toutes les nations. Qu'ils se peuplent, que la main-d'œuvre devienne moins chère et que le commerce continue d'être aussi florissant, ils nous donneront des lois, sans que nous puissions les aller inquiéter chez eux, où la nature les défend sans le secours de l'art, et où ils recueillent tout ce que nous avons en France. J'avoue que cette idée m'a fait verser quelques larmes pour l'Europe contre la liberté. Le souvenir des malheurs, des sacrifices et des crimes que l'ancien continent a commis pour conquérir le nouveau, devoit-il se borner à en perdre la plus belle partie! L'abbé Raynal qui prévoyoit ce malheur, me paroît en avoir démontré les suites, en traitant hypothétiquement la question de la liberté des États-Unis, dans son septième volume de *l'Histoire des Deux Indes.*

La beauté de ce pays ne servoit qu'à nous faire soupirer plus ardemment après la France, où nous voulions retourner, parce que nous en avions été exilés. Horace a bien dit:

Gens humana ruit per vetitum nefas
Audax Iapeti genus.

Nous partîmes tous en même tems sur différens bâtimens; Naudau, Dezauneau, et Duchevreux, pour Bordeaux; Bodin et Deluen sur le *Tromboel*, pour le même port, pour 160 piastres; et nous sur la *Sophia*, pour la même somme.

Nous mîmes tous à la voile le 22 juillet; nous étions entassés en allant à Cayenne, nous le fûmes aussi en retournant en France; l'équipage et les compagnons de retour étoient un peu différens; nous sanglotions en sortant de Rochefort, nous tressaillions de joie en dépassant Sandiou.

Nous étions 23 passagers, *madame Cibert, et sa petite*, *madame et Mlle. la Case*, *madame et Mlle. Roc*, *madame Lagué*, *Mrs. Marcadier*, *Bourdon-Lamillière*, *Fonbonne*, *Cost*, *Getz*, *Maupertuis-Deverger*, *Pobel*, *Motet*, *Logné*, *et Duportail*, ancien ministre de la guerre, *Lagué et son enfant*, *Montulé*, *Doru*, *Lainé*, *Pitou.*

L'union, les prévenances, le plaisir et l'affabilité nous ont fait oublier les fatigues du voyage; des amis qui se seroient choisis, n'auroient pas formé de société plus agréable, plus douce, et qui fût plus d'accord que la nôtre; nous fûmes visités trois fois par les Anglais, et trois fois nous dûmes notre laissez-passer à nos aimables compagnes. Notre traversée fut troublée par un premier événement fâcheux.

Le dix août, à quatre heures du soir, M. Duportail, ancien ministre de la guerre, fut attaqué d'un vomissement de bile et mourut subitement à deux heures du matin, lorsque nous croyions qu'il s'endormoit; nous venions de passer sur la queue du banc de Terre-Neuve; le onze, nous eûmes un très-gros tems; nous restâmes huit jours à l'entrée de la Manche, où nous fûmes visités par la frégate anglaise *la Galatée*.

Le 29 août (12 fructidor), un pêcheur des Sorlingues vint à notre bord nous vendre du poisson; à onze heures du soir, on crie terre..... C'étoit le cap Lézard: enfin nous voilà en Europe.

Le 30, à midi, nous voyons les côtes de France... La voilà donc cette France; la voilà! nous lui tendons les bras avec un serrement de cœur inexprimable; nous embrassons les haubans, en nous lançant vers elle, comme l'oiseau impatient de voler. Plus on est près du bonheur, plus la crainte de le manquer donne de piquant au désir. Le bâtiment vogue à pleines voiles..... Il y a déjà un siècle que nous voyons la terre... Chaque pointe de rochers, chaque maison, chaque arbre, chaque feuille du sol français sont autant de points de contact, de sylphes, de fils qui s'ancrent dans nos cœurs, les agitent, les électrisent et les attirent: Cherbourg, Granville, le cap la Hogue, les îles de Jersey et de Guernesey, ont déjà fui devant nous.

À cinq heures, nous cinglons vers la baie du Havre; nous voyons les feux des deux caps qui sont à l'embouchure de la Seine... Encore une demi-heure, et nous sommes au port..... Il est bloqué par deux frégates anglaises, *la Tartare* et *la Concorde*. Nous sommes leurs prisonniers, pour avoir voulu entrer dans un port bloqué.

La frégate commandante nous fait amener à son bord avec notre capitaine et notre équipage, qui sont remplacés par des Anglais. Nos dames et nos vieillards restent sur notre bâtiment, où ils passent une cruelle nuit dans la crainte et dans les alarmes. Un gros tems ayant rendu la mer houlleuse, nous fûmes plus inquiets pour elles que pour nous; car le capitaine nous traita avec tant d'égards, que nous regrettions de n'être pas tous réunis.

Le lendemain, 31 août (13 fructidor), il fut décidé que notre bâtiment iroit en Angleterre, et nous au Havre; le capitaine nous fit rendre nos malles, appela un pêcheur Français avec qui nous fîmes marché à raison de cent écus pour les charger dans sa barque: ce dénouement qui combloit de joie la majorité, coûtoit cher à quelques-uns qui étoient très-intéressés dans la cargaison. Le malheur nous suivit à la piste, jusqu'à ce que nous eussions mis pied à terre.

La mer continuoit d'être agitée; au moment où nous descendions de la frégate dans les canots, sa proue avança sur notre bâtiment qu'elle faillit traverser. À trois heures nous partîmes pour le Havre; nous fîmes quelques questions aux pêcheurs, en nous tenant toujours sur la réserve; car nous nagions entre la crainte et la joie: nous voilà au port......

La force armée nous entoure pour nous conduire à la municipalité, et de là à l'amirauté. Nous fûmes libres sur parole et remis au lendemain; au bout de deux jours, nous fûmes renvoyés tous les trois à M. Beugnot, préfet de Rouen, qui nous donna aussi-tôt des passes pour nos départemens. Ce n'est que là que nous fûmes dégagés de toutes les entraves..... Là, nous respirâmes librement; là, nous nous dîmes en nous embrassant: nous voilà donc dans notre patrie!...... Nous nous séparâmes...

Je pris la route de Paris par Poissy; je passai devant Malmaison; on me dit que c'étoit-là la demeure du consul. Que le souvenir de ses dangers et de mon bonheur me fit former de vœux sincères pour sa conservation!

J'arrivai à Paris à dix heures; je trouvai beaucoup d'amis absens, quelques-uns de morts; il m'en reste encore de sincères, et c'est toute ma fortune. La douleur et la joie se succèdent pour moi tous les jours.

J'ai été arrêté le 13 fructidor an 5 (31 août 1797), à cinq heures du soir; j'ai remis le pied sur le sol français, le 13 fructidor an 9 (31 août 1801), à cinq heures du soir: ma déportation a été résolue à Paris le 22 fructidor, à dix heures du matin; je suis rentré à Paris le 22 fructidor, à dix heures du matin. L'aspect des lieux et des amis témoins de mon départ et de mon retour, est pour moi une jouissance bien neuve et bien vive......

P. S. Le 21 janvier 1802 (1er. pluviose an 10), mes malheurs se terminoient là, et je croyois que le sort avoit épuisé tous ses traits: mais combien lui en restoit-il encore!....

Le cruel me fait arriver en France, m'y fait jouir pendant six mois d'une liberté que je croyois irrévocable: mon jugement me condamnoit à l'exil à perpétuité! De bonne foi je l'ignorois entièrement, car il ne m'a jamais été signifié: au moment de notre départ toutes les pièces étant restées entre les mains du commissaire du pouvoir exécutif de Rochefort, nous avons été conduits à Cayenne, sur une simple liste, en marge de laquelle étoit relatée la cause de déportation. Ces notes dénuées de pièces officielles, et recopiées par nous-mêmes, à la suite du combat du 2 germinal, pendant lequel les paquets avoient été jetés à la mer, n'ayant point paru suffisantes au gouverneur de Cayenne qui, par la nature de mes griefs, me croyoit compris dans l'arrêté de rappel, il me donna un passe-port en règle. En arrivant à Paris, j'éprouvai un serrement de cœur qui ne provenoit point du plaisir. Que certains lecteurs me taxent ici de superstition; que d'autres philosophes soutiennent que les grands malheurs rapetissent l'homme jusqu'à cette pusillanimité: pour moi, je n'ai jamais éprouvé de chances funestes ou avantageuses, sans un prélude de peine ou de plaisir. Quand l'histoire se contente de nous rendre compte *du bon et du mauvais génie* qui tourmentoit Socrate quand il devoit faire quelque chose ou qu'il étoit menacé de quelque malheur, elle est sublime, car elle copie la nature: mais qui croit aux conjectures dont l'historien accompagne ce récit? Ses doutes éloquens à cet égard sont pour lui seul, et le pressentiment du bien et du mal n'est point une fable. Je sais que la ligne de démarcation entre la prescience et la pusillanimité est invisible aux philosophes prétendus, que même elle se confond pour les hommes foibles ou visionnaires; mais l'honnête homme à caractère la distingue sans peine.

L'auteur de *Misantropie et Repentir*, exilé à Tobolsk sans savoir pourquoi, tire les cartes comme on fait dans toutes les prisons, les trouve favorables, reçoit sa liberté, et s'écrie dans ce premier mouvement d'ivresse: *elles ont deviné juste!*..... voilà la superstition. Alexandre, à son retour des Indes, près de rentrer à Babylone, est prévenu par les mages de la Chaldée, que s'il rentre dans cette ville elle sera son tombeau avant la fin de l'année: d'abord il est tenté de les en croire; enfin il cède à son désir, et quoiqu'il dût être sur ses gardes, il meurt comme on le lui a prédit...... voilà la prescience: tous les sophismes des philosophes et des théologiens pour l'atténuer, la distinguer, ou la nier, sont résolus par les circonstances de ce trait, et de mille autres à son appui.

Tout homme a pour lui le pressentiment et la prophétie mentale de ses actions; car le cours de la morale dirige celui de l'existence. L'homme terrestre, qui abandonne tout au hasard, ne voulant point calculer le bonheur commun avant le sien, éprouve souvent, sans savoir pourquoi, un trouble précurseur du mal qui va lui arriver sans qu'il le devine, parce que l'idée d'un résultat qu'il a laissé échapper lui revient au moment où sa raison le réclame malgré son cœur; ainsi la prescience n'est point un don surnaturel ou imaginaire, et elle ne peut être que la conséquence de nos actions.

La superstition (qui signifie, en décomposant le mot, *attache sur les objets*) est une fausse application de terribles conséquences à un événement simple dont on amplifie le résultat, de même que la prophétie est le don politique ou surnaturel de deviner pour les autres ce qui les concerne, et par ce qu'ils ont fait, ce qu'ils feront: la connoissance de l'espèce de châtiment ou de récompense, et l'époque d'un futur contingent précisé invariable, nécessitent un don surnaturel qui mérite seul le nom de prophétie.

Mais, par extension, tout homme sensé doit être prophète pour lui-même; c'est le vœu de la Providence et le plus bel hommage à la liberté: il n'y a pas un seul être malheureux qui ne puisse trouver en lui la cause de ses infortunes. Je ne dis pas pour cela aux riches de se croire parfaits; car ils savent, mieux que nous, que la richesse n'est que dans le contentement d'une conscience pure, dans les bras d'une tranquille médiocrité.

D'où il suit, d'après mes principes, ou que je n'ai pas dit toute la vérité, ou que je suis moi-même l'artisan de mes malheurs. Les deux conséquences sont parfaitement vraies: lecteur, puissiez-vous me condamner et vous absoudre! L'honnêteté et la conscience sont deux voisins qui devroient se confondre, et qui souvent ne se touchent pas: remplir ses engagemens, ne point voler, se conformer aux loix, aimer le gouvernement, ses amis et ses proches, oublier ses ennemis, faire du bien quand on le peut, et jamais de mal (physique) à personne; voilà l'honnêteté civile et exigible pour jouir de l'estime et de toute la considération du monde. Sous ce point de vue, j'ai dit toute la vérité, et mon malheur n'est pas mon ouvrage.

Mais n'est-il point d'autres devoirs et plus secrets et plus sacrés? oui, oui; à dix-huit ans la fougue des passions me dicta quelques mauvais vers qui, sans être ni obscènes, ni impies, étoient loin de cette morale qui doit couler de la plume d'un honnête homme. Pour me servir de l'expression de *Tacite*, cette jeunesse, qu'on appelle *le siècle*, m'encouragea, et ces prouesses me rendirent inconséquent dans mes démarches, dans ma conduite, et malheureux: suite naturelle de mon ingratitude envers l'être auguste à qui je dois l'existence!

La réflexion m'ouvrit les yeux, je bénis l'infortune: alors je trouvai toujours de l'emploi, ou des moyens d'existence avoués par l'honneur. Quand la fortune m'a disgrâcié, car je me suis quelquefois trouvé sans pain, j'ai toujours été sans chagrin, et jamais sans souci..... presque toujours une douce aisance a été suivie pour moi d'une longue suite de malheurs que je ne devois pas prévoir, mais que j'avois mérités aux yeux de ma conscience quand le *siècle* m'en absolvait volontiers.... Je n'ai point eu de trône comme David: mais faut-il être roi pour être heureux et coupable en amour? Si les manes d'Urie ne troublent point mon repos, sa présence me reproche peut-être, sans qu'il puisse s'en douter, la mort d'un objet que mes nouveaux malheurs ont trop vivement affecté. Au reste, qu'on m'accuse de superstition, ce retour sur moi-même m'a indiqué la cause de mes disgrâces, et me donne le courage de les supporter. Il ne peut être infructueux à personne: puissent tous mes lecteurs me condamner et s'absoudre!

Reprenons les faits....

Le 25 janvier 1802, au moment où j'achevois ces mémoires, la personne qui me les recopioit durant ma maladie, abusa cruellement de ma confiance pour satisfaire sa passion du jeu.

Quand ils furent au net, et prêts à paroître, on les suspendit pour ménager ma liberté, car j'étois condamné à l'exil à perpétuité, sans que je le susse. Comme c'étoit pour opinions, je me croyois compris dans l'arrêté de rappel de l'an 8.

Le gouvernement, sensible à mes malheurs, fermoit les yeux sur mon retour. Je fis imprimer le commencement de ce livre. Comme j'y parle du jugement qui me condamne à l'exil, le ministre fit suspendre l'impression; je réclamai avec instance, et forçai, sans m'en douter, le gouvernement de lancer contre moi un nouveau mandat d'arrêt daté du 24 floréal an 10.

Cette nouvelle détention de dix-huit mois a coûté la vie à l'amie généreuse qui m'avoit donné asile à mon retour à Paris; mais j'en ai conservé deux qui ne m'ont jamais abandonné. Les noms de Mercier et de Cahouet méritent de ma part une éternelle reconnoissance. Que de sacrifices! que de démarches! que de peines! que de soins! Ô amitié, attachement, vertu, je vous rends hommage en célébrant leurs noms!

J'avois choisi moi-même la prison de Sainte-Pélagie, rue de la Clef, faubourg Saint-Marcel. Le concierge, M. Bochaut, mérite une place dans tous les cœurs sensibles: il fut le seul des concierges, au 2 septembre 1792, qui osa, aux dépens de sa vie, sauver ses prisonniers du massacre commis dans ces journées désastreuses. C'est là que j'ai vu le fameux Trumeau, élève de Desrues, épicier à la place Saint-Michel, faux dévot et scélérat plus consommé que son maître, convaincu d'avoir, au commencement de janvier 1803, empoisonné sa fille prête à se marier, pour ne pas lui rendre compte du bien de sa mère.

Le premier jour que Trumeau sortit du secret, il affecta un air si tranquille, que la vertu et la candeur paroissoient opprimées en lui. Il faisoit des signes de croix en public, et le soir, dans sa chambre, il chantoit des chansons lubriques, et tenoit les discours les plus obscènes. Le libertinage de ce paillard honteux lui a fait abréger les jours de sa nièce, de son épouse et de sa fille. J'y vis aussi le fameux Frécinet, marchand de volaille, un des septembriseurs, convaincu au tribunal de ce premier crime, et d'avoir assassiné en 1803 l'horloger de la rue de Nevers à Paris: ceux-là étoient avec les voleurs. Je fus mis au corridor de l'Opinion avec les imprimeurs des journaux *l'Ami du Peuple* et *les Hommes Libres*, *Lebois* et *Vatard*; *Toulotte* et *Lémery*, médecins; *Brochet*, l'un de mes jurés au tribunal révolutionnaire en 1794; *Louis Brutus*, secrétaire du directeur *Barras*, et quelques autres détenus pour opinions ou crime d'état.

On se voyoit, on se pardonnoit; car les hommes, sous les verroux, sont des moutons dans une bergerie: mais le bouc, dont personne n'approchoit sans horreur, étoit le marquis de *Sade*, de la famille de *Mirabeau*, être horriblement célèbre par ses actions et par ses ouvrages qui font frémir les plus grands scélérats. Ce vieillard, à cheveux blancs, devient frénétique en entendant prononcer les mots *religion*, *morale*, *vertu*, *Dieu* et *trépas*; il ne peut souffrir personne. Cet homme étant devenu insupportable au gouvernement, aux détenus et au concierge, tant par sa conduite que par ses délations mensongères, a été logé à Charenton avec les fous.

Depuis deux mois on ne parloit dans les prisons que de déportation à l'Isle-d'Oléron. Comme j'étois jugé à un exil perpétuel, le ministre de la justice me fit dire que je n'avois qu'à me préparer à ce second voyage. Je reçus cette nouvelle le 7 thermidor an 10 (19 juillet 1802). Les autres qui faisoient à leur guise une liste des partans, furent surpris le lendemain au soir de recevoir l'ordre de leur transfèrement à Oléron, et dans la suite à Cayenne; et moi qui avois préparé mes paquets, je restai. Sa Majesté, nommée alors consul à vie, eut droit de faire grâce. J'implorai sa justice et sa clémence, et mon affaire passa au conseil privé. La première fois, toutes les pièces n'ayant pas été présentées, je fus remis à une autre séance. Six mois s'écoulèrent: durant cette époque, le corridor de l'Opinion se trouva presque vide. Je restai avec M. J. Durand-Lapeine, prévenu d'émigration, et commandant de vaisseau de l'ancienne marine. Ce détenu, émule de Froger *l'Aiguile*, criblé de blessures durant la guerre d'Amérique de 1779, lorsqu'il servoit dans l'escadre de MM. le comte Destaing et Lamotte-Piquet, joint à de grands talens de profondes connoissances dans l'astronomie et dans la science nautique. Sa vie et ses mémoires prouvent qu'il doit ses longs malheurs à ses étourderies, à sa trop grande crédulité, à l'ambition et à l'hypocrisie d'un de ses proches, plus dangereux que le *Tartufe.* J'ignore s'il vit encore. Il me donna quelques leçons d'Italien. Pour oublier mes malheurs, je traduisis l'Hélène-Syracusaine et quelques morceaux du *Pastor fido.* Le premier consul venoit de faire son voyage dans la Belgique; on disoit qu'il ne reviendroit à Paris que pour repartir de suite visiter l'armée des Côtes et toute la Bretagne, ce qui me faisoit croire que je passerois encore l'hiver en prison. Le 21 fructidor an 11 (8 septembre 1803), qui m'a toujours été si funeste et si favorable, j'obtins mes lettres de grâce. Jamais liberté ne fut plus douce et plus inopinée: je ne me rappelle jamais ce bienfait, sans répéter avec ivresse au monarque à qui je le dois:

Ante leves ergo pascentur in æthere cervi,
Et freta destituent nudos in littore pisces;
Ante pererratis amborum finibus exul
Aut Ararim Parthus bibet, aut Germania Tigrim,
Quàm nostro illius labatur pectore vultus.

«Le cerf altéré, s'élancera loin des sources d'eau vive; l'Euphrate et le Tigre arrosant la Germanie, laisseront dans leurs lits le Rhône et le Rhin couvrir de limon les ruines de Babylone, et la mer tarie dans ses abîmes, mettre à nu ses énormes enfans, quand j'oublierai ou ce bienfait ou son auteur.»

«Auguste Prince, quand l'Europe pâlit au bruit de votre tonnerre, et que Dieu vous conduisant comme Cyrus, vous fait relever son temple et vous assied sur un trône que sa main vous éleva du milieu des orages; quand il écarte de vous et le trépas et ses embûches; quand rien ne vous est impossible à l'ombre de ses ailes; lorsque le successeur de Saint-Pierre venant sacrer en vous un Charlemagne, un Constantin, les aigles des Césars deviennent les aigles Françaises et les aigles Romaines; quand ce Dieu, vous remettant le glaive de sa vengeance et le fléau de sa justice, vous soumet des millions d'hommes; lorsque sous les auspices de sa providence, par l'épée de nos braves, par votre valeur et votre fortune, nous avons droit de répéter aux puissances coalisées contre votre empire:

> Que peuvent contre nous tous les rois de la terre?
> En vain ils s'armeront pour nous faire la guerre.

enfin, quand l'Europe attentive prévient vos désirs, pourroit-il vous manquer quelque chose?..... Oui, Sire! un bien au-dessus de tous les trônes, un bien dont votre âme est avide, un bien que vous méritez par tant de bienfaits, un bien que vous nous donnez d'avance; ce bien, c'est l'amour, élan de la reconnoissance, de la justice et de la liberté: sentiment immortel, précieux tribut qu'un roi de Perse, en voyageant dans son empire, distingua parmi l'or et l'encens de ceux qui l'entouroient, dans les deux jointées d'eau qu'une pauvre femme vint lui présenter.

«SIRE, ce tribut est le mien: doué d'un cœur sensible, froissé avec les innocens que la révolution entraîna; étranger à la cour et aux factions dont elle a été victime; monarchiste par principe, et proscrit pendant dix ans uniquement pour cette opinion; aimant la liberté dans mon pays et me sentant né pour elle, mais aimant ma patrie plus que mes affections; digne par mon caractère et ma probité du glorieux titre d'homme, digne de mes malheurs et de leur fin glorieuse, je paye et paierai toute ma vie, au souverain qui les a terminés, le tribut d'amour de cette pauvre femme, en répétant son offrande par les larmes de la reconnoissance.»

Ces sentimens que j'exprimai aux juges qui venoient de me prononcer ma liberté, leur firent tant de plaisir qu'ils m'offrirent des secours.

En entrant au parquet de M. Gerard, aujourd'hui procureur-impérial, le frère de M. Clerine qui nous distribuoit les vivres à Cayenne, me reconnut, m'offrit sa maison, et ne me permit pas de le refuser.

Au bout d'un mois, mes amis me firent connoître à MM. Thurot et Gayvernon, chefs d'une maison d'éducation, de sciences et de belles-lettres, rue de Sève, à Paris. Ces messieurs avoient besoin d'un répétiteur; malgré que je ne pusse leur apporter que du zèle et de la bonne volonté, ils ne me jugèrent point indigne de seconder leurs travaux. Leur indulgence et la recommandation de la dame chargée des détails économiques de leur maison, me firent trouver place dans le plus bel établissement de Paris, où la réunion des talens et du mérite personnel des professeurs, qui le sont également de l'École Polytechnique, me donna l'abri que le chêne doit au roseau. Là, comme ailleurs, suivant la nouvelle méthode d'éducation, l'instruction est divisée en deux branches: les *mathématiques* et l'étude des langues grecque, latine et française. Quoique tous les élèves appartiennent à des parens riches et titrés, présens de la fortune souvent nuisibles aux progrès de la jeunesse; les cours de cette maison sont formés de brillans sujets qui ont la dissipation plus ou moins naturelle à l'homme, ennemi de la contrainte et du travail, dont il ne connoît pas le prix et encore moins la nécessité.

MM. Le Coulteux-Canteleu, fils du sénateur, élèves particuliers de M. Thurot, ont autant de dispositions que de bonnes qualités; s'ils sont un peu turbulens, ils ont le cœur et le jugement droit. J'en peux dire autant des trois enfans de M. Ferery, ambassadeur de Gènes. Ils chérissent leurs maîtres et leurs camarades, ils désirent d'en être aimés, et méritent d'être payés de retour. MM. Boyer et Cornuet, qui les instruisent, méritent bien aussi de recueillir en cela le prix de leurs talens et de leurs peines.

Les trois cousins de Sa Majesté l'Impératrice, MM. Tascher de la Pagerie, Desvergers, amenés par elle-même dans cet établissement, ont la pétulance, l'aptitude et l'intelligence précoces des créoles, qui naissent avec une facilité et une douceur propres à émousser les épines de l'apprentissage ou de l'éducation. Le cadet sur-tout porte une âme forte dans un corps débile.

M. le marquis de Lucchésini, qui regarde l'éducation de ses enfans aussi précieuse que les plus importantes négociations, tout en les confiant à cette maison, entre les mains d'un gouverneur particulier, homme riche en vertus et en mœurs, se distrait chaque jour de ses importantes occupations pour venir les suivre de l'œil, interroger leurs maîtres et surveiller leurs progrès. C'est le père d'Horace qui étoit, dit-il, *custos incorruptissimus.* Tant de soins ne seront pas infructueux.

MM. Hachette et Gayvernon, professeurs de physique et de mathématiques dans cette maison, sont bien payés de leurs soins dans le jeune Petit. La place gratuite qu'il partage avec Camille Branville, ne peut être remplie par de meilleurs sujets.

Les enfans de MM. Garat, tous deux avantagés de talens et de très-heureuses dispositions, ont la pétulance, les moyens et la fougue de la jeunesse de leurs pères. L'aigle n'engendre point de timides colombes. Le salpêtre pétille dans leurs veines; ils donnent du mal à leurs maîtres; c'est le vase en ébullition, qui se refroidira avec l'âge.

Le jeune Marescot, qui m'a tant tourmenté, est doué d'un bon cœur, d'un jugement droit et d'une âme aimante; il se laisse entraîner à l'exemple des autres; il se roidit contre le mentor qui le reprend avec aigreur, il reconnoît ses torts. Je crois qu'il mettra à profit les utiles leçons qu'il reçoit de M. Livet, l'un des quatre premiers sujets de l'École Polytechnique. MM. Bouquet-Combe, Tattet, Chevalier, Didot, Loreau, méritent les mêmes éloges et les mêmes reproches. Le jeune Arcambal, neveu de M. Lacroix, donne les plus heureuses espérances. Mais tous ces messieurs auroient besoin de ne pas connoître la fortune de leurs parens; car le système de douceur adopté dans cette maison, dont le chef ne manque pas de surveillance et de zèle, fait retomber toute la fatigue sur les répétiteurs, qui sont plus à la chaîne que les élèves. Là, comme dans toutes les maisons d'éducation, on peut dire des maîtres, que ceux qui taillent la vigne et qui préparent la récolte et la vendange, sont les plus mal partagés.

On se croit même souvent dispensé à leur égard de procédés honnêtes et francs. Eux seuls sont pourtant chargés de former le cœur et de cultiver l'esprit des élèves. Les parens dédaignent de les voir. Les professeurs en titre et les directeurs des maisons d'éducation ont de beaux salons pour recevoir les pères et mères, qui savent bien que celui à qui ils comptent leur argent n'est presque jamais celui qui surveille directement les progrès, la tenue, la conduite, et sur-tout les mœurs de leurs enfans. Il est bien singulier que l'on soit si scrupuleux sur le choix d'un bon médecin, et si apathique sur celui d'un bon maître. Un charlatan est-il plus dangereux qu'un pédagogue hypocrite et cafard, libertin ou ivrogne, ou quelque chose de pis encore?

Le gouvernement a déjà voulu nétoyer cette étable d'Augias; mais si l'intérêt particulier ne le seconde point; si le répétiteur couvert de haillons ne prouve pas que son indigence est la faute du sort; si ses talens et ses vertus sont la moindre chose dont on s'inquiète; si ses honoraires sont moindres que ceux d'un homme de journée; s'il est un objet de ridicule ou de mépris pour les chefs de maison et même pour les domestiques qui le servent par protection, ou pour les élèves qui l'écoutent par complaisance et par routine, comment ne deviendra-t-il pas insouciant s'il n'est pas déjà vicieux? Toutes les pensions doivent leur réussite ou leur perte à leurs répétiteurs; les parens leur doivent le bonheur, le succès ou le désespoir de leur famille. «Tendre mère, dit Quintilien, voilà donc ce cher objet de tes vœux; il te serre dans ses petits bras innocens; tu comptes tes jours, tes momens, tes heures par ses caresses; mais tu le vois grandir, et tu trembles en tressaillant de joie. Il a besoin d'un nouveau père, d'un nouvel être: il ne balbutie pas encore, et tu lui cherches un maître.» Ce trésor n'est donc pas si facile à trouver qu'on se l'imagine, dans certaines maisons d'éducation, où l'on marchande les précepteurs comme les légumes, où les bons sujets portent ombrage aux chefs, qui les congédient tous les huit jours, et vont les remplacer au magasin, bien ou mal assorti.

«Si je remercie les dieux de m'avoir donné un fils, écrivoit Philippe à Aristote, je les remercie encore plus de m'avoir donné en vous un maître qui le rendra digne de vous et de moi.» Ce trésor seroit moins rare, si l'intérêt et l'avarice ne formoient pas des maisons d'éducation comme des comptoirs de commerce; si les parens et les instituteurs se donnoient la main pour connoître et payer les personnes qui sont chargées de leurs enfans; si les précepteurs passoient à un examen plus sévère sur leur moralité et sur leurs talens; si les enfans de tout âge n'étoient pas confondus; si chaque cours étoit isolé pendant l'étude et les récréations, pour ne se trouver au collège qu'au moment des classes. On dit que les pensions sont trop multipliées, et moi je crois qu'elles sont trop confondues et trop peu nombreuses. Aucun établissement n'est plus funeste et plus profitable à l'État, et ne mérite plus de protection, de répression et de surveillance immédiate de sa part, que celui qui par sa nature fixe la destinée des générations futures: c'est une bonne ou mauvaise maison d'éducation! Les vices qui s'y mêlent aux sublimes vertus qu'on y cultive avec tant de soin, exposent au plus grand danger l'innocence ingénue, qui n'ouvre souvent les yeux qu'en se précipitant dans l'abyme. À Dieu ne plaise que je donne plus de détails sur cet article! mais j'en ai assez vu pour désirer la formation d'un jury civil, mais secret, continuellement en activité, composé d'hommes pris hors du corps des maîtres et maîtresses, payé à leurs frais, et chargé de la surveillance de tous les chefs de ces établissemens, de la moralité des hommes qu'ils emploient, de la répression des abus qui s'y commettent, des vexations que le plus fort suscite au plus foible, de l'audition des plaintes qu'on étouffe souvent pour ne pas ébruiter des crimes honteux, dont la publicité seroit aussi dangereuse que l'impunité. Ce jury fixeroit les honoraires des précepteurs, régleroit le mode de leur paiement, connoîtroit des motifs de leur sortie, et appelleroit en sa présence les deux parties si elles le requéroient, et ne permettrait jamais à un chef de maison de congédier un précepteur, ni à celui-ci de sortir, sans un écrit motivé dont l'agresseur seroit tenu d'envoyer copie au jury qui le transcriroit sur ses registres. Ce moyen, en prévenant la mauvaise humeur des deux côtés, étoufferoit la calomnie et commanderoit la justice et la vérité.

Le premier jury d'instruction devroit siéger dans le cœur des pères et mères. Combien peu instruisent l'homme pour l'homme, et non pour leur satisfaction personnelle! «Ô! Cornélie, vos bijoux étoient vos enfans, mais si vous les pariez, c'étoit plutôt pour eux que pour vous. Vous disiez à leurs maîtres: Peu importe qu'ils soient savans pourvu qu'ils sachent toujours se suffire à eux-mêmes, et qu'ils n'ayent point une valeur empruntée.» Tous les parens tiennent à-peu-près le même langage; mais en donnant à l'instruction ce luxe homicide qui tue le travail et fait naître l'orgueil, ils divisent la société en deux branches, l'une oisive et paralysée en naissant; l'autre avilie et nourricière de sa sœur, toute fière de sa glorieuse inutilité. Jadis un enfant pâlissoit pendant dix à douze ans à l'étude des langues, et parvenu à sa dix-septième année, il abhorroit le travail manuel, comme un hydrophobe une source limpide.

Les parens eux-mêmes, pour nourrir son émulation par la vanité, le menaçoient de lui donner l'état pour lequel ils connoissoient son aversion. Ainsi, l'enfant dont la nature auroit fait un bon artisan, ne sera qu'un avocat sans cause, un mauvais prêtre, un charlatan, et en somme un paresseux demi-savant, incapable de planer et de ramper. De combien d'exemples pourrois-je appuyer ce principe si j'ouvrois notre histoire, sur-tout depuis quinze ans! Nous venons de faire un grand pas en avant par l'étude des mathématiques, dont l'application universelle marie les sciences aux arts mécaniques, et peut guérir jusqu'à certain point les maux du vieux préjugé contre le travail manuel.

Je sais que par les mathématiques, Archimède à lui seul fit pâlir les légions romaines; qu'à sa voix, comme aux accords d'Amphion, les vaisseaux s'élevoient dans les ports de Syracuse; que ses leviers, plus forts que la ceinture de la vestale, mettoient à flot des énormes machines que des milliers d'hommes ne pouvoient pas ébranler; que de nos jours un philosophe mathématicien a charmé nos sens par sa mélodie calculée du Devin du Village; qu'un autre, sans mécanique, a fabriqué dans mon pays un magnifique buffet d'orgues; enfin, que l'année dernière de jeunes élèves de l'École Polytechnique, sans avoir jamais manié ni cognée, ni marteau, ont fait une chaloupe canonnière avec une adresse, une intelligence et une perfection admirables. Mais tous ceux qu'on destine à l'étude des sciences mathématiques, sont-ils capables d'en saisir les rapports, ou de se les utiliser pour le métier que la nature leur destine? Il faut des siècles pour produire un grand homme, et nous traitons nos enfans comme s'ils étoient nés des phénix. Le plus brillant cours ne donne jamais plus de trois ou quatre sujets; les autres végètent, et ne font que s'engourdir en essuyant la poussière des écoles. L'âge vient, et l'homme bien ou mal instruit ne choisit plus ni état, ni métier; mais il suit la routine, et ressemble à ces animaux attachés à un pieu, qui ne broutent que l'herbe qui est à leur portée.

«Homme aveugle et insensible, dit Rousseau, tu mutiles pour ton plaisir tes animaux domestiques»; il pouvoit ajouter: tu mutiles pour ton orgueil l'éducation de ton enfant; tu dis de celui-ci en naissant: il sera prêtre; cet autre sera militaire; je ferai un magistrat du troisième: ils ne sont pas faits pour travailler de leurs mains. Ce plan une fois conçu dans ta tête, tu les conduis à ton but par un sentier qui se rétrécit toujours pour eux à mesure qu'ils avancent en âge.

Si l'on eût agrégé des corps de métiers aux anciens collèges, les sujets foibles qui n'avoient eu d'autres ressources que le sacerdoce, ne seroient pas restés à l'abandon. On avoue que les demi-talens rendent l'homme malheureux; mais on ne songe pas à lui donner des talens entiers, en utilisant ses bras comme on veut meubler sa tête.

Ne faisons-nous pas chaque jour pour nous-mêmes l'application de l'utilité de ce précepte, par la crainte qui nous tourmente lorsque nous devons nous éloigner de notre pays? Aller en Russie, en Chine, dans le Mogol: oh! mon Dieu! mon Dieu! comment faire pour y vivre? Les Chinois et les Russes n'ont-ils pas les mêmes besoins que tes compatriotes? Un avocat et un savant doivent apprendre la langue du pays; mais tu n'as besoin que de tes outils, et même que de tes bras: l'univers est ta patrie lorsque tu sais un métier. Si l'éducation a civilisé en toi cette rudesse trop naturelle aux artisans, tu possèdes ce point d'appui qu'Archimède cherchoit pour soulever l'Univers. Ton industrie, utilisant tes connoissances, te fait franchir les climats; et quelque part que tu arrives, le sauvage et le citadin t'attendoient. Véritable Orphée, la nature et la société disent, à ton aspect:

... *Dic ubi consistes? cœlum terramque movebo.*

«Dis où tu t'arrêteras? je déplacerai pour toi le ciel et la terre.»

On est revenu du principe de Rousseau, qui ne vouloit pas forcer les enfans à la contrainte des langues, avant l'âge de puberté; comme si la jeune vigne n'avoit pas besoin du tranchant de la serpe ou du lien sur l'échalas. Dieu n'a pas dit en vain que la terre ne produiroit à l'homme que des épines et des ronces. Riche ou pauvre, jeune ou vieux, la loi est faite pour tous; il faut la défricher en naissant, par l'étude et le travail manuel, ou en vieillissant, par le dégoût, la servitude et le remords. On ne recueille rien de bon sans l'avoir semé, et on ne sème pas quand on veut. Direz-vous, je suis riche, je n'aurai besoin de personne, et je ne veux pas gêner mon fils unique? mais la richesse, en dépouillant l'homme titré, dont vous héritez aujourd'hui, ne peut-elle pas vous exiler demain comme moi? Que n'avez-vous été témoin de nos soupirs et de nos larmes à Konanama et à Synnamari! Combien nos grands vicaires, nos littérateurs, nos gens de robe et d'épée regrettoient de ne pas savoir de métier! Combien ils envioient le sort des cordonniers, des menuisiers, des tailleurs! Que l'exil est une bonne leçon contre la paresse, l'orgueil et la suffisance! Combien le savant, dans un désert de sept cents lieues, à côté du charron qui lui fait un canot, s'humilie sincèrement, et reconnoît de bonne foi son infériorité et sa dépendance! Qu'il dit souvent en lui-même: moi transplanté, je suis inutile ici, et je meurs de faim parmi les hommes de la nature; et celui que je méprisois est riche ici et dans tout l'Univers! C'est dans cet abandon que votre fils unique, devenu un fardeau insupportable pour lui et pour vous, vous fera apprécier trop tard la vérité de cette sentence terrible de Charles Ier, entre les mains de Cromwel: *Quel misérable spectacle que celui d'un chef découronné!* Aimez donc vos enfans pour le travail, vous les aimerez pour eux-mêmes; sacrifiez courageusement vos caresses puériles à leur bonheur; instruisez-les en naissant, à l'instar de François de Sales, qui balbutioit le nom de Dieu aux orphelins à la mamelle; balbutiez au vôtre celui de travail; maniez avec lui la lime et le rabot;

apprenez-lui à ne mépriser aucun état manuel; prouvez-lui bien sa foiblesse; respectez devant lui tous les artisans honnêtes et sobres; expliquez-lui bien que la gloire est attachée à toute profession avouée par une honnête industrie, et que si le préjugé et la sottise confondent le métier avec l'artisan dégradé, le bon sens les sépare comme l'or d'avec la cendre.

Votre enfant, ainsi occupé dès le berceau, sera tout disposé à son apprentissage; et s'il a des talens, que les hautes sciences fassent ses délices, vous avez ménagé sa constitution et sa santé pendant ses heures de loisir. Ne vous bornez point aux connoissances contemplatives; supposez toujours qu'il ira dans un désert, où la robe et l'épée sont inutiles; suspendez depuis douze jusqu'à treize ans et demi le cours de ses études, pour lui donner à son choix un état manuel. Qui sait si quelque jour le gouvernement n'agrégera point à ses lycées un certain nombre d'artisans distingués, à qui il confieroit les écoliers, depuis tel âge jusqu'à tel âge? Quel ouvrier ne seroit pas honoré d'un pareil choix? l'enfant en sauroit toujours assez pour se perfectionner au besoin.

.... *Labor omnia vincit*
Improbus, et duris urgens in rebus egestas.

Aujourd'hui les sciences à la mode comme les rubans, sont la physique et les mathématiques, les langues anciennes et modernes. Tous les parens en faisant enseigner à un marmot de huit ans, le dessin, la danse, la musique, le grec, le latin, l'anglais, l'allemand, l'algèbre, croyent élever un Archimède, un Euclide, un Vauban, un Turenne, un Napoléon, un Corneille, un Racine, un Gluck, un Lulli, un Vestris; comme si tous les hommes étoient fondus dans le même moule, ou que les maîtres pussent donner la science infuse à leurs élèves; que ceux-ci pussent apprendre en même-temps, sans confusion, toutes ces sciences, dont chacune en particulier suffit pour la capacité ordinaire d'un individu. Avons-nous donc oublié, pour les autres, ce que nous suivons si ponctuellement pour nous?

... *Sit quod vis simplex duntaxat et unum.*

Je croirois que si chaque pension étoit bornée à ne recevoir que les enfans de tel âge, destinés uniformément à telle ou telle partie d'éducation, les enfans, les maîtres de pension, les répétiteurs et les parens y trouveroient beaucoup mieux leur compte, les mœurs y gagneroient davantage, et cette instruction, comme une encyclopédie méthodique, offrant un ensemble régulier, feroit moins de charlatans et plus de sujets. L'école des sciences, en suivant ce plan autant que possible, au moins par rapport au nombre des élèves, remplit l'épigraphe de son prospectus, et on doit lui dire:

Gratum est quod patriæ civem populoque dedistis.

Malgré que les cours y soient séparés et bien surveillés, que les élèves ne suivent que la branche d'éducation qui leur convient ou pour laquelle ils ont le plus d'aptitude, cependant les jeunes mathématiciens tournent quelquefois en ridicule ceux qui s'adonnent uniquement aux langues; ceux-ci, de leur côté, ont tant d'horreur du calcul et des calculateurs, qu'ils refusent même d'apprendre la table de Pythagore. Ils diroient volontiers aux professeurs d'algèbre, ce que Voltaire écrivoit à un grand ministre, pour l'encouragement des arts et des lettres:

Le vois-tu s'avancer, ce sauvage algébriste,
À la démarche lente, au teint blême, à l'œil triste,
Qui d'un calcul avide, à peine encore instruit
Sait que quatre est à deux comme seize est à huit?
Il méprise Racine, il insulte à Corneille:
Lulli n'a point de son pour sa pesante oreille;
Et Rubens vainement, sous ses pinceaux flatteurs,
De la belle nature assortit les couleurs;
Des X, X, redoublés, admirant la puissance,
Il croit que Varignon fut seul utile en France,
Et s'étonne sur-tout, qu'inspiré par l'amour,
Sans algèbre, autrefois, Quinault charmât la cour.

Ces petits démêlés ne font pas naître autant l'émulation qu'on pourroit le croire; mais les maîtres sont assez habiles pour ne donner de préférence particulière à aucune branche d'instruction: voilà comme ils remédient au mal autant que possible.

Je devois ce tribut de vérité et de reconnoissance à cette maison, où j'ai connu M. Garat. Son fils m'étoit confié: ce bon père, qui le chérit comme lui-même, n'a pas dédaigné de connoître le répétiteur de son enfant; il a été sensible à mes malheurs; il les a lus, il s'est intéressé à leur publicité. Au bout de neuf mois, quand ma santé m'a forcé de céder ma place, j'ai revu cet ouvrage: je l'achève aujourd'hui. J'ai obtenu justice; et n'ayant rien, je suis riche s'il n'est pas infructueux.

FIN.

Notes

1: Les roches de Kourou sont remarquables par la blancheur et la grosseur des veines qu'on y apperçoit; j'en ai mesuré plusieurs qui ont plus d'un pied de diamètre. Ces veines, d'un marbre blanc, noir et rouge, indiquent les momens de la pétrification. J'en ai tiré des ossemens de grand poisson semi-pétrifiés, et la plus considérable de ces masses se nomme techniquement, *roche de la baleine.* Le pied est arrosé d'eaux minérales, et le fer se trouve là et dans toute la Guyane, en si grande abondance, que les minéralogistes répondent d'en tirer 16 onces sur 20. On y soupçonne des mines de diamant. Le caillou de Sinnamary est un brillant connu et estimé des lapidaires. Il est aussi dur à tailler que la rose, mais ses veines et ses paillettes diminuent beaucoup de sa valeur.

2: Rien ne nous intéresse plus que la vie privée des hommes fameux, rentrés dans le néant, ou de force ou de plein gré. *Dioclétien, Denis le jeune, Sylla et Charles XII*, dépouillés de leurs ornemens royaux, éveillent la curiosité philosophique du spectateur impartial. Il seroit bon que l'histoire recueillît jusqu'aux plus petites particularités des hommes qu'elle ne pouvoit envisager au milieu du tourbillon de gloire ou de fumée qui les environnoit. Quand la foudre a brûlé l'auréole, et qu'ils survivent à leur chute, on se contente de dire, ils végètent... Non non, ils naissent pour nous, et ils vivent réellement pour tout le monde pensant.

3: Collot disoit à ceux qui frémissoient de voir en lui le président des désastres de Lyon; si je n'avois pas adouci les ordres du comité de salut public, j'aurois brûlé Lyon, élevé une colonne au milieu, et gravé dessus: *ci gît Lyon.*

4: Quand Jeannet eut appris par *la Bayonnaise* qu'il alloit être remplacé, il ne différa plus à exécuter le plan qu'il avoit conçu de réunir tous les déportés à Synnamary. Desvieux eut ordre de rejetter tout l'odieux sur Prévost, et il le destitua provisoirement pour avoir lu cet arrêté aux déportés: et que n'auroit-il pas fait si Prévost l'eût tu? Jeannet ne démentira pas plus le fait suivant que la pièce qu'on vient de lire. Quand Monsieur Noyer lui représentoit que nous péririons tous, il lui répondoit: «Ce sont si vous voulez de braves gens, bons à employer dans d'autres tems, mais qui ne valent rien dans celui-ci; d'ailleurs ils ont tort de n'être pas les plus forts; comme homme particulier, je ne leur en veux pas; comme agent du directoire qui ne les envoie pas ici pour leur amusement, *je ne dois pas les ménager.*»

5: Le sapyra est un plat rond coloré en banderoles, en forme de soupière, dont le fond est étroit et le ventre très-large, s'évase encore à son embouchure. C'est une poterie des femmes indiennes, les hommes la mettent en couleur et s'en servent pour boire du cachyery.

6: J'ai vu près de Cayenne, le pont de Montabo, dont le plan fut déposé au bureau de la marine bien avant la révolution. Le gouverneur qui a fait dessécher le pripris auquel ce pont donne écoulement, a envoyé en France le montant de l'ouvrage. C'est une mauvaise charpente en bois qui vaut douze cents livres, et qui a été payée cent mille écus, d'après les mémoires de prétendus architectes qui étoient censés l'avoir fait en pierre et à trois arcades; si dans un tems de paix il étoit si facile d'en imposer à la mère-patrie, combien des agens ont-ils eu de plus grands moyens en tems de guerre?

7: Guillaume III, surnommé le Politique, se déclara pour la Hollande, contre la France. Les flottes bataves et françaises étoient à la voile, et celle de la Grande-Bretagne sortoit de ses ports, commandée par l'amiral Thorinkton. «*Suivez mes ordres*, lui dit Guillaume; si les français sont les plus forts, vous gagnerez au large, pour n'éprouver aucun échec; s'ils sont inférieurs, vous donnerez pour avoir part au butin.» La flotte batave fut dispersée. Thorinkton prit la fuite sans brûler une amorce. La cause fut portée aux deux chambres. Guillaume, pour ménager ses intérêts et l'amitié de ses alliés, laissa faire le procès à l'amiral, le livra au peuple qui lui trancha la tête en criant: *Vive Guillaume!* (Extrait du Machiavel, ou Atlantis de madame Manley.)

8: Extrait des mémoires d'un officier de Pondichéry, imprimés à Londres et prohibés en France.

L'auteur de cet ouvrage fut sollicité sous main de vendre son manuscrit à Louis XV qui vouloit le brûler; il refusa les offres du ministre français en disant qu'il devoit la vérité aux manes de son chef; on ne négligea rien pour le conduire dans un lieu propre à l'embarquer pour la Bastille; il ne se laissa pas prendre au piège. Le même monarque employa le même stratagème contre un chevalier attaché à Choiseul disgrâcié, qui avoit fait recueillir la vie privée de la Dubary.

9: Le malheur avoit brisé leur lyre, ils se contentèrent de réciter cette hymne qui pourroit être mise en musique par ceux qui seroient touchés de nos malheurs... Elle l'a déjà été par M. de Beauvais, un de nos confrères, qui a peint Konanama sur les plans que je lui ai donnés, et d'après ce qu'on a lu.

10: *L'auteur ne fait qu'analyser ici la procédure du citoyen Burnel, envoyée en France, le 28 brumaire an 8, par son successeur. Lesdites pièces sont signées du citoyen Franconie, de tous les habitans et des mulâtres eux-mêmes.*

11: Burnel, en partant de France, avoit épousé civilement une jeune fille d'apothicaire, qui se voyant prête d'accoucher à Cayenne, voulut faire bénir son union par un prêtre insermenté. André Parisot, chanoine d'Auxerre déporté, fut appelé en secret et les maria. Burnel l'ayant soupçonné d'avoir ébruité cette grande affaire, l'exila pendant huit jours à Synnamary; il en fit autant à Germon qui étoit sur l'habitation Bremont, et le tout sur des rapports nègres.

(*Extrait du mémoire de J. J. Aimé.*)

12: La nuit du 20 au 21 brumaire (10 nov. 1798), a été éclairée à Cayenne, par un superbe feu d'artifice, par des *étoiles tombantes*. Ce phénomène céleste a duré jusqu'au jour. Ce n'étoit point une aurore boréale, c'étoit quelque chose de plus majestueux; tout le monde en a été frappé. Les nègres crédules ont vu des hommes de feu, des bataillons sous les armes, des couronnes, enfin tous les fantômes d'une imagination alarmée; les blancs ont également vu des choses surprenantes, car la superstition n'est que la suite d'une continuelle attache aux objets. Le malheur, l'anxiété et le grand désir de savoir, d'obtenir ou d'éviter un objet, nous font tenter toutes les chances pour nous satisfaire. J. J. Rousseau, dans les Charmettes, inquiet sur son sort dans l'autre monde, jeta une pierre à un arbre, et dit qu'il attacha sa destinée à la direction de cette pierre. Le *Spectateur anglais* se trouvant à dîner avec des savans, vit une dame aimable et instruite se lever brusquement de table, parce qu'il avoit mis en croix sa cuiller et sa fourchette. Tel qui traite ce fait de puérilité ne voudroit pas s'asseoir treizième convive à une table, de peur de mourir dans l'année. Quoi qu'il en soit, le 21 brumaire répond au jour de la clôture des jacobins de Paris, en l'an 2; à la sommation aux départemens de pourvoir à la subsistance de Paris, en l'an 4. Il répond aussi à la culbute du directoire, en l'an 8. Ce qui nous fait dire avec Bayle, dans ses pensées sur une comète qui parut de son tems: «*Nous faisons plus d'attention aux choses simples qui sont au-dessus de nous, qu'aux merveilles qui se passent tous les jours sous nos yeux.*»

13: Le boutou est une massue guerrière, faite d'un bois dur, de la longueur de deux pieds, ornée de brandebourgs ou de plumes, qu'on tient par le milieu; aux deux bouts sont incrustées deux hachettes de fer ou de pierre coupante. Les Indiens se servent de cette massue comme d'un bâton à deux bouts.

14: Banaret signifie en indien, *mon bon ami*; ils saluent tout le monde avec ce mot. Les créoles leur ont donné ce sobriquet, qui signifie *paresseux* et *original.*

15: Le couye est une gourde que produit une liane semblable au potiron. Le calebassier, grand arbre dont la feuille ressemble à celle du pommier, produit aussi des gourdes aussi grosses que nos cruches; on l'appelle *Vaisselier indien.*

16: Courmous, corbeaux; ce sont des oiseaux gros comme des dindes, très-nombreux dans les pays chauds, qui ne vivent que de corps morts ou pourris. Ils sont très-protégés, parce qu'ils rendent de très-grands services au pays en le purgeant des charognes. Tirer sur un corbeau est un crime capital dans les pays chauds. Les Surinamais pendent les nègres qui s'amusent à cette chasse, et ce n'est pas sans raison; car le corbeau mort ne sert absolument à rien, tandis que sa voracité exempte de la peste.

Le roi des courmous est blanc, a le bout des ailes noir; quand il se trouve à la tête d'une bande, il s'approche seul de la curée, et quelque vorace que soient les autres, ils lui en font librement l'honneur, et n'y touchent qu'après qu'il s'est retiré.

17: Le représentant M. de Larue, déporté, écrivoit de Sinnamary, le 13 frimaire an 6 (3 décembre 1797):

«On a reçu depuis peu ordre de nous transférer dans un des coins de la colonie le plus propre à nous isoler, et l'on ne pouvoit pas mieux choisir que Sinnamary (il ne connoissoit ni Vincent Pinçon, ni le désert de Touga, ni Konanama), village éloigné à plus de trente lieues de Cayenne dans la grande terre sur les bords de la mer. C'est un groupe composé de douze maisons au-dessous de la plus hideuse de nos chaumières, et si rapproché des cantons habités, de ce qu'on appelle *sauvages*, ou naturels du pays, que nous ne sommes pas deux heures sans recevoir leurs visites; ils sont doux et obligeans; tout est ouvert ici, tout est à la discrétion du premier venu, et il n'y a pas d'exemple de vol de la part de ces *sauvages* qui manquent de tout ce que nous regardons comme indispensable, qui ont envie de tout ce qui est nouveau pour eux, qui disent même aux Européens, avec un flegme et une naïveté expressifs: *vous prenez notre bien*; qui vous le demandent avec la candeur qu'ils mettent à vous offrir ce qu'ils possèdent. Un d'eux m'a demandé ma montre, et sur-tout ma chaîne, en me promettant tout ce qu'il a: ma réponse négative n'a pas altéré son humeur joviale; il s'est trouvé bien dédommagé par un coup de rhum que je lui ai donné, qu'il a partagé avec toute sa famille. Ils aiment assez les blancs, mais fort peu les noirs, contre qui ils nous défendroient au besoin.

»Tout se ressent ici de cet état de simplicité d'une nature monotone et silencieuse. C'est un toit de feuilles que vont frapper mes soupirs.»

18: Il est enterré à Paris, sous l'orgue de Saint-Germain-l'Auxerrois.

19: *Perroquet tapyré*: on appelle ainsi un perroquet des déserts, à qui les Indiens arrachent le duvet et la peau pour le couvrir d'un vernis, détrempé dans le sang d'une grenouille de grand bois, nuancée de différentes couleurs. L'animal, greffé comme un arbre, s'incorpore à cette nouvelle nature, il se couvre de signes hiéroglyphiques les plus merveilleux; très-peu résistent à cette épreuve douloureuse, ce qui en augmente le prix.

20: L'hymen est un dur esclavage pour les femmes indiennes; elles servent de chien de chasse et de bête de somme à leurs maris; elles portent un koukrou, boîte ronde faite de roseaux, sans brassière, qu'elles suspendent à leurs fronts par une anse très-longue, de la manière que les bœufs portent le joug.

21: *Lamentin*, poisson très-commun dans les rivières de l'Amérique méridionale, est le sphinx de la fable. *Horace* le décrit assez bien dans le début de son art poétique:

Humano capiti cervicem pictor equinam
Jungere si velit et varias inducere plumas,
Undique collatis membris, ut turpiter atrum
Desinat in piscem mulier formosa supernè.

À la tête et l'encolure d'un cheval, le mufle d'un bœuf, les seins d'une femme et la queue d'un poisson; il a du poil de cochon jusqu'à la ceinture; il se retire dans les rivières, dont les bords sont verts de *moucou moucou*, oseille de rivage dont il mange la graine, qui est rouge et grosse comme de petites cerises. La femelle a deux nageoires au-dessus des côtes et deux ailerons qui lui servent de bras pour retenir ses deux petits qu'elle allaite, et se traîne sur la vase pour brouter l'herbe. Le mâle et la femelle ont les parties de la génération faites comme l'homme. On trouve des lamentins qui pèsent jusqu'à cinq cents; leur chair, bonne à manger, est comme celle du porc. Ils fuient à l'approche de l'homme: ainsi le sphinx se jeta dans la mer quand Œdipe eut deviné son énigme. Les Américains l'ont pris d'abord pour un enfant de dieu, d'où lui vient le nom de *lamentin* ou *petit dieu lama*; les superstitieux lui donnent encore le nom de *Maman-Dileau*, *de Tonanery*, *de Vieux-Monde*: ces expressions signifient, dans leur jargon, *revenant*, *diable des eaux*, *esprits vengeurs*, et autres rêveries renouvelées de la fable.

22: L'anguille *tremblante* ressemble aux autres poissons à qui on donne ce nom; elle est bonne à manger, et se trouve fréquemment dans les rivières du Sénégal et de la Zone-Torride; le fluide électrique dont elle est pleine, lui a fait donner l'épithète de *tremblante*; souvent elle fait tomber du canot le pêcheur imprudent qui se suspend trop au bord pour retirer son filet. On en voit de plus grosses que le bras; jetées à terre, elles déposent et reprennent sans cesse une dose de fluide suffisante pour renverser leur assassin, quand il ne prend pas la précaution de déposer son sabre pour les assommer avec un bâton. La Torpille, poisson de mer à qui celui-ci ressemble, n'a pas autant de force.

23: Les Indiennes des côtes se font honneur de percer leurs lèvres inférieures pour y passer leurs épingles qu'elles tirent avec leurs langues.

24: Voy. premier volume, seconde soirée, p. 75 et suivantes.

Milton Keynes UK
Ingram Content Group UK Ltd.
UKHW030906151124
451262UK00006B/963

9 789362 510914